P'TAAH – HOFFNUNG UND LIEBE FÜR ERDE UND MENSCHHEIT

JANI KING

P'taah
Hoffnung und Liebe
für Erde und Menschheit

Neue Botschaften von den Pleiaden

Wir Menschen als Schöpfer unseres eigenen Lebens
und Lenker des Schicksals unseres Planeten

Aus dem Englischen von
Susanne Kahn-Ackermann

Ansata-Verlag

Ihr werdet zu Anschauungen kommen,
die jenseits eures Vorstellungsvermögens liegen.

Wenn ihr zu dem Wissen gelangt,
daß nichts voneinander getrennt ist,
werdet ihr das Universum verändern.
Großartige Zeiten der Erleuchtung,
bis es keine Zeit mehr gibt,
in der ihr nicht wißt, daß ihr wahrlich Gott seid.

Und wenn diese Zeit kommt, Geliebte,
wird euer Planet unvorstellbares Licht ausstrahlen –
ein Tanz von Regenbogenfarben,
der wie in einem Feuerwerk die Galaxien erhellt.

Der Planet wird ein Spiegel sein des
GOTTES, DER ICH BIN.

– P'TAAH –

INHALT

Vorwort

Liebe Leser, das Zustandekommen der Bücher *P'taah – Botschaften des Lichts* und *P'taah – Hoffnung und Liebe für Erde und Menschheit* war gewiß kein Zufall.

Im Juni 1991 besuchte mich Jani King, der ich bis dahin nur einmal, vierzehn Monate zuvor, begegnet war, in meinem Heim in Australien, im tropischen Norden von Queensland. Im Verlauf unserer Unterhaltung kam mir, wie ich dachte, die glänzende Idee, eine Reihe von abendlichen Zusammenkünften abzuhalten, bei denen Jani P'taah channeln sollte. Wir wollten P'taahs Worte auf Tonband aufnehmen und Abschriften davon anfertigen, damit wir dieses Wissen in Form eines Buches oder auch mehrerer Bücher mit dem Rest der Welt teilen konnten. Jani war von dieser Idee entzückt, und wir begannen voller Enthusiasmus Überlegungen zu unserem Projekt anzustellen.

An jenem Abend hatten wir einige Freunde zu Gast, und ich schlug Jani vor, P'taah höflicherweise zu fragen, ob er seine Zustimmung zu unserem Unternehmen geben wolle.

Jani war sofort dazu bereit. Die Gruppe rückte zusammen und Jani ließ P'taah durchkommen. Nachdem wir einige Begrüßungsworte ausgetauscht hatten, trug ich ihm ziemlich begeistert «meine brillante Idee» vor und bat um seine Zustimmung. Ich werde nie sein verschmitztes Augenzwinkern (natürlich durch Janis Körper übermittelt) vergessen, als er langsam näher kam, sich über mich beugte und ganz sanft sagte: «Aber Geliebter, darum ist unsere Frau hier!»

Was danach folgte, waren achtundzwanzig wöchentliche Zusammenkünfte auf der Basis eines offenen Frage- und Antwortforums, Gruppensitzungen, an denen jeweils zwischen zwanzig und achtzig Personen teilnahmen. Ich kann es nur als eine ganz besondere Zeit beschreiben, in der wir Zeugen der starken Emotionen, der Tränen, der Freude und vor allem der Liebe wurden, von P'taahs grenzenlosem Mitgefühl für die Menschheit, das sich am besten mit seinen eigenen Worten ausdrücken läßt: *Wir werden alles tun, um euch nach Hause zu bringen!*

Bestrebt, bei den sich für die Erde und ihre Kinder ereignenden Veränderungen, dem Übergang von der dritten zur vierten Dichte, Beistand zu leisten, verweigert P'taah sich jedem Ablenkungsversuch und hält unerschütterlich am zentralen Thema seiner Belehrungen fest: der Transmutation von Dunkelheit in Licht, der Umwandlung von Schmerz in Freude, von tiefer Qual in Ekstase.

Uns an die Einfachheit seiner Lehren gemahnend, sagt er:

«Das Rezept für die Transmutation ist das einzige Rezept in eurem Universum, bei dem ihr nichts zu TUN braucht, um Resultate zu erzielen.»

In einer Welt, in der die Probleme immer größer werden, entzündet P'taahs Botschaft ein Leuchtfeuer, das der Menschheit das Ende des langen Tunnels der Dunkelheit signalisiert und sie zum Licht und zur Freude führt.

Ich hoffe von ganzem Herzen, daß die in diesem Buch niedergeschriebenen Worte den Lesern die Wärme, den Humor, die Liebe und das Mitgefühl dieses großartigen Wesens in gleicher Weise übermitteln, wie sie die Teilnehmer dieser Abende erlebt haben.

Peter O. Erbe,
Januar 1994, Queensland

GESPRÄCH MIT JANI KING

Sicher wird mancher Leser gern etwas über den «Channel» Jani King wissen wollen. Gerade weil die Aufmerksamkeit bei diesem Prozeß normalerweise auf das gechannelte Wesen gerichtet ist, vergißt man leicht die Tatsache, daß eine lebendige menschliche Person ihre Zeit und Energie zur Verfügung stellt, damit all dies überhaupt geschehen kann. In Janis Fall treffen wir eine warmherzige Frau, die die Natur liebt und mit beiden Beinen auf dem Boden steht. Sie lacht gerne und hat einen sehr ausgeprägten Sinn für Humor.

Frage: Jani, ich wüßte gerne, wie ihr euch getroffen habt, du und P'taah?

Jani: Ich muß dafür etwas ausholen. 1947 lebte ich in Neuseeland, wo ich auch geboren wurde. Ich wohnte in einer entlegenen Gegend, inmitten eines 350 Quadratmeilen großen Pinienwaldes. Man muß bedenken, es war kurz nach dem Krieg, und es gab wenig Transportmöglichkeiten. Es war also wirklich sehr, sehr abgelegen. Als kleines Mädchen spazierte ich einmal von unserem Haus in den Wald. Ich erinnere mich noch ganz genau, wie ich in den Wald ging und daß dann etwas passierte. Ich hatte damals keine Ahnung, was es war, und einige Zeit später, als ich nach Hause zurückkehrte, war der Tag um einiges fortgeschritten. Ziemlich außergewöhnlich schien mir, daß niemand bemerkt hatte, daß ich weggewesen war. Alle Mütter kleiner Mädchen beginnen sich zu sorgen, wenn diese nur eine Stunde weg sind. Doch niemand schien mein Fortbleiben bemerkt zu haben – trotz der Tatsache, daß es sich um mehrere Stunden gehandelt hatte.

Im Jahre 1988 kam ich durch ein Medium mit der Wesenheit St. Germain in Kontakt. Zu dieser Zeit fiel mir ein Buch von Whitley Strieber mit dem Titel *Communion* in die Hände. Als ich das Buch auf dem Kaffeetisch eines Freundes sah, fühlte ich mich auf äußerst seltsame Weise davon angezogen. Ich fragte meinen Freund, worum es sich handele, und er antwortete: «Irgendeine Sache über einen Typ, der von Außerirdischen entführt wurde.» Auf dem Umschlag des Buches sah man ein dreieckiges Gesicht mit großen Augen. Aus irgendeinem Grund bekam ich eine Gänsehaut und war sehr aufgewühlt, ohne zu wissen, weshalb. Ich hielt das Buch in meinen Händen und mußte mich überwinden, es wieder hinzulegen. Am nächsten Tag schloß ich mich ein, stellte das Telefon ab, setzte mich hin und las das Buch von der ersten bis zur letzten Seite. Es kam mir alles so bekannt vor, außer dem Umstand, daß Whitley Strieber Angst bekam, als er realisierte, welch göttliche Aufgabe ihm gestellt wurde. Ich hatte dieses Gefühl überhaupt nicht. «Zufällig» sprach ich einige Tage später mit St. Germain und – ich weiß nicht, warum ich es tat – fragte ihn: «Könntest du mir etwas über das Erlebnis erzählen, das ich 1947 (als Kind) hatte, an das ich mich jedoch nicht erinnern kann.» St. Germain antwortete: «Man hat dich an Bord eines Raumschiffs gebracht. Dort wurde ein medizinisches Verfahren angewandt, um ein spezielles Wissen und bestimmte Erinnerungen zu plazieren, die in allernächster Zeit an die Oberfläche kommen werden.» Er erläuterte weiter, worum es bei dieser Entführung damals ging. Ich saß da, sagte nur «Oh» und «ja, ja, ja» und rollte die Augen. Und doch war ich nicht überrascht, nachdem er fertig war und ich alles vernommen hatte.

Ich fragte ihn auch nach einem Besuch, den ich von einem anderen Wesen hatte. Es war keine Erscheinung, sondern physische Wirklichkeit. Es geschah 1961, und es war P'taah, der in einem richtigen Körper erschien (ich weiß nicht, wie viele Körper er besitzt). Wir führten ein Gespräch, das wirklich sehr ungewöhnlich verlief. Dies war das einzige Mal, daß ich P'taah bewußt und in wachem Zustand getroffen habe. Inzwischen habe ich eine Rückführung unter Hypnose betreffend meines früheren Erlebnisses im Jahre 1947 gemacht, und ich kann mich jetzt an alles erinnern, was damals geschah. Was allerdings das Erlebnis im Jahre 1961 betrifft, so war das so außergewöhnlich, daß es mich immer noch ein bißchen traurig macht. *(Jani ist sehr bewegt, während sie sich daran erinnert und braucht eine Weile, um sich wieder zu fassen.)* Das ist, weil ich – wirklich – immer noch warte. Ich muß sagen, daß meine täglichen Erfahrungen mit P'taah ganz anders sind als eure. Für euch ist es irgendwie... Ich kann es nicht erklären – ihr erfahrt ihn anders als ich. Ich kann mit ihm in meinem Kopf sprechen. Er spricht mit mir, doch das ist viel flüchtiger, als wenn er zu euch von Person zu Person redet.

F: Hast du P'taah über dieses Gefühl, diese Trauer befragt?
Jani: Ja, das habe ich.

F: Was meinte er dazu, wenn ich fragen darf?
Jani: Nun, ich glaube, er sagte mir dasselbe, was er auch euch über Trauer sagt: Man könne alles umwandeln. Irgendwie komme ich jetzt besser damit klar. Lange Zeit habe ich wirklich gewartet, täglich gewartet. Heute tu ich's nicht mehr, und es ist in Ordnung, auch wenn ich ihn nie mehr von Angesicht zu Angesicht sehen sollte. Aber da ist immer noch diese Sache in meinem Herzen.

F: Wenn P'taah kommt, scheint es, als wäre da ein Gefühl, denn deine Augen tränen leicht. Bis zu welchem Grad wirkt er über Gefühle? Ich nehme an, es ist anders mit ihm als mit uns. Weißt du irgendwas darüber?
Jani: Ich glaube, das müßt ihr ihn fragen. Ich kann nur soviel sagen: Nicht nur meine Augen tränen, meine Nase läuft genauso. Der «Boß» und ich haben ausführlich darüber geplaudert. Ich sagte ihm, daß ich keinen Einfluß darauf habe, was er mit meinem Körper tut, aber ich bat ihn, er solle es nicht allzu abscheulich werden lassen. Er macht das ziemlich gut, doch sehr oft komme ich zurück, und meine Nase läuft zwar noch nicht richtig, aber doch beinahe. Die andere Sache sind meine Augen. Sie tränen häufig, obschon ich während der Sitzungen gefühlsmäßig nicht beteiligt bin.
F: Jani, wohin gehst du, wenn P'taah kommt?
Jani: Ich habe keine Ahnung. Es ist, als wäre ich ungefähr hier – nicht sehr weit weg. *(Jani deutet auf den rechten hinteren Teil ihres Kopfes.)* Manchmal habe ich eine Ahnung davon, was los war. Manchmal kann ich mich sogar an einige Dinge erinnern, von denen er gesprochen hat, aber ich habe keinerlei Erinnerung

daran, was irgendein anderer gesagt hat. Manchmal fühle ich mich recht schlau. Neulich hatte Peter eine Sitzung mit P'taah. Als ich zurückkam, sagte ich zu Peter: «Diesmal hab ich's. Ich weiß genau, worum es ging.» Wie auch immer, als Peter mir von der Sitzung erzählte, merkte ich, daß ich nur einen kleinen Teil davon wußte. Was zeigt, wie schlau ich wirklich bin. Die Antwort ist: Ich habe keine Ahnung. Manchmal möchte ich am liebsten nicht zurückkommen, und ich weiß nicht, ob es mit dem zusammenhängt, was er (P'taah) während der Sitzung sagt oder tut. Einige von euch waren letzte Woche hier. Das war eine sehr aufwühlende Sache. Ich weiß nicht, warum, aber ich wollte nicht zurückkommen. Doch als ich die Abschrift tippte, konnte ich nichts finden, was mich so hätte aufwühlen können. Ich weiß nur, daß ich es vorgezogen hätte, nicht hier zu sein.

F: Jani, als du das erste Mal deinen Körper verlassen wolltest, wie hast du das gemacht?

Jani: Ich habe nichts gemacht. Es geschah unbeabsichtigt.

F: Wie meinst du das? Kam er einfach rein und hat dich rausgeschubst?

Jani: Nein, nein, ich will damit nur sagen, daß ich wirklich nicht weiß, was vorging. Das erste Mal war es nicht so, daß ich irgendwie weg war. Da ertönte diese Stimme aus meinem Mund wie aus einer Höhle. Ich sagte nur: «Mist, was ist denn jetzt passiert?» Doch ich verstand sehr schnell, was vorging. Manchmal schneit P'taah einfach so rein. Ich weiß immer, daß er hier ist, doch er tritt niemals ohne meine Erlaubnis in mich ein. Für eine Sitzung wie diese mache ich allerdings eine kleine Übung. Ich sitze mit geschlossenen Augen da und murmle vor mich hin; dann gehe ich weg, und er kommt rein. Doch manchmal geschieht es von einem Augenblick zum anderen. Das kann eine ziemliche Aufregung verursachen, besonders, wenn Leute in der Gruppe sind, die keine Ahnung haben, was passiert ist. Zuerst bin ich da, und im nächsten Augenblick spricht ein anderer zu ihnen. Das bringt mich dann ein wenig aus der Fassung. So unbeabsichtigt geschieht es meist dann, wenn ich sehr entspannt bin. Ich sage darum «unbeabsichtigt», weil ich vorher nicht irgend so einen Hokuspokus veranstalte. Besonders dann, wenn es mir gutgeht, wenn ich mich nach ein paar Gläsern Wein sehr entspannt fühle, dann, im nächsten Moment, hoppla, ist er da. Gewöhnlich deshalb, weil er auch ein Glas Wein möchte. Versteht mich jetzt nicht falsch. *(Lachsalven)*

F. Jani, als P'taah in einem richtigen Körper erschien, war er da Mann oder Frau oder etwas ganz anderes? Vielleicht etwas, was uns gänzlich unbekannt ist?

Jani: Etwas anderes. Es war ein Lichtkörper und doch ein physischer Körper. Nicht so dicht wie unserer, aber eine menschliche Form. Er hatte unglaublich schöne, sehr große Augen. Doch ich kann dazu nicht allzuviel sagen, denn als dies geschah, wurde ich irgendwie programmiert. Als wenn man einem Computer alle möglichen Daten eingibt. Andererseits wurde mein Herz von einer solchen Liebe überschwemmt, wie ich es noch nie erlebt hatte. Später hatte ich das gleiche Gefühl mit St. Germain, gechannelt durch Azena Ramanda, und auch, als ich mit Walen im Meer schwamm.

F: Spricht P'taah mit dir darüber, was du als Individuum tun solltest, um zu wachsen?

Jani: Er legt mir glänzende Steinchen ins Ohr und gibt mir einen kräftigen Tritt in den Hintern, wenn ich mich nicht so verhalte, wie es (spirituell) für mich am besten wäre.

F: Nimmt es dich körperlich mit?

Jani: Es kommt darauf an. Wenn ich mich wohl und voller Energie fühle, bin ich nach der Sitzung energiegeladen, und das hält noch einige Stunden an. Wenn ich vor der Sitzung müde und nicht so klar bin, fühle ich mich wohl energiegeladen, wenn ich zurückkomme, aber wenn das ausklingt, bin ich erschöpft.

F: Wenn jemand eine persönliche Sitzung mit P'taah hat, weiß er dann alles über diese Person? Ihre Vergangenheit, was sie glaubt und all diese Dinge?

Jani: Ich weiß es nicht. Wer von euch hatte eine persönliche Sitzung?

Peter Erbe: Ich hatte eine, soll ich antworten?

Jani: Sicher.

Peter: Er weiß, welche Farbe die Unterwäsche hat, die du trägst, hat also sehr persönliche Kenntnisse. *(Lachsalven)*

F: Während der Sitzungen hört man immer mal wieder etwas über Schuppen. Worum geht es dabei?

Jani: Das ist ein Witz. Letztes Jahr in Melbourne, nach einem dreitägigen, gefühlsmäßig starken Workshop, sprach P'taah zu den Teilnehmern. Die Leute waren emotional äußerst aufgeladen. Wirklich aufs äußerste. P'taah sagte, wenn er in seinem eigenen Körper erschienen wäre, böte er ihnen eine Light-Show. Er würde ihnen ein Spiegelbild ihrer selbst zeigen, damit jeder sähe, wie ausnehmend schön er wäre und welch wunderschönes Licht alle ausstrahlten. Als er dies sagte, flackerte das Licht im Raum einige Male. Jemand fragte ihn: «Wie siehst du aus?» P'taah antwortete: «Oh, ich bin wunderschön.» Zu P'taah gewandt, murmelte der Leiter des Workshops zwischen den Zähnen: «Ja, wenn man nichts gegen grüne Schuppen hat.» Jedermann schüttelte sich vor Lachen, und P'taah drehte sich zu diesem Freund um und antwortete: «Ah, mein Lieber, du würdest die Schuppen vor lauter Licht gar nicht sehen.» Das wurde für P'taah so eine Art Running Gag.

F: Wolltest du mit zu den Pleiaden?

Jani: Anscheinend war ich dort. Er (P'taah) sagt, daß wir während der letzten dreißig Jahre oft zusammen dort gewesen seien. Ich muß euch allerdings sagen, daß ich keine bewußten Erinnerungen daran habe, daß ich mich auf den Pleiaden befand. Ich kann mich aber erinnern, daß ich nicht nur das eine Mal als Kind auf einem Raumschiff war. Doch ich kann euch nicht viel darüber erzählen, denn innerhalb unseres logischen Auffassungsvermögens macht das alles nicht viel Sinn. Ich sage ihm immer wieder, daß ich mich wirklich gerne an all die anderen Erlebnisse erinnern würde, die ich gehabt haben soll. Aber er antwortet stets, daß ich mich an alles erinnern werde, wenn der richtige Zeitpunkt gekommen sei. Und das sei schon bald. Gott weiß, was er unter «bald» versteht. Nun, ich versuche mir nichts anmerken zu lassen. Manchmal löst irgendeine Sache dieses intensive Verlangen aus.

Doch meistens komme ich damit ziemlich gut klar. Ich vertraue P'taah, wie auch meiner Seelenganzheit, daß, was auch immer auf welche Weise passiert, zu meinem Allerbesten geschieht. Ich habe wie jeder andere auch meine Zweifel und meine schlechten Zeiten. Doch wenn ich es genau betrachte, liebe ich ihn, und ich möchte nirgendwo lieber sein als hier und heute. Ich denke, die meiste Zeit bin ich eine sehr glückliche Person.

ERSTE ÜBERMITTLUNG
4. Dezember 1991

P'taah: Guten Abend, ihr Lieben. Natürlich ist es wie immer eine große Freude, bei euch zu sein. Wir bitten euch nun, Fragen zu stellen.

F(M):* Könntest du über zyklische Harmonie zu uns sprechen?

P'taah: Zyklische Harmonie ist die Erfahrung, nach der sich die ganze Menschheit sehnt. Es verhält sich so, daß euer Planet, genau wie die Menschheit, im Verlauf seiner Geschichte zyklische Veränderungen durchlaufen hat – Äonen und Äonen vor der Zeit des Einsetzens menschlichen Erinnerungsvermögens, in, im wahrsten Sinne des Wortes, vorgeschichtlicher Zeit, das heißt in einer Zeit vor Beginn eurer geschichtlichen Überlieferung. Einst war die Menschheit im vollen Wissen von ALLEM, WAS IST, vereint und traf die Wahl, die Erfahrung des Getrenntseins zu machen, nur um die Freude des Nicht-Getrenntseins wiederzuerleben. Und so ereignet sich alles, auch für eure Erde, in Zyklen und innerhalb seines eigenen wundersamen Zeitplans der Veränderung. Nun beschleunigt die ganze Erde ihr Tempo. Das Herz der Menschheit schlägt rascher in Erwartung des Höhepunkts dieser Epoche, dieser Ära eurer Geschichte – des Eintretens in die Harmonie, ins Nicht-Getrenntsein. Eurer Zeitrechnung nach neigt sich dieses Jahr (1991) dem Ende zu, und ihr stellt euch bereits auf 1992 ein. Das Jahr 1992 ist wichtig, weil es den Beginn dessen anzeigt, was in euren alten Schriften «die letzten Tage» oder «Endzeit» genannt wurde.

In dieser Zeit, in diesen letzten Jahren, wird ein Wandel, eine Bewußtseinserweiterung eintreten. Damit verbunden wird auch Angst entstehen – die Polarität von Harmonie –, um schließlich ins Licht mit hinein genommen zu werden.

* Der Zusatz «(M)» bedeutet, daß die Frage von einem Mann, «(F)», daß sie von einer Frau gestellt wird.

Nun ist es sehr wichtig, daß ihr alle versteht, daß diese Epoche, die Welt, wie ihr sie kennt, in immer größeres Chaos versinken wird. Doch ist dies keine wirkliche Katastrophe. Es ist nur ein Anzeichen dafür, daß sich euer Bewußtsein erweitert; der auferstehende Christus, ja, wirklich. Das Versagen eurer Institutionen und die Veränderungen der Erde haben bereits eingesetzt und werden 1992 eine Beschleunigung erfahren. Diese Veränderungen sind als Gelegenheit zu großartigem und freudigem Feiern zu begreifen. Ihr Lieben, wenn ihr euch vor dem fürchtet, was sich da auf eurer Ebene zu ereignen scheint, dann macht einen Schritt zurück, um den Überblick zu behalten, und wißt, daß das, was ihr für den physischen Tod haltet, keine Auslöschung bedeutet. Es gibt keinen Tod – er ist eine Illusion. Das Abstreifen der körperlichen Hülle bedeutet nichts weiter als das Verlangen der Seele, Erfahrungen in einer anderen Form zu machen. Ihr wißt, daß es Menschen gibt, die von dem Wunsch nach körperlicher Unsterblichkeit völlig besessen sind. Wir jedoch meinen, daß sie, würden sie sie besitzen, außerordentlich unglücklich wären. Da sie sich mit ihrem Körper noch nicht in Einklang befinden, sich in ihm noch nicht wohl fühlen, würden sich in ihrem Innern weiterhin Dramen abspielen, und würden chaotische Zustände herrschen. Wenn ihr den Gedanken an den Tod akzeptieren könnt, heißt das, daß ihr wirklich begreift, daß dieser lediglich einen Übergang darstellt. Wenn ihr keine Angst empfindet, teilt sich das eurem Körper auf zellularer Ebene mit. Die Zellen schwingen ihrerseits in der Freude und Streßfreiheit, die der Gedanke an den Tod als Übergang beinhaltet, und ihr könnt dann die Zellen immer und immer wieder erschaffen. Versteht ihr? Es geht um diese Dichotomie. *Sobald ihr euch nicht mehr vor dem Tod fürchtet, könnt ihr eure physische Inkarnation so lange aufrechterhalten, wie ihr es wünscht.* Wenn ihr euch mit euch selbst in Einklang befindet, hallen nicht nur alle Universen, sondern hallt auch euer physischer Körper vom Klang der Freude wider. Und damit haben wir die «Himmelfahrt». Eine Rauchwolke, und schon macht ihr euch davon und nehmt euren physischen Körper mit. Wunderbar. Aber seht ihr, das ist eine Sache der Wahl.

Ihr Lieben, ihr dürft nie vergessen, daß ihr immer eine Wahl habt. Wenn ihr euch dafür entscheidet, euch als Lichtquelle wahrzunehmen, als Widerspiegelung des Göttlichen, bestrahlt ihr, durch eure Körper, eure Ebene mit dieser Lichtquelle. Es gibt überall auf eurem Planeten Menschengruppen, wie ihr sie darstellt, und wir sprechen nicht von denen, die *im Innern* eures Planeten existieren, die diese Lichtstrahlen der Freude aussenden, um einen friedvollen, wunderbaren und fröhlichen Übergang in die künftige Harmonie zu schaffen.

Dieses Eintreten in die Harmonie wird auch die in unser aller Herzen auferstehende Göttin genannt. Die Frau muß die in ihrem genetischen Erinnerungsspeicher bewahrten Merkmale der Versklavung innerlich akzeptieren. Der Mann muß die Angst vor der Frau, die Angst vor der Macht der Frau, akzeptieren; er muß wissen, daß er in der Frau das fürchtet, was er im eigenen Selbst fürchtet. Und die Frau muß verstehen, daß es in Ordnung ist, stark zu sein; daß es in Ordnung ist, sich die eigene weibliche Macht ein- und zuzugestehen. Ihr seht also, ihr Lieben, daß das Eintreten in diese Harmonie in Wahrheit in der Harmonie des SELBST zu finden ist. In der bereitwilligen Akzeptanz jener Aspekte im Selbst, die herkömmlicherweise unannehmbar sind – in der Liebe zu dem, was ihr bisher als unliebenswert verurteilt habt. Und so soll es sein, denn ihr habt diesen Wunsch ausgesandt. Auf diese Weise werdet ihr eure Fähigkeit begreifen, genau das zu manifestieren, was ihr wollt. Da ihr euch alle so sehr wünscht, in euer aller Herzen zu einem Verständnis des Nicht-Getrenntseins zu gelangen, habt ihr eine entsprechende Wahl getroffen. Ihr habt den Spielplan in seiner ganzen Bandbreite gewählt, und aus diesem Grund habt ihr euch zu dieser Zeit inkarniert. Ihr geratet nur ab und zu in eurem von Augenblick zu Augenblick gelebten Leben in Schwierigkeiten und scheint manchmal den Handlungsfaden aus den Augen zu verlieren. Und das ist in Ordnung, weil ihr jetzt *in dieser Zeit mit Sicherheit die Erfahrungen machen werdet, die zu machen ihr euch bisher gefürchtet habt. Die Angst wird heraufbeschworen werden, und es werden sich mit erstaunlicher Geschwindigkeit entsprechende Situationen einstellen, bis ihr die Lektion gelernt habt.*

F(M): Wir müssen also all das akzeptieren, wovor wir uns fürchten?

P'taah: So ist es. Ihr werdet feststellen, daß ihr euch in die Angst, worin auch immer sie bestehen mag, hineinbegeben und entdecken werdet, daß sie in Wirklichkeit eine Chance bietet. Und wißt ihr, es macht nichts, wenn ihr es beim ersten Anlauf nicht gleich schafft, denn eure Seele, da braucht ihr euch gar keine Sorgen zu machen, wird mit Sicherheit die Angelegenheit im Rahmen der einen oder anderen Situation wieder aufwerfen.

F(M): P'taah, als du von der vorgeschichtlichen Zeit sprachst und davon, daß sich das Göttliche in das Getrenntsein projizierte, um sich selbst und die Freude wiederzuentdecken, da stellte sich mir eine Frage: Warum überhaupt die Evolution? Warum sucht dieser Ursprung des Göttlichen, der für sich genommen nichts braucht, der vollkommen ist, die Abwesenheit von sich selbst, um sich wiederzuentdecken?

P'taah: Es beinhaltet auch die Erkenntnis, daß das, was sich selbst betrachten möchte, dazu tatsächlich vom SELBST getrennt sein muß.

F: Darin liegt ein Widerspruch.

P'taah: Es ist immer die Dichotomie. Es ist die Unendlichkeit, die sich in allen Dimensionen selbst erfährt. Wie wir euch gegenüber schon erwähnt haben, ist es für uns sehr schwierig, euch in diesen, von euch Worte genannten Schachteln des Verständnisses zu übermitteln, was Unendlichkeit, was ALLES, WAS IST, ist. Seht ihr, im Zustand des Nicht-Getrenntseins seid ihr beide Polaritäten zugleich. Versteht ihr? Im umfassenden Sinn könnte man sagen, daß der Wunsch, das eine oder andere zu erfahren, notwendigerweise die Trennung beinhaltet. Und es gibt auch den Wunsch, die Realitätsebene dieses Raum-Zeit-Kontinuums zu erfahren, welches ganz und gar Polarität ist. Das ist die Existenzform eurer Realität.

F: Polarität... Das gebräuchlichere Wort dafür ist Spannung.

P'taah: Richtig. Das ist eure wissenschaftliche Bezeichnung dafür.

F: So besteht die unserer Erscheinungswelt zugrundeliegende Spannung in Schwerkraft und Schwerelosigkeit, Aktivität und Nicht-Aktivität?

P'taah: So ist es. Ihr wißt, daß auch in der Nicht-Aktivität Aktivität vorhanden ist. Das ist die Dichotomie, denn es ist die Leere, aus der alle Schöpfung entsteht.

21

F: Und das ist unser Ursprung?

P'taah: So ist es.

F(M): P'taah, in manchen unserer religiösen Lehren wird der Gebrauch von bewußtseinserweiternden Drogen als eine unerlaubte Abkürzung des Weges betrachtet. Könntest du bitte dazu etwas sagen?

P'taah: Nun, wir haben sicherlich schon vielfach die Anwendung von bewußtseinserweiternden Mitteln, und nicht nur den Gebrauch von psychedelischen Drogen, beobachtet. In den alten Tagen eurer Zeit nannte man dies etwas «Heiliges». Man machte sich natürliche halluzinogene Substanzen zunutze, um das Bewußtsein zu erweitern, aber innerhalb eines bestimmten Bezugsrahmens. Das war vor allem in den Kulturen des südamerikanischen Kontinents der Fall. So wie diese Menschen es in ihrem Geiste sahen, bekam das Bewußtsein unter dem Einfluß dieser Substanzen Flügel und flog davon. Doch das war mit Disziplin und Training, mit sehr viel Vorbereitung und Hinführung zu den zu erwartenden Dingen verbunden. Mit Glaubensvorstellungen, die sich um das rankten, was man eine mythologische Welt nennt, um so eine andere Realität zu erschaffen. Und das hatte in der Tat seine Berechtigung. Nun hat sicher auch der gegenwärtige Gebrauch solcher Substanzen seine Berechtigung, sonst gäbe es ihn nicht. *Er stellt keine Abkürzung auf dem Weg zur Erleuchtung dar.* Tatsächlich kann er auf zellularer Ebene Schaden anrichten. Und im Zusammenhang mit der Unkenntnis davon, was erschaffen werden soll, kommt Angst ins Spiel. Gewisse Regierungen haben viel damit experimentiert, um herauszufinden, ob sich psychedelische Drogen als Waffe bei der Zerstörung des menschlichen Geistes einsetzen lassen. Tatsächlich haben Regierungen auf eurem Planeten den Gebrauch dieser Drogen gefördert.

Wir würden vorschlagen, wir würden empfehlen, keinen Gebrauch davon zu machen. Zwar öffnen sie tatsächlich das Bewußtsein für die mögliche Existenz anderer Realitäten, aber wenn ihr dieses Stadium ohne die Einnahme äußerlicher Substanzen erreicht, hat das, was ihr für eurer Bewußtsein gewinnt, sozusagen mehr Wert. Ich will euch sagen, ihr Lieben, daß es keine Abkürzung auf dem Weg zur Erleuchtung gibt, und das wißt ihr. Ich verstehe, daß du diese Frage nicht um deinetwillen gestellt hast, denn du begreifst sehr gut, daß *der einzige Weg zur Er-leucht-ung das Akzeptieren aller Angst und Verurteilung in dir ist; und du weißt, daß es in jedem Augenblick eine Wahl gibt, und daß diese Wahl, welche es auch immer sei, ihre Gültigkeit hat.* Sie gehört ebenfalls zum Göttlichen, sonst existierte sie nicht.

F(M): Du hast zuvor gesagt, daß jeder erdenkliche Wunsch Realität werden kann; und daß Probleme entstehen, wenn man nicht genau weiß, was man tun soll, aber eine Wahl treffen muß. Ich persönlich finde es schwierig, mich zu entscheiden. Ist es aber nicht auch so, daß alles richtig ist, was wir tun?

P'taah: Aber genau das haben wir immer gesagt: Es gibt keine falsche Entscheidung. *Wir sprechen hier nicht von den Entscheidungen, die ihr in eurem Alltagsleben trefft.* Wir sprechen von einer Wahl hinsichtlich der Wahrnehmung. Ihr könnt euch dafür entscheiden, irgendeine, euren emotionalen Zustand beeinflussende Situation mit den Augen der Angst oder aber mit den Augen der Liebe zu betrachten. Das ist die Wahl, von der wir hier sprechen. Und wie immer diese Wahl ausfällt, sie hat gewiß ihre Gültigkeit.

F: Meinst du eine Entscheidung für immer, oder geht es um eine alle fünf Minuten getroffene Wahl?

P'taah: Mein Lieber, es gibt *nur den Moment.* So etwas wie die Zukunft gibt es in Wahrheit nicht. Ihr habt keine Zukunft. Eure Zukunft baut sich auf jeden Moment des Jetzt auf. Das, was ihr innerhalb der linearen Zeit als eure Zukunft anseht, existiert in Wirklichkeit nicht. Ihr baut das, was ihr unter Zukunft versteht, durch das auf, was ihr in jedem Moment erschafft. Erschafft ihr eure Momente in der Fülle der Freude und Liebe, so wird das eurer nächster Moment des Jetzt sein. Und entscheidet ihr euch dafür, diesen Moment im Gefühl von Angst und Verurteilung zu erschaffen, so wird genau das euer nächster Moment des Jetzt sein. Versteht ihr? Es gleicht der Erbauung eines Schlosses.

F(M): P'taah, wie kommen Menschen mit totaler Ablehnung oder Zurückweisung zurecht?

P'taah: Sehr gut, mein Lieber. Wir sagen folgendes: Es spielt keine Rolle, in welcher Form die Ablehnung unter den Menschen zum Ausdruck kommt. Ihr alle wißt, was es heißt, als nichtig zu gelten, weil ihr euer Leben darauf aufgebaut habt, gleich, ob dies nun glatte Ablehnung genannt wird oder ob es sich um stetige kleine Tropfen der Zurückweisung, wie wir es nennen würden, handelt. Das Resultat ist dasselbe. Seht ihr, egal, wie der Handlungsfaden aussieht, ob es sich nun um ein elternloses Kind handelt oder um eines, das in einem vom Krieg zerrissenen Land zur Welt kommt, oder aber um eines, das an Unterernährung oder unter körperlichem Mißbrauch leidet, die Geschichte an sich spielt keine Rolle; das Gefühl ist dasselbe. Ihr sagt vielleicht: «Dieses arme liebe Kind hat ein so schreckliches Leben, und dieses Kind ist so begünstigt, es wächst in einer liebevollen Familie und in Reichtum auf und so weiter und so fort.» Aber seht ihr, das ist die Lage der Menschheit. Wie immer die Situation auch aussehen mag, ihr *alle* seid mit der einen oder anderen Form von Ablehnung aufgewachsen, und sie verursacht Schmerz. Es spielt keine Rolle, wie groß eurer Meinung nach der Schmerz ist, Schmerz-ist-Schmerz-ist-Schmerz. Er erzeugt immer dasselbe Gefühl. Wir haben erklärt, wie sich dieses Gefühl verändern läßt. Man nennt das *Transmutation*.

(An diesem Punkt bittet P'taah um eine Pause und fügt hinzu:) Damit unsere Frau* eine ihrer ewigen Zigaretten rauchen kann. *(Natürlich ist das Publikum sehr amüsiert.)* Wir bitten euch um zwei Minuten Stille, um den Übergang zu bewerkstelligen, und freuen uns darauf, sehr bald wieder mit euch zu sprechen.

(Ein paar Tage zuvor hatte P'taah dem Gastgeber gegenüber den Wunsch geäußert, die Gruppe möge sich zu einer Weihnachtsfeier zusammenfinden. In dieser Pause besprechen Jani, die Gastgeberin und die Gruppe die «hausfraulichen» Angelegenheiten der Vorbereitung dieser Feier. Der Gastgeber «wagt» es, seine kulinarischen Vorschläge zu unterbreiten, und wird von den Frauen völlig überstimmt. P'taah muß zugehört haben, denn nach der Pause wendet er sich an den Gastgeber.)

P'taah: Also eine Party, ihr Lieben. Alle Pläne sind gemacht. Die Frauen haben alles unter Kontrolle – wie immer, hm? *(Brüllendes*

---

* P'taah nennt Jani King «unsere Frau».

Gelächter im Publikum) Aber es wird natürlich eine Feier werden, und wir werden auch da sein.

F(M): P'taah, manchmal werde ich von Leuten gebeten, ihnen in heilerischer Weise zu helfen. Ich weiß, daß ich ihnen nicht helfen kann, daß ich eigentlich selbst Heilung brauche. Soll ich diese Menschen, die ihr Vertrauen in mich setzen, enttäuschen, wenn sie mich um Hilfe bitten? Bisher habe ich sie nie zurückgewiesen. Ich sage ihnen, daß ich im Rahmen meiner Möglichkeiten und Grenzen tue, was ich kann. Würdest du sagen, daß ich ihre Erwartungen enttäuschen soll?

P'taah: Lieber, du weißt, daß es auf folgendes hinausläuft: Was bringt dein Herz in jedem Moment zum Singen? Wenn in dir der Wunsch zu helfen entsteht, empfindest du in diesem Augenblick nicht, daß er aus einem Gefühl der Pflicht, der Verpflichtung oder der Verantwortung gegenüber einer anderen Person erwächst. Letztlich trägst du nur die Verantwortung für das, was du bist. Ist die Hilfeleistung eine so erstaunliche Sache, wenn du diesen Wunsch in deinem Herzen findest? Du kannst ganz gewiß, mit Liebe in deinem Herzen, Beistand leisten. Geliebter, es geht auch um die Einsicht, daß die Heilung des Selbst zwar von äußerster Wichtigkeit ist, dies aber nicht heißt, daß man alle anderen außer acht läßt, denn in deinem Herzen weißt du, daß es an sich keine Trennung gibt.

F(M): Was diese zyklischen Veränderungen angeht: Gab es vor diesem Zyklus von 50 000 Jahren die dritte Dichte auf diesem Planeten?

P'taah: So ist es. Man könnte sagen, daß es auf diesem Planeten von Anfang an die Realität der dritten Dichte gab, obwohl auf ihm Wesen existierten, die sehr viel leichter waren, eine geringere physikalische Dichte hatten. Viele von ihnen machten sich in andere Sphären auf, und manche entschieden sich dafür, in dieser Dichte zu verbleiben, und nahmen daher in ihrem Selbst diese Dichte an. In diesem Raum-Zeit-Kontinuum hat immer die dritte Dichte existiert.

F(M): Könntest du mir diesen Begriff der Dichte erläutern? Ich kenne aus der Lektüre (der Tonband-Protokolle) nur die dritte

Dichte. Kannst du mir die erste, zweite und vierte Dichte erklären?

P'taah: Man könnte sagen, daß das, was als erste Dichte bezeichnet wird, die von euch als unbelebt wahrgenommene Wirklichkeit ist; also zum Beispiel die der Minerale, die ihr Steine nennt, oder auch die Erde selbst; das, was *eurer Wahrnehmung nach* kein Bewußtsein besitzt. Die zweite Dichte wäre das, was ihr als Flora und Fauna bezeichnet. Wir sprechen in diesem Moment von der Realität eures Bewußtseins. Nun gibt es nichts, was nicht über ein Bewußtsein verfügt, das, was ihr als Stein, Erde oder Mineral anseht, eingeschlossen. Jedes Atom und Molekül besitzt eine sogenannte «mit Bewußtsein geladene» Energie. Der dritten Dichte gehören die Menschen und die Gattung der *Cetacea* an, also die Meeressäugetiere, die Wale und Delphine. Die vierte Dichte ist das, was ihr sein werdet, das, in das ihr euch hineintransformiert. In Wirklichkeit handelt es sich um eine Frequenz. Alles besteht aus Frequenz, aus Schwingung; und das, was ihr in dieser Dichte als die höchste Frequenz begreift, nennt ihr Licht. Als vierte Dichte wird das bezeichnet, was jenseits der Frequenz des Lichts existiert. Es handelt sich also eigentlich nur um Zuordnungen oder Bezeichnungen, die an sich nicht so wichtig sind. Es gibt viele Wesenheiten, die nach der sechsten und siebten Dichte und so weiter fragen würden, doch da ihr im Grunde nicht einmal die vierte Dichte verstehen könnt, ist die Frage, um welche Dichte es sich handelt, sinnlos. Schon allein die Tatsache, daß ihr diese Frage stellt, weist darauf hin, daß es euch an Verständnis mangelt. Die Dimension, in die ihr nun reist, in die ihr nun übergehen werdet, stellt nur eine höhere Schwingungsfrequenz dar; ihr werdet leichter werden. Nicht, daß ihr aufhören werdet, euch auf physischer Ebene zu verkörpern, aber diese physische Verkörperung wird eine höhere Frequenz aufweisen. Ihr werdet die Licht-Frequenz eines jeden Dings, eines jeden Partikels wahrnehmen. In Ordnung, Geliebter?

F(F): Guten Abend, P'taah. Dies wollte ich dich schon seit Wochen fragen. Ich bin nun seit Jahren mit der natürlichen Geburt befaßt und interessiere mich sehr für die Unterwassergeburt. Ist sie eine bessere Methode, Kinder auf die Welt zu bringen? Eine sanftere Art und Weise, die Heilung zu unterstützen?

P'taah: Das ist sie in der Tat, und sie gehört dem delphinischen Bewußtsein an. Wie schon früher gesagt wurde, gehören die, die für sich eine Unterwassergeburt erschaffen, sehr oft dem Delphin-Bewußtsein, der Delphin-Energie an. Sie haben die Entscheidung getroffen, auf physischer Ebene eine andere Seinsform für sich zu erzeugen, denn hinsichtlich der Seelenenergie besteht gewiß kein Unterschied. Ja, es ist eine überaus harmonische Art und Weise.

F: Also ist sie tatsächlich eine bessere Methode als die Geburt im Trockenen?

P'taah: Liebe, damit sprichst du eine Verurteilung aus. Alles hat seine Gültigkeit. Wir sagen folgendes: Die Geburt im Wasser stellt tatsächlich eine überaus harmonische Form dar.

F: In Anwesenheit der Delphine?

P'taah: Das ist sogar noch wunderbarer, Geliebte, und es gibt einige auf eurem Planeten, die veranlaßt haben, daß ihre Kinder im Beisein von Delphinen zur Welt kamen, und das ist wirklich wundervoll.

F(M): Ich grüße dich, P'taah. Willst du damit sagen, daß die Seelenenergie der Delphine die gleiche ist wie die der Menschen?

P'taah: So ist es. Ihr entspringt derselben Quelle.

F: *Wow. (Gekicher im Publikum)*

P'taah: Ja, *wow.* Und die Wale sind die Überseele der Delphine. Die Wale sind wahrhaft großartig; sie haben niemals den Kontakt mit den Sternenwesen verloren, und sie sind die Historiker eures Planeten, großartige und wundersame Wesen in physischer Verkörperung; ganz gewiß multidimensional und sich ihrer Multidimensionalität ganz und gar bewußt. Die Wale und Delphine hegen eine große Liebe für die Menschen, und viele stellen sich die Frage: «Wie können sie die Menschheit immer noch lieben?» Aber schaut, sie verstehen wirklich das Wesen der bedingungslosen Liebe. Sie haben euch ein großes Wissen zu übermitteln, und ihr könnt euch in das Bewußtsein der *Cetacea* einklinken. Ihr könnt tatsächlich an dieser Weisheit, an diesem Wissen, an dieser Freude und Spontaneität teilhaben.

F: Wie können Menschen es immer noch wagen, diese Geschöpfe zu töten? Das macht mich wirklich wütend.

P'taah: Ja, Geliebter, aber siehst du, die Menschen töten sich auch immer noch gegenseitig. Warum sollten sie sich da scheuen, etwas zu töten, was sie bloß als Tier ansehen, hm? Und es sollte kein Urteil darüber gefällt werden, denn siehst du, dies ist alles eine gemeinschaftliche Schöpfung, eine Co-Kreation. Und die Wale und Delphine haben es sich zur Aufgabe gemacht, ein größeres Verständnis und eine größere Liebe für die Menschheit zu erwecken. Es ist eine großartige Lektion, und es ist eine Co-Kreation. Die Wale und Delphine wissen, daß es so etwas wie den Tod in Wirklichkeit nicht gibt. Wenn die Menschheit zu einer solchen Liebe und Verehrung für die Wale und Delphine gelangt, wird dies auf großartige Weise etwas widerspiegeln, das Liebe und Verehrung für das SELBST sein könnte. Und das bedeutet auch die Einsicht, daß es keine Trennung gibt. Und damit verändern sich die Dinge. Ja, so ist es.

F(M): P'taah, wie passen der Yeti und *Big Foot* ins Bild?

P'taah: Nun, sie sind gleichsam Überbleibsel, wie ihr wißt. Viele andere Angehörige der Spezies, die existierte, als der Yeti und *Big Foot* auf dieser Ebene erschaffen wurden, haben sich in andere Sphären begeben. Und diese, die so schön und scheu sind, fürchten sich vor der Menschheit, weil sie in eurer vorgeschichtlichen Zeit verfolgt und gejagt wurden. Deshalb existieren sie in den abgelegensten Regionen eures Planeten, mit dem sie sich in völligem Einklang befinden. Sie haben einen großartigen Bewußtseinszustand, der aber nicht dem der Menschheit gleicht, so, wie ihr sie versteht, und er beinhaltet auch nicht das Wissen der Wale und Delphine, die wirklich Kenntnis von allen Dingen auf dieser Ebene haben. Sie stellen also gleichsam ein kleines Nest innerhalb der Menschheit dar, aber in veränderter Form, oder vielleicht sollten wir besser sagen: in unveränderter Form.

F: Existiert in Australien ein Gegenstück zu *Big Foot*?

P'taah: Nicht als solches, Geliebter, und auch nicht auf dem afrikanischen Kontinent.

F(F): P'taah, wir erhalten widersprüchliche Informationen über das Bewußtsein von affenartigen Geschöpfen, das sich im Lauf der Geschichte mit dem menschlichen Bewußtsein vermischt haben soll. Kannst du dazu bitte eine Erklärung geben?
P'taah: Sprichst du vom fehlenden Bindeglied, Geliebte?
F: Ich weiß nicht. Ist das meine Frage?
P'taah: Nun, eure Wissenschaftler vertreten die Theorie, daß der Mensch von den Primaten abstammt.
F: Dies ist zwar keine herkömmliche wissenschaftliche Theorie, aber das Material gewisser gechannelter Wesenheiten besagt, daß im Lauf der Geschichte eine genetische Manipulation mit nicht-menschlichen Geschöpfen vorgenommen wurde.
P'taah: Es hat umfassende genetische Manipulationen gegeben.
F: Die an Menschen durchgeführt wurden?
P'taah: So ist es. Das war in eurer vorgeschichtlichen Zeit.
F: Es gibt Leute, die befürchten, daß wir das Resultat dieser Manipulationen sind. Gibt es Menschen, die in der Angst befangen sind, daß sie mehr dem animalischen als dem göttlichen Bewußtsein zugehören?
P'taah: Natürlich ist alles göttlicher Natur, Geliebte.
F: Also braucht man sich da keine Sorgen zu machen, kannst du das bestätigen? Ich möchte es dich nur aussprechen hören.
P'taah: Wie wir schon sagten, wird hier viel Humbug verzapft, der große Ängste auslöst. Mit Sicherheit wurde an der Menschheit, so, wie ihr sie gegenwärtig versteht, genetisch viel manipuliert. Ihr seid alle Sternensaat. Die ganze Menschheit, wie ihr sie begreift, ist Sternensaat. Es wurde tatsächlich, nicht nur auf diesem Planeten, sondern auf allen Planeten, genetisch herumgespielt. Was diesen Planeten angeht, so seid ihr das Resultat davon, und es ist erstaunlich, oder etwa nicht? Warum sich also ängstigen? Ihr wißt, daß euch nichts Schlimmes widerfahren kann. Ihr seid ein Spiegelbild von ALLEM, WAS IST, und das gilt für alles, was existiert. Warum solltet ihr euch also ängstigen?

F(M): Du sprichst von göttlichem Bewußtsein. Ich arbeite sehr viel mit Tieren und denke oft – und das mag ein Vorurteil sein –, daß, wenn es eine solche Ebene gibt, diese dummen Tiere, wie wir sie nennen, mit weniger Müll vollgestopft, vielleicht ein bißchen göttlicher sind als wir?

P'taah: In Wahrheit sind sie nicht göttlicher, aber sie sind ganz bestimmt nicht mit solchem Wirrwarr angefüllt, und sie sind wissend. Seht ihr, sie leben im Moment des Jetzt, in der Integrität ihrer eigenen Seelen-Wesenheit. Das ist natürlich in Wahrheit göttlich.

F(F): P'taah, du sprachst von Sternenkindern. Es gibt Leute, die eine Regression durchgeführt haben und sich in deren Verlauf auf einem anderen Planeten wiederfanden. Ist das möglich?

P'taah: Das ist in der Tat möglich.

F: Könntest du das weiter ausführen?

P'taah: Es gibt viele Leute, die von dieser Welt aus zu anderen Planeten gereist sind. Sie wurden mit einem Raumschiff zum sogenannten großen Mutterschiff gebracht, um die Erfahrung einer anderen Realität, eines anderen Zeit-Systems zu machen. Dies aufgrund des Wunsches ihrer Seele, hilfreiche Erfahrungen weiterzugeben, obgleich wir verstehen, daß sich die Menschen gar nicht vorstellen können, auf welche Weise *sie* den Sternenwesen eine Hilfe sein könnten, die doch mit Sicherheit technologisch weiter fortgeschritten sind. Seht ihr, ihr Lieben, in Wahrheit ist es so, daß *die Sternenwesen eure Brüder und Schwestern sind.* Es gab nie eine Zeit, in der keine Interaktion zwischen den Wesen auf eurem Planeten und denen auf anderen Planeten stattfand. Und obwohl die meisten von euch den Wunsch hegen, sich auf bewußter Ebene mit den Sternenwesen auszutauschen, erzeugt dieser Gedanke sehr viel Angst. Daher wird, wie auch aus vielen anderen Gründen, die bewußte Erinnerung an den kommunikativen Austausch mit ihnen im allgemeinen ausgelöscht. Doch bald werden diese Erinnerungen wieder geweckt werden, und die Menschheit auf diesem Planeten wird ihren Platz in einer großen Föderation mit den in anderen Sternsystemen existierenden Wesen der menschlichen Art einnehmen. Wißt ihr, ihr werdet alle mit großer Spannung erwartet. So ist es.

(Ein kleiner Junge wendet sich an P'taah.)

F: P'taah, wie verändert ihr euch?

P'taah: Wie verändern wir uns? Indem wir es uns wünschen, und so könnt ihr es auch machen. Ihr braucht bloß daran zu denken und es zu wollen. Weißt du, daß du nur dadurch, daß du deine Gedanken darauf richtest, die ganze Welt verändern kannst? So ist es in der Tat.

F(M): Zwei Fragen: Erstens, was passierte mit den Dinosauriern? Und zweitens, welche Macht hat ein Kind?

P'taah: Sie ist praktisch ohne Grenzen, Lieber. Wenden wir uns nun zunächst dem zu, was Dinosaurier genannt wird. Wir haben schon früher über Geschöpfe auf eurem Planeten gesprochen, die ihr ausgestorben, auf immer verschwunden wähnt. Aber schaut, ihr Lieben, nichts ist wirklich verschwunden. Es ist nur eurer Wahrnehmung entzogen, ist aus eurem Gewahrsein verschwunden. Die Dinosaurier und viele andere Geschöpfe jener Zeit existieren nach wie vor in einem anderen Zeit-System und auch auf anderen Planeten. Es gibt kein Geschöpf, das auf eurem Planeten existierte und auf immer verschwunden ist. Was ihr für ausgestorben haltet, ist nur in diesem Zeit-System ausgestorben.

Kommen wir nun auf die Macht der Kinder zu sprechen. Die Menschen neigen dazu, Kinder und Babys für hilflos zu halten, weil sie in physischer Hinsicht so klein sind. Ihr müßt jedoch verstehen, daß ein Kind, gleich, wie ihr es betrachtet, hinsichtlich seiner Seelenenergie so alt ist wie ihr. Kleine Kinder haben noch eine engere Verbindung mit ihrer Wesenheit als ihr, sind weniger davon getrennt. Sie befinden sich mit ihrem eigenen Wesen in Einklang. Sie begreifen noch nicht so sehr, was Trennung ist. Sie sind noch nicht im vollen Ausmaß der Konditionierung hinsichtlich dessen unterworfen, was als möglich und nicht möglich erachtet wird. Sie begreifen noch nicht, daß sie nicht ganz außergewöhnliche Dinge vollbringen, nicht wahrnehmen können sollten, was das Auge und Ohr des Erwachsenen normalerweise nicht sehen oder hören kann. Ein Kind weiß sehr oft nicht, was Grenzen sind. So machtvoll ist es. Die Kinder, die sich zur gegenwärtigen Zeit auf dieser Ebene erschaffen, bringen in vielerlei Hinsicht eine Macht mit, wie sie sich bislang nicht manifestiert hat. Daher könnten sie die Erwachsenen viel lehren. Sie verfügen über ein intaktes Wissen, das die erwachsenen Menschen verloren haben. Es gibt zudem viele Sternenwesen und Energien, die normalerweise keinen Wunsch nach der Dichte der Physikalität hegen, nun aber ein Fragment der Seelenenergie ausschicken, um sich in dieser Übergangszeit auf der Erde zu inkarnieren. Ihr müßt also wissen, daß Kinder dem Anschein nach hilflos sein mögen, es aber nicht sind.

F: Sollten wir ein anderes Ausbildungssystem für Kinder schaffen? Und kannst du etwas darüber sagen, wie die Dinosaurier die Erde verlassen haben?

P'taah: Was das Ausbildungssystem angeht, so wird es sich entsprechend eurer Wahl gestalten. Das Erziehungswesen, so, wie ihr es gegenwärtig versteht, das heißt, die Art der Erziehung, wird sich in den kommenden Jahren gewiß verändern. Wenn ihr wünscht, daß eure Kinder eine andere Erziehung und Ausbildung genießen, wird es auch so sein. Macht es, wie ihr wollt. Ihr habt die Wahl.

Wir verstehen im Grunde nicht ganz, was wir deinem Wunsch nach über die Dinosaurier und andere sogenannte ausgestorbene Geschöpfe sagen sollen. Willst du wissen, wie sie ihren Übergang bewerkstelligten? Manche wurden mit Raumschiffen an andere Orte gebracht, andere transportierten sich selbst in ein anderes Zeit-System, das der Dichte ihrer Physikalität besser entsprach.

F(M): P'taah, es klingt so, als könnten wir uns hinsichtlich der Veränderungen auf eine gute, eine wirklich großartige Zeit gefaßt machen. Sollten wir uns auf diese Veränderungen vorbereiten, zum Beispiel einen Vorrat an Nahrungsmitteln anlegen oder so etwas?

P'taah: Das ist nicht nötig. Es ist viel Überlebensangst erzeugt worden. Also haben sich alle beeilt, einen Nahrungsmittelvorrat anzulegen und sich aus der Gefahrenzone zu begeben, hm? Aber siehst du, Lieber, wenn du dich vor dem Kommenden nicht fürchtest und *weißt*, daß du in einem vollkommen sicheren Universum lebst, dann heißt das, daß du in Freude nur im Moment lebst. Dann weißt du, daß du natürlich in Sicherheit sein, daß du überleben wirst. Es ist *deine* Realität. Du erschaffst sie.

F: Die Realität, die ich bewußt oder die ich unbewußt erschaffe? Wie kann ich auf mein Unterbewußtsein Einfluß nehmen?

P'taah: In deinem Herzen weißt du, daß zwischen dem, was du unter «bewußt» und «unbewußt» verstehst, keine Trennung existiert. Je mehr du in deinen Gedanken davon ausgehst, daß es da eine Trennung gibt, desto größer wird sie sein. Du sollst wissen, daß du diese Energie, das, was die Göttin, was Intuition genannt wird, fließen lassen kannst, und damit erschaffst du dann in der Tat das Nicht-Getrenntsein. Wenn du zum Beispiel in einem Gebiet lebst, das einer plötzlichen tektonischen Veränderung unterworfen ist, und wenn du in Freude und nicht in Angst lebst, wirst du, mein Lieber, an diesem Tag fort sein und deine Mutter besuchen. Siehst du, du bist derjenige, der in Synchronizität die Realität erschafft.

F(F): P'taah, gibt es auf anderen Planeten unseres Sonnensystems Lebensformen?

P'taah: Es gibt sie.

F: Kannst du uns etwas über sie sagen?

P'taah: Das ist nicht nötig.

F: Oh, warum nicht?

P'taah: Es ist sicher, daß eure Wissenschaftler Hinweise auf die Existenz von Lebewesen auf anderen Planeten gefunden haben. Doch sie existieren, wie auch die Wesen, die im Innern eurer Erde leben, in einem anderen Zeit-System. Wenn sozusagen der richtige Zeitpunkt gekommen ist, wird die Menschheit nicht nur mit den Wesen innerhalb dieses Sonnensystems, sondern auch mit denen anderer Sonnensysteme und sogar anderer Galaxien, von denen eure Technologen gegenwärtig noch nicht einmal träumen, in vollem Umfang kommunizieren können. Aber es gibt viele, *viele* Planeten, Sterne, Erden, deren Lebewesen ebenso fühlende und empfindende Wesen sind, wie ihr es seid. Humanoid. Manche haben eine völlig andere physische Form als die Menschen, und manche haben tatsächlich eine hominide Gestalt, aber physiologisch eine ganz andere Struktur. Man könnte zwar sagen, daß sie zwei Arme, zwei Beine und einen Kopf haben, aber innerlich sind sie völlig anders strukturiert und weisen auch sehr oft kein Geschlecht auf, so wie ihr es versteht.

F: Wasser ist auf unserem Planeten ein sehr wichtiges Element. Ist es das auch für die Sternenwesen?

P'taah: Nun, sorgen wir uns hier nicht um die Sternenwesen. Ich weiß, daß ihr von ihnen äußerst fasziniert seid. Doch reden wir über eure Beziehung zum Wasser. Das Wasser enthält eine kristalline Struktur, wie ihr sie auch habt. Die Resonanz leitender Energie. Wasser hat nicht nur auf euren Körper, sondern auch auf euer Energiefeld einen stark heilenden Einfluß. Wasser wird als heilig bezeichnet, so wie alle Elemente heilig sind und auch ihr heilig seid, und ihr könnt das Wasser als ein euch nährendes Element nutzen – vor allem eure Ozeane. In den Ozeanen befinden sich die Energien der Wale und Delphine, die durch die kristalline Struktur des Wassers, eines großartigen Verstärkers, weitergeleitet werden. Ihr könnt, wenn ihr euch im Wasser aufhaltet, den Wunsch nach der Vergrößerung der zellularen Struktur des Gehirns ausschicken. Einst waren die Menschen imstande, den im Wasser vorhandenen Sauerstoff für sich so umzuwandeln, daß sie unter Wasser atmen konnten. Die dafür nötige Struktur existiert noch in eurem Körper, ihr könnt sie aber nicht mehr nutzen. Das heißt, ihr habt sie vergessen. Viele von euch und diejenigen unter euch, die sich in Resonanz mit dem Delphin-Bewußtsein befinden, haben noch eine Erinnerung daran, wie es war, unter Wasser zu leben.

F(M): P'taah, was das Nicht-Getrenntsein angeht: Meinst du, daß es in Wirklichkeit gar keine voneinander getrennten Seelen gibt, sondern nur ein einziges Konglomerat?

P'taah: Letztlich ist es genau so.

F: Immer wenn du sagst, daß es keine Trennung gibt, meinst du also, daß es keine einzelne Seele gibt? Keine einzelne Seele da und dort und dort?

P'taah: So ist es in der Tat, aber es gibt etwas, was ihr als Fragment der Überseele und als Überseele der Überseele bezeichnen könntet; und ihr könnt auch sagen, daß sich die Seelenenergie in Resonanz-Familien unterteilen läßt. Doch Lieber, dies erzeugt schon, während wir darüber sprechen, die Vorstellung von Trennung in eurem Bewußtsein. Deshalb sagen wir euch, daß es keine Trennung gibt. Wir sprechen von der Totalität, weil ihr in eurer physischen Realität glaubt, daß ihr mit eurer Person da aufhört, wo eure Haut endet. In physikalisch-technischen Begriffen gesprochen, tut ihr das nicht, weil euer Energiefeld, eure energetische Schwingung, weit über eure Haut hinausreicht. Auch habt ihr das Gefühl, daß zwischen eurer eigenen Persönlichkeit und der aller anderen eine Trennung besteht. Es gibt dieses Trennungsgefühl im «Allein-Sein», in der Einsamkeit, der Isolation, die ihr alle empfindet. Versteht ihr? All das schafft immer noch mehr und mehr Trennung. Und daher sagen wir Folgendes: Ihr versteht nicht wirklich, daß ihr in der Tat Teil von ALLEM, WAS IST, seid; daß die Energie, die euch «am Laufen hält», die die Lebenskraft in euch erzeugt, göttliche Energie ist, und daß diese göttliche Energie alles durchdringt. *Jedes Ding.* Jedes Atom und Molekül. Auf diese Art seid ihr mit jedem *Ding* vollständig verbunden; aber wir wollen euch vermitteln, daß ihr mit jedem Menschen verbunden seid, enger, als ihr euch vorstellen könnt; und wenn ihr an diese Einheit des Seins mit allen, mit der *gesamten* Menschheit, denkt, wenn ihr wißt, daß alles und jedes außerhalb eurer selbst ein Spiegelbild dessen darstellt, was ihr seid, dann versteht ihr vielleicht, wie ihr euch selbst verurteilt und die Trennung aufrechterhaltet.

F: Heißt das, daß wir dieses Prinzip so lange nicht verstehen können, wie wir die Menschen als vereinzelte, von einander getrennte Wesen sehen, oder können wir dies begreifen und dennoch im Getrenntsein verbleiben?

P'taah: Lieber, wir verstehen, daß das alles sehr verwirrend ist, aber du bist nicht der einzige, der das verwirrend findet. Selbst die, die auf intellektueller Ebene verstehen, was wir sagen, wissen in Wahrheit immer noch nicht, was es heißt, sich für länger als jeweils nur ein paar Augenblicke im Zustand des Nicht-Getrenntseins zu befinden. Es gibt manche, die in der Tat ein wunderbares und großartiges Wissen vom Nicht-Getrenntsein, vom EINSSEIN mit ALLEM, WAS IST, haben. Doch es waren nur Momente des Erlebens, und in der Erinnerung an diese Emotion, an dieses Gefühl, aus dieser Erfahrung der eigenen Göttlichkeit und des Nicht-Getrenntseins heraus – in diesem Gefühlszustand – können sie das Licht wiedererschaffen. Nun, in Wahrheit sprechen wir nicht von einem intellektuellen Verstehen. Wir benutzen zwar diese Worte, aber eigentlich sind sie nur ein Happen für euren Intellekt. Im Grunde ist alles so einfach, aber Einfachheit laßt ihr nicht zu, deshalb müssen wir uns dieser Worte bedienen. Doch wie wir schon sagten, *wir sprechen nicht nur für eure Ohren.* Also, meine Lieben, benutzt eure Phantasie. Ihr könnt euch euch selbst vorstellen, und daß ihr mit einer goldenen Lichtschnur mit jedem anderen Menschen verbunden seid; und dann könnt ihr euch vorstellen, daß euch diese Lichtschnur mit jedem Baum und jedem Grashalm verbindet. Dann stellt euch vor, daß die Lichtschnur aus eurem Scheitelpunkt austritt und sich bis zu den Sternen erstreckt, um euch mit einem jeden, auf jeglichem Planeten der Universen lebenden Wesen zu verbinden. Versteht ihr, was ich sage? Auf diese Weise könnt ihr das Nicht-Getrenntsein herstellen, und ihr könnt eure Vorstellungskraft benutzen, um dieses Bild in eurem Geist zu erschaffen, damit es in eurem Herzen Resonanz finden kann. Und wenn ihr dann mit einer anderen Person still beisammen seid, wenn ihr in die Augen eines anderen Menschen blickt, und sollte es auch einer sein, den ihr als Feind betrachtet, werdet ihr wissen, daß ihr euch selbst anschaut.

F(F): Als ich so etwa dreizehn war und nicht wußte, wer oder was Gott ist, versuchte ich, es selbst herauszufinden. Ich stellte mir unsere Zellen als Leute vor, aber nicht als wirkliche Personen, die geschäftig irgendwelche Dinge tun und sich dabei ihres Tuns in unserem Innern völlig bewußt sind. Warum können wir, wenn das so ist, nicht alle wie diese Zellen sein, die unentwegt ihren Angelegenheiten nachgehen, aber innerhalb eines sehr viel größeren Körpers?

P'taah: Aber das tut ihr, Liebe. Schau, ihr seid das, was man einen Makro-Mikrokosmos nennt. Ein Makro-Molekül der Multiversen und so weiter, bis in alle Unendlichkeit. Ja, das ist genau das, was ihr seid. Es ist ein sehr interessantes Konzept.

F(M): Nur eine technische Frage: Der Mikrokosmos entspricht dem Makrokosmos, richtig? Ist der Mikrokosmos seinerseits wiederum ein Makrokosmos und so weiter, bis in alle Unendlichkeit?

P'taah: Ja, ist das nicht wunderbar? Ihr seht also, ihr Lieben, es gibt keine Trennung, von welcher Seite aus ihr es auch betrachtet; und das, was ihr seid, ist tatsächlich Gott.

F: Es könnte «ich» in der äußeren Welt sein, und es könnte zehnmal «ich» in der inneren Welt sein.

P'taah: Richtig, aber nicht so, wie du dich in deiner Persönlichkeit begreifen würdest. Das, was du als deine Persönlichkeit betrachtest, stellt *lediglich einen Aspekt* dessen dar, was du in Wirklichkeit bist. Seht ihr, ihr seid nicht eure Persönlichkeit. Ihr seid nicht eurer Körper, ihr seid nicht eurer Verstand. Ihr seid mehr als all das. Wenn ihr versucht, alles in den Schubladen des logischen Verstandes unterzubringen, geratet ihr in Schwierigkeiten. Denn wenn ihr etwas benennt, ihr Lieben, befindet ihr euch schon in der Begrenztheit. Es gibt *keine* Begrenzung. Ihr existiert wahrhaft über alle Grenzen hinaus. Während ihr versucht, alle diese Dinge in euren kleinen Schachteln intellektuellen Verständnisses unterzubringen, stellt ihr schon eine Schachtel für euer Herz bereit. Nun, es macht immer großen Spaß, mit Gedanken und Ideen herumzuspielen, das geistige Bewußtsein auszudehnen, und das ist auch in Ordnung so. Aber ihr müßt wissen, ihr Lieben, daß ihr, wenn ihr euren Geist mit Belanglosigkeit vollstopft, vor dem flüchtet, was ihr seid, *und ihr werdet alles tun, um dem Fühlen zu entfliehen.* Ihr werdet alles tun, um nicht wahrhaft und vorurteilslos anschauen zu müssen, wer ihr seid. Ihr werdet alles tun, um euch nicht verletzlich zu machen. Wenn ihr also geistig abhebt, ihr Lieben, ist das in Ordnung; nur denkt daran, daß ihr in Wahrheit multidimensionale, machtvolle, wunderbare Geschöpfe seid. *Ihr* erschafft eure Realität, und ihr könnt dies aus der Liebe heraus tun, die nichts mit eurem Verstand zu tun hat, oder aus der Angst heraus, die alles mit eurem Verstand zu tun hat. Es ist also eine in jedem Augenblick getroffene Entscheidung, wie ihr eure Realität wahrnehmen wollt.

Nun, ihr Lieben, das reicht für den heutigen Abend. Wir sind sehr glücklich darüber, daß ihr heute die Kinder mitgebracht habt. Magische Wesen, in der Tat.

F *(ein kleiner Junge)*: Es hat mir große Freude gemacht.

P'taah: Hat es das, Lieber? Nun ich will dir sagen, es hat mir auch sehr große Freude gemacht, dich zu sehen. Du bist wirklich ganz wundervoll. Gute Nacht, mein Lieber. Du wirst wunderbare Träume haben.

Und so, ihr Lieben, heißt es, sich in Freude auf den Weg zu machen, in dem Wissen, daß ihr wirklich wie die Delphine seid. Viel Lachen und viel Spaß. Ihr sollt wissen, daß das, was ihr seid, Gott/die Göttin ist und daß ihr diese Erfahrung der Realität hervorbringt, um wahrhaft zu verstehen, wer ihr seid. Ich liebe euch sehr. Und so, ihr Lieben, bis zur nächsten wunderbaren Zusammenkunft. Ja, wirklich – es war schön.

ZWEITE ÜBERMITTLUNG
11. Dezember 1991

P'taah (auf seine übliche dynamische Art): Guten Abend.
(P'taah geht, sich Zeit lassend, im Publikum herum, das ihn seinerseits begrüßt, und schaut sich jedes Gesicht an. Dann wirft er einen Blick auf das wunderschön geschmückte Christbäumchen, auf dem kleine bunte Lichter brennen.) P'taah: Gut – wirklich sehr schön. Wißt ihr, die Menschen sehen manchmal ganz genauso aus. Wunderschöne Päckchen und eine Menge Lichter. Nun, ihr Lieben, laßt uns anfangen. Stellt eure Fragen.

F(M): Könntest du, da dies eine Zeit des Feierns ist und Weihnachten sich auf die Lehren Jesu, auf das Christus-Bewußtsein, gründet, auf dieses Thema eingehen?

P'taah: Lieber, du bist uns zuvorgekommen. Wißt ihr, diese von euch Dezember genannte Zeit, in der die Geburt Christi gefeiert wird, bekommt in diesem Jahr eine ganz besondere Note, weil nunmehr seit den Tagen Jesu, eurem Kalender nach, der Geburtstag eines Mannes 1991 Jahre lang gefeiert worden ist.

Natürlich ist es noch mehr als das; es ist ein Ideen-Konstrukt*, das sich aus dem ergab, was diese Energie hervorgebracht hat. Aber ihr wißt, ihr Lieben, daß das Bewußtsein der Menschheit in diesen beinahe 2000 Jahren tatsächlich gewachsen ist und sich erweitert hat, vor allem in den letzten paar Jahren eurer Zeitrechnung. Nun, das Weihnachtsfest in diesem Dezember soll wahrhaft zu einer Feier führen – zur Feier der Entstehung des Christus-Bewußtseins auf dem gesamten Planeten, für die gesamte Menschheit. Ihr feiert also eine Erweiterung. Ihr, die ihr

---

* Der Begriff Ideen-Konstrukt ist grammatikalisch vielleicht nicht ganz akzeptabel; ebenso wie viele andere von P'taahs speziellen Ausdrücken bleibt er hier aber unverändert. Mit diesem Terminus bezieht sich P'taah auf all jene menschlichen Wirklichkeiten (Glaubensstrukturen), die mit der Wahrheit oder den Tatsachen wenig bis gar nichts zu tun haben.

jetzt hier im Raum versammelt seid, und alle gleichgesinnten Brüder und Schwestern überall auf dem Planeten habt wirklich etwas zu feiern. Das Christus-Bewußtsein in Erweiterung. Christus, das kristalline Bewußtsein, das, was die nun anbrechende aufregendste Ära sein wird, deren Zeugen zu sein ihr gewählt habt, wird in der Tat galaktisch seinen Lobgesang erklingen lassen. Die Feier eines Ereignisses innerhalb eurer Kultur, das in eurer Geschichte so malerisch dargestellt wird, war in Wirklichkeit eine ganz gewöhnliche Begebenheit. Eine Mutter bringt an einem schlichten Ort ein Baby zur Welt, und dann waren tatsächlich Hosiannas zu hören. Daraus erwuchs eine Mythologie, und eure Vorstellung von Jesus ist nunmehr ein Ideen-Konstrukt. Das Jesus-Bild der meisten Menschen in eurer Kultur hat in Wirklichkeit nicht viel mit dem Mann namens Joshua Ben Joseph zu tun. Aber das ist nebensächlich. Wichtig ist, daß ihr begreift, daß durch diese Vorstellung eine eigenständige Wesenheit erschaffen wurde; das Ideen-Konstrukt wurde zu einer Wesenheit. Sie ist real, und es spielt keine Rolle, ob ihr auf intellektueller Ebene diese ganze Geschichte ignoriert, ob ihr sie akzeptiert oder nicht. Dieses Ideen-Konstrukt besitzt auch für all die Millionen Menschen auf eurem Planeten Realität, die auf emotionaler Ebene nichts mit dieser Geschichte verbindet. Das ist die Macht der Gedankenkraft, ihr Lieben. Also bietet diese anbrechende Zeit Anlaß zum Jubilieren und Tanzen und zu großem Feiern, denn ihr habt wahrlich viel Wunderbares zu preisen, und es gehört euch. *Ihr erschafft eine neue Welt.* Ihr feiert in Wahrheit die Ankunft Christi in jedem von euch. Das Licht Christi ist das göttliche Licht eines Kristalls, das sich in euch allen entzündet.

Auf diese Weise werdet ihr allmählich verstehen, wer ihr seid, ihr werdet eure Größe verstehen, das multidimensionale Wunder der Menschheit, eurer Realität, eurer Universen. Ihr werdet zur Synchronisation mit der Göttin, eurer Erde, gelangen. Es besteht tatsächlich Grund zum Feiern.

F(M): P'taah, hat der Buddhismus ein ähnliches Gedankengebäude um Buddha errichtet wie das Christentum um Jesus?

P'taah: In der Tat. Und wißt ihr, in gewisser Hinsicht und auf seine eigene Weise hat auch das Ideen-Konstrukt des Buddha eine

Erweiterung erfahren. So wie die Menschen in eurer Kultur die Vorstellung von Christus aufgenommen und sie erweitert haben, haben die kulturell auf Buddha eingestimmten Menschen ein Bild von Christus entwickelt und darauf aufgebaut. Die Christen haben die Vorstellung von Buddha aufgenommen und darauf aufgebaut. Also, obgleich jede Sekte, jede Religion dem Anschein nach stark in ihren Katalogisierungen und Grenzen befangen ist, wird doch allmählich der allen Religionen innewohnende Wahrheitskern anerkannt. Der äußere Handlungsablauf, die Mythologie, das Märchen können nun den ihnen angemessenen Platz einnehmen.

F(F): P'taah, in mir war immer der Glaube, daß ich Geistführer habe. Kannst du dazu etwas sagen?

P'taah: Liebe, eigentlich reden wir nicht über Geistführer, obwohl gegenwärtig in Gesprächen *(bei privaten Sitzungen mit P'taah)* viele danach fragen. Siehst du, in gewisser Weise bedeutet die Vorstellung von Geistführern eine Beschränkung, weil ihr euch dann einen Geist in humanoider Form vorstellt, der hinter euch steht und euch ab und zu einen kleinen Klaps auf den Allerwertesten verabreicht, um euch zu sagen, wo es langgeht. So sieht letztlich eure Vorstellung von Geistführern aus, denn das ist es, was ihr kennt. Und das gleiche gilt für Schutzengel. Es gibt viele, die sich in Schutzengel verliebt haben. Das ist natürlich wunderbar. Aber schau, Liebe, gegenwärtig sind wir dabei, wirklich die Erweiterung zu schaffen, die euch erkennen läßt, daß es keine Trennung gibt und daß ihr in Kontakt mit dem Gott/der Göttin in euch sein könnt; damit ihr erfahren könnt, daß es nichts und niemanden gibt, zu dem ihr nicht im Innern eures Herzens Zugang habt. Und wir möchten euch zu verstehen geben, daß ihr alle in gewisser Weise Geistführer habt, aber nicht ganz so, wie ihr euch das vorstellt. Wir möchten eure Wahrnehmung von dem, wie es sein könnte, nicht beeinträchtigen. Verstehst du? Wenn ich zu euch von Geistführern spreche, geratet ihr sofort in einen Bewußtseinszustand von Trennung und Begrenztheit. Ihr sollt wissen, daß euer Universum von unkörperlichen Wesen und Energien bevölkert ist, und viele dieser Energien könnt ihr euch als in Lichtgestalt und in keinerlei physischer Form existierend vorstellen. Sie sind sehr oft ein Teil eurer eigenen Seelenenergie. Tatsächlich handelt es sich sogar immer um einen Teil eurer eigenen Seelenenergie. Wir wünschen uns sehr, daß ihr eine Erweiterung eures bewußten Denkens erfahrt, daß ihr euch eurer Intellektualisierungen bewußter werdet; denn schaut, ihr alle wollt alles in kleine Schubladen stecken, ob es sich nun um die kleinen Schubladen der Technologie mit ihren Puzzleteilchen handelt oder ob ihr es nur aus Neugier und der Unterhaltung wegen tut. Das hat seine Berechtigung, und wir sagen sicherlich nicht, daß ihr nicht darüber nachdenken sollt. Wir sind aber hier, um euch daran zu erinnern, daß man das, was ihr seid, Erweiterung nennt. So soll es sein.

F(M): Wie real sind Träume, und welchen Einfluß haben sie auf unser Leben?

P'taah: Nun, mein Lieber, du weißt, daß, wenn du dich in deiner Traumzeit befindest, dieses Leben der Traum und der Traum die Realität ist. Und sehr allgemein gesprochen ist dieses Leben wahrscheinlich die größere Illusion. Nun, ihr sollt auch verstehen, daß euch euer bewußter rationaler Verstand in diesem sehr geschäftigen Leben, das man andere Dimensionen der Realität nennt, das man Träume nennt, alle möglichen Bilder malen wird, denn sehr oft befaßt ihr euch dabei mit Konzepten und Leben in den Dimensionen einer Realität, von der ihr euch in diesem Leben keine Vorstellung machen könnt. Also erschafft der rationale Verstand für euch Bilder, die euch die Bedeutungen in symbolischer Form zu begreifen erlauben. Nun gab es viele Diskussionen über die Traumsymbolik. Ich will euch folgendes sagen: Ihr habt alle eure *eigenen* Symbole. Es wurde viel von archetypischen Symbolen geredet, doch wir möchten euch hinsichtlich eurer Träume nur sagen: Habt Spaß mit ihnen.

Es wird euch sehr dienlich sein, wenn ihr nicht weniger als einundzwanzig Nächte lang aufschreibt, was euch von euren Träumen im Gedächtnis geblieben ist. Wenn ihr euch Notizen macht, wird sich ein Muster herausschälen, das einen Sinn ergibt, euch eine Geschichte erzählt. Und dabei bringt ihr viele Ängste ans Tageslicht, mit denen ihr euch befassen sollt. Ihr geht auf Reisen. Ihr trefft Freunde. Ihr begegnet Freunden aus anderen

Leben, anderen Realitäten, anderen Teilen eurer Seelenenergie. Manchmal reist ihr mit denen, die euch in diesem Leben und derzeit lieb und teuer sind, und manchmal auch nicht. Manchmal spielt ihr auf der kausalen Ebene, manchmal begebt ihr euch in Bereiche, die weit jenseits davon angesiedelt sind. Wie wir bereits sagten, Geliebter, sollt ihr euch daran erinnern, daß von «da draußen» aus gesehen, in Wirklichkeit dies hier der Traum ist.

F(F): P'taah, es bereitet mir wirklich Vergnügen, viel Zeit im Traumreich zu verbringen, und ich habe Schwierigkeiten, wenn ich in die physische Realität zurückkehre. Ich habe das Gefühl, ich sollte etwas tun, obwohl ich die Zeit, die ich in anderen Teilen meines Bewußtseins verbringe, wirklich genieße. Ich weiß, du sagst, wir sollten «sein», nicht «tun», aber da ist ein Konflikt. Es ist schwierig.

P'taah: Und da ist auch ein «du solltest» und «du solltest nicht», hm?

F: Ja, da taucht die alte Programmierung auf.

P'taah: Das ist in Ordnung, Geliebte. Freue dich an dem, was es ist, und wenn du feststellst, daß du in ins «Sollte» und ins «Sollte-Nicht» hineingerätst, laß es einfach zu. Es ist in Ordnung. Es wird immer leichter werden. Und du weißt, das Träumen ist wunderbar. Es ist wunderbar, ganz gleich, ob es sich um die Träume im Schlaf oder die Träume im Wachzustand handelt. Es ist in Ordnung. Du kannst zwar sicher die Wahl treffen, in dieser Hinsicht ein größeres Gleichgewicht herzustellen, aber es gibt kein «du solltest» und «du solltest nicht», kein Richtig oder Falsch. Es gibt einfach das SEIN, und was immer es ist, es ist in Ordnung, solange du es nur zuläßt. Ihr Lieben, was ihr eure Tagträume und Phantasievorstellungen nennt, ist reizend und wunderschön. Seid darauf aus.

F(M): Vor ein paar Wochen verschwand ein Kristall von einem für mich heiligen Ort. Ich kann immer noch nicht begreifen, was passiert ist. Ich kann mich nicht damit abfinden.

P'taah: Du weißt in Wirklichkeit genau, was passiert ist, Geliebter. Du hast darüber ein Gespräch mit meiner Frau geführt.

F: Ja, aber es hat mir nicht wirklich Frieden gebracht.

P'taah: Das kommt daher, daß du ihn nicht zuläßt. Du bist immer noch wütend, und das ist in Ordnung. Aber schau, Geliebter, du hast den Kristall erschaffen, damit du die Perle der Weisheit oder den Kristall im *Innern* finden kannst; damit du den heiligen Ort im Innern entdecken kannst. Du weißt, es ist wundervoll, wenn ihr eure Riten und Rituale erschafft und eure Kraft-Gegenstände habt. Aber wir wollen euch daran erinnern, daß das allermächtigste Instrumentarium der Macht und Kraft das ist, was ihr in eurem Innern habt. Es gibt keinen Ort auf diesem Planeten, der heiliger wäre als ein anderer, und wir sagen euch folgendes: Das, was am allerheiligsten ist, befindet sich in euch. Das SEID IHR. Du hast dir also tatsächlich einen wunderbaren Weg geschaffen, um dich selbst zu belehren, Geliebter. DU bist der, der heilig ist, und DU bist das Instrument der Macht und Kraft. Alles andere ist Spiel. Gehört dazu auch der Gedanke, was aus deinem Kristall geworden ist? Wer hat ihn jetzt, Lieber?

F: Weißt du es?

P'taah: Und wer hat in der Tat eine andere Lektion zu lernen? Das ist wirklich nicht so wichtig, außer im Rahmen deines eigenen Ermessens. Du kannst zu dem Ort gehen, an dem dein Kristall verschwunden ist und eine kleine Zeremonie abhalten, eine Zeremonie zu Ehren deines eigenen geheiligten Seins. Ja doch? Sehr gut, Lieber.

F(F): Guten Abend, P'taah. Ich habe eines von den Seth-Büchern gelesen, und Seth erwähnt darin, daß eines seiner *(Seelen-)*Fragmente ein Hund war, dem er weiter keine Beachtung schenkte. Angesichts der Tatsache, daß wir gegenwärtig eine Katze mit Jungen haben ...

P'taah: Nicht fair, wie? Keine Gerechtigkeit. Da hat man so ein kleines Fragment und schenkt ihm keine Beachtung?

F: Ja. Und, P'taah, da ist auch die schreckliche Vorstellung, daß ich ein Fragment der Überseele bin, der ich angehöre, und daß sie mich vielleicht gelegentlich ignoriert. Das tut weh.

P'taah: In der Tat. Nun, siehst du, Geliebte, ihr neigt alle dazu, zu vergessen, daß ihr in eurer ganzen Großartigkeit, in eurer Überseelenhaftigkeit Bewußtsein auf jeglicher von euch gewünschten Ebene erleben könnt. So könnt ihr zum Beispiel den

Wunsch haben, die zweite Dichte – also die Flora und Fauna – kennenzulernen und zu erfahren, was es heißt, das Fragment eines Kristalls zu sein. *(In diesem Moment schießt Bonzo, einer der Hunde der Gastgeber, durch den Raum, um der Gastgeberin einen etwas unzeitigen Besuch abzustatten. P'taah fühlt sich zu folgender Bemerkung veranlaßt:)* Nun, ich frage mich, wer das wohl ist? *(Großes Gelächter im Publikum. Der Gastgeber macht ein strenges Gesicht und ruft Bonzo an seine Seite. P'taah fährt fort:)* Lieber, sei nicht zu streng, er könnte deine Großmutter sein. *(Kreischendes Gelächter)* F *(der Gastgeber)*: Ich mochte sie ohnehin nicht allzusehr. *(Das Publikum kugelt sich vor Lachen.)* P'taah *(frotzelnd)*: Jetzt wissen wir, warum du den Hund trittst. *(Hysterisches Gelächter im Publikum, das weiß, daß Peter nie auch nur einen Finger gegen den Hund erhebt. Dann fährt P'taah mit seiner Antwort auf die Frage der Dame fort.)* Ihr könnt also euer Bewußtsein in jedweder Weise kennenlernen und erfahren. Ihr mögt den Wunsch haben, zu verstehen, was es heißt, ein Baum zu sein oder ein Kristall oder Teil eines dahinströmenden Flusses oder das, was ihr als einen vorübergehenden Moment begreift. Wir haben schon gesagt, daß die Erfahrung, was es heißt, Millionen von Jahren ein Kristall zu sein, nicht mehr als einen Wimpernschlag beinhaltet. Zeitlich gesehen, bedeutet sie gar nichts. Natürlich macht ihr diese Erfahrung mit einem Fragment der Seelenenergie, wie ihr es nennen könnt. Das Fragment besitzt folglich seine eigene Souveränität. Nun, Liebe, deine Angst, daß du von deiner Überseele ignoriert werden könntest, ist in Wirklichkeit die schreckliche Vorstellung, daß «da oben» vielleicht doch niemand ist, der auf dich aufpaßt. Das kommt daher, daß du in das, was und wer du bist, kein Vertrauen setzt. Du begreifst die Vollständigkeit und Unversehrtheit, die Integrität deines Seins nicht. Denn wenn ihr wahrhaft versteht, daß ihr auf absolute Weise eure Realität erschafft, Augenblick um Augenblick, wenn ihr wahrhaft versteht, daß das, was ihr seid, eine wunderbare Integrität besitzt, ob es euch nun bewußt ist oder nicht, dann *ist es so.* Auch habt ihr die Oberherrschaft inne und besitzt die Souveränität, gleich, ob ihr euch dafür entscheidet, sie auszuüben oder nicht. Auf jeder Ebene existiert ein bestimmtes Wissen, und als diese wunderbare Wesenheit *(Seth)* diese Äußerung machte, war sie in gewisser Weise auch als kleiner Scherz gemeint. Weißt du, sehr oft kommen Lektionen in Scherzform daher, um euch zum Nachdenken anzuregen. Verstehst du?

F: Nicht ganz.

P'taah: Das ist in Ordnung, Liebe. Du wirst es nachlesen.

F: Ich habe die Katze und ihre Jungen erwähnt. Ich möchte, daß sie ein gutes Zuhause finden, ich will sie nicht bei uns behalten. Ich möchte, daß wir ein gutes Zuhause für die Kätzchen erschaffen.

P'taah: Liebe, das habt ihr bereits getan. Doch mußt du auch verstehen, daß das *dein* Wunsch ist und sie sich *ihre* Realität erschaffen. Du tust sozusagen deinen Teil dazu, und das ist wunderbar.

F(M): P'taah, wenn man Kinder aufzieht, ist man als Elternpaar angehalten, ihnen bestimmte Manieren und eine gewisse Rücksichtnahme beizubringen. So spielt zum Beispiel jemand laute Musik, ohne Rücksicht auf die Nachbarn zu nehmen. Wie weit ist es uns, wenn wir sehen, daß ein Kind oder ein Freund rücksichtslos oder egoistisch ist, gestattet, sie zu belehren oder sie auf diese Dinge hinzuweisen? Was denkst du?

P'taah: Nun, Lieber, erstens möchten wir sagen, daß das, was man als Egoismus oder mangelnde Rücksichtnahme bezeichnet, eine Verurteilung darstellt. Und das, was du an anderen verurteilst, ist ein Spiegelbild dessen, was du bist. Du kannst deine Meinung dazu äußern, wie du möchtest. Aber du weißt, daß es im Grunde nichts mit dir zu tun hat. Ganz gewiß soll man Kinder so aufziehen, daß sie in dieser Welt leben können, und wir wissen, daß es der Wunsch der Menschen ist, Kinder so auf den Weg zu bringen, daß sie ein Leben voller Anstand in eurer Welt führen können. Damit soll gesagt werden, daß es wunderbar ist, Mitgefühl für alle Menschen zu entwickeln, an andere Menschen zu denken und gütig zu sein. Freundlich und gütig zu sein, aber im Rahmen der Integrität des SELBST. Wenn es sich nun um einen Freund handelt, der sich deiner Meinung nach nicht anständig verhält, dann, Lieber, hast auch du das erschaffen als Spiegelbild deines Urteils über andere Leute. Verstehst du? Du kannst mit deinem Freund reden und sagen: «Vielleicht würde es das Leben leichter machen, wenn du dir eine andere Verhaltensweise angewöhnen würdest.» Dann würdest du aus dem Mitgefühl und der Güte deines Herzens sprechen. Ihr sollt wissen, daß jedes Urteil, das ihr über eure Freunde fällt, in Wirklichkeit das widerspiegelt, was ihr seid.

F(M): Nach den Erkenntnissen der Physik sind uns Grenzen gesetzt, die besagen, daß wir selbst keine Energie erzeugen, sondern nur ihren Zustand verändern können. Erzeugen wir Energie?

P'taah: Lieber, man nennt es Veränderung.

F: Wir erzeugen keinerlei Energie?

P'taah: Nicht als solche, Lieber. In gewisser Weise ist die Energie bereits vorhanden, und ihr trefft die Wahl, wie ihr sie manifestieren wollt. Durch die Wahl des Augenblicks und die Entscheidung, in welcher Weise ihr die Aktion oder Re-aktion wahrnehmen wollt, verändert ihr die im neutralen Zustand befindliche Energie hin zu dem, was ihr gewählt habt.

F: Aber wird die tatsächliche Erzeugung von Energie von der Quelle bewirkt?

P'taah: Die Quelle IST Energie, Lieber. Das IST ES, und die Quelle IST Liebe. Das IST ES. Verstehst du? Das, was ihr betreibt, ist im Grunde nur ein intellektuelles Spiel mit Ideen und Vorstellungen.

F: Ich habe mich gefragt, ob sich der Satz «Es werde Licht» auf die Erschaffung von Energie im Universum bezieht.

P'taah: Licht wird von den Menschen als die höchste Energie angesehen. Das ist es nicht. Es ist die höchste, in dieser Dichte wahrnehmbare Energie. Deshalb benutzen die Menschen das Licht als Maß, doch diese Übereinkunft wurde getroffen, lange bevor eure Physiker etwas entdeckten, das millionenfach schneller als die Lichtgeschwindigkeit und gegenwärtig nur eine Hypothese ist. Denn derzeit ist die Menschheit zum Beispiel nicht in der Lage, im Hyperraum zu reisen. Obgleich ihr es andererseits natürlich doch tut, denn der reine Gedanke existiert jenseits von Raum und Zeit. Und in einem solchen Moment reist ihr im Hyperraum.

(Eine Dame ist von P'taahs Handhaltung fasziniert; Zeigefinger und kleiner Finger von Janis einer Hand sind ausgestreckt, während Mittel- und Ringfinger nach innen geknickt sind.)

F: Warum hältst du deine Hand in dieser Weise?

P'taah: Weil es bequem ist, Liebe. Es hat wirklich keine andere Bedeutung als die, daß es sozusagen eine Gewohnheit ist. Bei einer Zusammenkunft waren einmal ein paar Leute anwesend, die davon überzeugt waren, dies sei ein Zeichen des Bösen, ein Zeichen des Teufels. *(Das Publikum kichert.)* Ich kann dir versichern, daß es das nicht ist.

F: Ich dachte, es hätte vielleicht mit Frequenzen zu tun.

P'taah: In der Tat, und aus diesem Grund ist es bequem. Es hat mit der Ausrichtung von Energie zu tun. Und es hat nichts mit dem zu tun, was ihr den Teufel nennt.

F(F): P'taah, könntest du mir auf einfache Weise erklären, wie Zeit beschleunigt wird?

P'taah: Das, was ihr unter Zeit versteht, ist eine Wahrnehmung. Die Tage, die euch davonlaufen, wie? Und wenn ihr euch gegen etwas, das ihr tun müßt, stark wehrt, hat sie die Dauer von Äonen. Ihr seht also, in gewisser Weise handelt es sich um eure eigene Wahrnehmung. Aber wir haben gesagt, daß ihr das ändern könnt, hm? Ihr könnt das. Der erste Schritt besteht darin, daß ihr *wißt*, daß ihr es könnt.

F: P'taah, das habe ich alles verstanden. Ich wollte nur wissen, wie die Zeit technisch gesehen ...

P'taah: ... verdichtet wird?

F: Ja.

P'taah: Wißt ihr, das läßt sich nicht wirklich auf diese Weise erklären, denn es geht um das, was ihr als existent wahrnehmt. Man nennt es auch Beschleunigung von Energie, und dies ist einer der Gründe, warum ihr das Gefühl habt, gegenwärtig in einer komprimierten Zeit zu leben. Aber wenn ihr das, was ihr tut, verändert, und wir wissen, daß ihr das nicht wollt, obgleich ihr das Gefühl habt, mehr im gegenwärtigen Moment dieser Welt leben zu sollen, werdet ihr feststellen, daß sich die Zeit für euch verändert. Aber es geht wirklich um die Art und Weise, wie ihr euer Sein wahrnehmt; die Wahrnehmung, wo ihr euch im gegenwärtigen Augenblick befindet. In diesem Augenblick – das reicht.

F(F): P'taah, um auf Christus zurückzukommen: Wem begegnen wir, wenn wir dem Geist Christi begegnen?

P'taah: Der, die *du* bist, dem Christus-Bewußtsein in *dir*. Man nennt es erweitertes Gewahrsein, erweitertes Bewußtsein. Man nennt es Nicht-Getrenntsein. Das ist alles, das ist es. Es ist wirklich ganz einfach. Ihr Lieben, wir bedienen uns nur einer Terminologie, um eurem Verständnis auf die Sprünge zu helfen. Wenn wir vom Christus-Bewußtsein sprechen, dann in dem Wissen darum, daß ihr es als dem Göttlichen zugehörig begreift. Aber das ist natürlich das, was ihr seid. *Das Christus-Bewußtsein besteht in Wahrheit im Erkennen eurer eigenen Göttlichkeit, in eurem Eintreten in das erweiterte Bewußtsein des SELBST.*

F: Wie ist das, wenn die Sternenwesen auf die Erde kommen? Werden sie von Menschen gesehen, oder bewegen sie sich für sie unsichtbar unter ihnen?

P'taah: Liebe, das beinhaltet viele Szenarien. Es gibt Sternenwesen, die mit Raumschiffen kommen, und diese wurden von zahlreichen Menschen gesehen. Wir würden sagen, daß die Sternenwesen Meister der Tarnung sind, und es gibt auch getarnte Raumschiffe, und oft schauen die Leute und sehen nichts. Und was die Sternenwesen selbst angeht, so kommen sie auf vielfältigste Weise. In ihrem eigenen Körper und in unserer gegenwärtigen Form (als gechannelte Wesenheiten). Andere treffen die Wahl, geboren zu werden. Es gibt viele Möglichkeiten, nicht nur eine.

F: Begegnen wir ihnen manchmal, wenn wir schlafen und uns außerhalb unseres Körpers befinden?

P'taah: Aber Liebe, natürlich tut ihr das. So ist es. Sie sind eure Brüder, ihr Lieben, und in eurer Traumzeit reist ihr innerhalb eures Bewußtseins, um engen Umgang mit den Sternenwesen zu pflegen. Es ist phantastisch.

Nun werden wir eine Pause einlegen. Wir werden sehr bald zurückkehren. Sehr gut, ihr Lieben.

(Nach einer Pause von dreißig Minuten wendet sich eine sehr junge Dame an P'taah.)

F: Guten Abend, P'taah. Ich komme darauf zurück, daß die

Wahrnehmung von Rücksichtslosigkeit ein Spiegelbild des eigenen Selbst darstellt: Nun, wenn man weiß, daß es so ist, und trotzdem will, daß etwas unternommen wird, was soll man tun?

P'taah: Was könnte es deiner Meinung nach sein, Liebe?

F: Ich weiß nicht.

P'taah: Wie wäre es mit dem Akzeptieren deines Urteils?

F: Das Urteil akzeptieren, das das Spiegelbild des eigenen Selbst darstellt?

P'taah: Aber ja doch. Das heißt, zur Kenntnis nehmen, daß dies tatsächlich du bist. Aber es bedeutet auch, das Urteil über eine andere Person zu akzeptieren. Nun, siehst du, wenn es um die Rücksichtslosigkeit dir selbst gegenüber geht, warum, glaubst du, hast du sie erschaffen? Weil, Geliebte, sie ganz gewiß ein Spiegel ist. Du sollst dir also dein Urteil ansehen, um zu erkennen, daß das, was du an jemandem als negativ verurteilst, ein Spiegelbild von dem ist, was du bist. Dann folgt der dornige Teil, das Annehmen dessen, was als unannehmbar gilt. Wird es von jemand anderem als unannehmbar betrachtet, so ist das nicht deine Sache. Das ist ein Denken in den Kategorien der öffentlichen Meinung, und darüber wissen wir alle in der Tat Bescheid. Es ist Un-Sinn. Was immer du als negativ verurteilst, existiert nur, um dir zu zeigen, wer du bist.

F: Es wird sich also verändern, sobald mir bewußt wird, daß ich dieses Urteil fälle, ich aber zugleich in mir sehen kann, daß wir alle eins sind?

P'taah: Aber natürlich, sobald du kein Urteil über das fällst, was du bist. Siehst du, Geliebte, wenn du aus deinem Innern schaust und sagst, daß diese Person so und so ist, dann denk daran, wie oft du Dinge über Menschen sagst, Dinge, die sarkastisch, verurteilend, abträglich sind. Es geht wirklich darum, diesen Aspekt in dir selbst anzuschauen, den du in Wahrheit nicht anschauen willst, den du an dir verurteilst. Aber weißt du, das ist in Ordnung, das hat seine Gültigkeit, und auch das Urteil hat seine Gültigkeit. Damit meinen wir, daß du dich fragen kannst: «Wie ist das auf die Reihe zu bringen?» Es kann auf die Reihe gebracht werden durch das Verstehen in deinem Herzen, daß es, was es auch immer sei, ein göttlicher Aspekt ist, denn sonst würde es nicht existieren.

Wenn du diesen Aspekt im Selbst annimmst, wird sich in der Tat deine Perspektive in bezug auf alles, was dich umgibt, verändern. Es ist sehr einfach. Verstehst du? Es geschieht automatisch. *Das innere Annehmen, das Zulassen, schafft die Veränderung.* Weißt du, da ist auch noch folgendes: Es entsteht große Angst, wenn Leute in diesem Kontext zum erstenmal von der Unnotwendigkeit von Recht und Ordnung, von der Unnotwendigkeit eines sozialen Gewissens lesen und hören. Sie werden sagen: «Aber dann werden hier Anarchie, Gesetzlosigkeit, Chaos und so weiter herrschen.» Doch wir möchten euch fragen, ihr Lieben: «Und was habt ihr jetzt?»

F: P'taah, ich wollte dich noch etwas fragen: Warum manifestieren sich aus der Angst hergeleitete Manifestierungen schneller als Manifestierungen, die aus einem Wunsch heraus geschaffen wurden?

P'taah: Aber Liebe, so ist es nicht; das ist nur eure Perspektive. Das zeigt nur das bestehende Ausmaß an Furcht. Gegenwärtig expandiert das Bewußtsein – die Auferstehung der Göttin, die Auferstehung Christi –, und eure Kenntnis von dieser Auferstehung spiegelt in gewisser Weise die Auferstehung des Antichrists wider. Das deshalb, ihr Lieben, weil ihr euch alle auf Angst gründet. Ihr seid es nicht so sehr gewohnt, die Schönheit und die Freude, das Licht und die Liebe und die Großartigkeit dessen, was ihr seid, ins Auge zu fassen. Eure Medien, eure Kommunikationssysteme berichten mit Wonne über alles, was eine Katastrophe ist. Auf diese Weise kommuniziert ihr weltweit, binnen Minuten. Ihr seid es gewohnt, euch in eurem persönlichen Alltagsleben auf Katastrophen und Probleme zu konzentrieren, und in dieser gegenwärtigen Zeit der Beschleunigung und großen Veränderung erschafft ihr immer schneller das, was sich auf Angst gründet. Kaum habt ihr also ein Problem gelöst, zeigt sich schon ein anderes, das ihr innerlich akzeptieren müßt, weil dies eine Zeit der Beschleunigung ist. Es ist die Zeit zyklischer Veränderung. Und wenn ihr gerade denkt, daß ihr alles auf die Reihe gebracht habt, und euch selbst zu diesem wunderbaren Tag gratuliert, kommt – wumm! – etwas anderes daher, das ihr innerlich akzeptieren müßt. Ihr müßt begreifen, daß es ein göttlicher Aspekt ist – *was immer es sein mag.* Das nennt man Dichotomie, es ist stets der Gegensatz.

Also, ihr Lieben, wir wollen euch bitten, immer an die Dichotomie zu denken. Wenn ihr gerade dabei seid, euch dazu zu gratulieren, wie erleuchtet ihr seid, erkennt ihr plötzlich, daß ihr in Wahrheit gar nichts wißt. Und in dem Maße, in dem ihr verstehen könnt, daß ihr euch wirklich auf einer wundersamen, abenteuerlichen Reise zur Erforschung, zur Anerkennung des SELBST in jedem seiner Aspekte befindet, gebt ihr dem Blühen und Gedeihen wirklich Raum. *(Eine Dame macht eine Bemerkung darüber, wie anstrengend das ist.)* So ist es, Geliebte. Und wenn du sehr erschöpft bist, sagst du: «Ich gebe auf, ich ergebe mich.» Damit ergibst du dich der, die du wirklich bist. Es geht nicht ums Kämpfen, nicht ums Machen und Tun – es geht darum, daß ihr aufgebt und euch im Licht eures wahren Selbst entspannt.

(Ein Herr fragt nach der Stille, die nötig ist, damit Jani ihren Körper verlassen und P'taah hereinkommen kann; beide Male war das Publikum sehr still gewesen, doch ein Frosch hatte mit seinem wiederholten lauten Gequake die Stille des tropischen Abends durchbrochen.)
F: Beide Male heute abend hat ein Frosch dein Kommen mit seinem Gequake eingeleitet. Er ist, ob er nun dein Helfer ist oder nicht, Teil unseres Bewußtseins, und wir wurden gebeten, in diesem Moment still zu sein; doch dieses Ding bestand auf seinem Gequake. Würdest du etwas dazu sagen?

P'taah: Es ist wunderbar, und wißt ihr, es ist sehr interessant, weil der Klang der Natur für unsere Ohren immer wundervoll ist, auch wenn er von der sogenannten «abscheulichen Kröte» herrührt. Geschöpfe sind sich der Energie sehr bewußt, sie reagieren darauf. Der Frosch und die Kröte kündigen euch Veränderungen in euren Wetterstrukturen an. Die von euch, die die Zeichen der Natur zu lesen vermögen, können verstehen, was auf dem Planeten vor sich geht. Eure Biologen nennen das «beobachtete Phänomene». Pflanzen verhalten sich ebenfalls dem, was sie fühlen, entsprechend. So könnt ihr mit Hilfe eurer geliebten Blumen und Pflanzen und der aller Geschöpfe die Geschehnisse auf eurem Planeten ablesen. Sie reagieren auf das Energiefeld einer Zusammenkunft wie dieser. Das ist sehr schön. Wenn ihr euch Zeit für die Beobachtung nehmt, könnt ihr die Geschichte, auch die eure, lesen. Nicht wahr? Was den Bewußtseinsübergang zwischen unserer Frau und dem, was ich bin, angeht, so ist es so, daß sie ihn zuweilen in einer sehr lauten Umgebung bewerkstelligt. Bei Zusammenkünften wie dieser, bei denen es im wesentlichen sehr still ist, erfahren Lärm und Geräusche innerhalb dieser Versammlung eine große Verstärkung, aber Geräusche außerhalb dieses unmittelbaren Kreises machen es für sie nicht so schwer.

F: Um noch einen Schritt weiter hinunterzugehen, in die Biodynamik hinein: Soweit ich es verstehe, haben die Bakterien im Erdreich die Fähigkeit, Elemente zu verändern – Elemente, die dort zunächst gar nicht vorhanden waren. Ist das so?

P'taah: So ist es. Wenn ihr das Wachstum befördern und ein fruchtbares Erdreich haben wollt, könnt ihr den Erdboden besingen. Es gibt ausgeklügelte Methoden, um die Qualität des Erdreichs zu verändern, aber in Wirklichkeit seid ihr die Machtinstrumente. Ihr könnt das Land be-singen und so eine Veränderung bewirken. Wenn ihr als Gruppe zusammenkommt und die Klänge erzeugt, verstärkt sich die Energie. Ihr alle habt einen Wesens-Ton. Diesen Ton könnt ihr hören, wenn ihr im Selbst sehr still werdet. Manche von euch verwenden einen Ton, einen Klang, das OM, um Stille zu erschaffen. Nun, ihr könnt folgendes tun: Ihr erzeugt in eurer geistigen Vorstellung einen Ton, und dieser Ton hat einen Tonwert. Ihr braucht diesen Ton nicht laut zu singen. Wir reden davon, daß ihr nur für euch selbst damit herumspielt. Wenn ihr diesen Ton in eurem Innern erzeugt, wird er mit der Zeit anschwellen, volltönender, umfassender werden; ein Klang, der höher und tiefer wird, absinkt und ansteigt. Schließlich deckt er das gesamte euch vorstellbare Spektrum ab. Es ist so, als würde die Musik mit dem Ton eines Instruments innerhalb eines ganzen Symphonieorchesters beginnen, und dann setzen nach und nach alle anderen Instrumente ein. In diesem Fall erweitert ihr nur den Ton, der sich mit einer persönlichen Signatur vergleichen läßt. Ihr könnt ihn ins Universum hinausschicken. Es ist euer eigener Ton. Es ist das, was unsere Frau dem Universum ihr Lied vorsingen nennt. Der Ton, der Klang hat auch eine Farbe. Die Farbe beginnt mit einem Tonwert, die den Farbwert bestimmt, und wenn der Klang sich ganz entfaltet, höher und tiefer wird, nimmt er schließlich das ganze Farbspektrum an. Er reicht hinaus in die Multiversen, und auf diese Weise könnt ihr mit eurem eigenen Faden der Göttlichkeit, der sich in die Multiversen, in euer multidimensionales SELBST hineinzieht, in Kontakt kommen. In gleicher Weise könnt ihr auch die Erde besingen und damit eine Veränderung, eine elementare Veränderung, bewirken. Das ist ein neues Spiel, das ihr spielen könnt.

F(F): Vorher stellte eine Frau eine Frage zur Gotteserfahrung. Ist es möglich, daß eine Person, die singt oder ein Musikinstrument spielt oder ein Bild malt, in einen sehr schwer zu beschreibenden Zustand gerät; daß sie an einen Punkt gelangt, wo außer diesem nichts mehr existiert? Heißt das Gott erfahren?

P'taah: Liebe, du weißt, daß es noch einen anderen Namen für Gott gibt, nämlich Einssein. Er wird Nicht-Getrenntsein, Totalität des Seins genannt. Weißt du, deshalb benutzen wir in Wahrheit nicht sehr oft das Wort Gott, weil dieser Begriff im Wortschatz der Menschheit mit einer Person, mit einem ganz persönlichen Wesen verbunden wird. Das ist in Ordnung, weil er IST. Aber es beinhaltet auch eine Begrenzung, eine Trennung. Wenn ihr an Gott denkt, stellt ihr ihn euch emotional gesehen so vor wie in eurer Kindheit, nämlich als einen alten Mann, der in den Wolken sitzt. Wenn wir also vom Gott/der Göttin des ALLES, WAS IST, sprechen, reden wir vom Nicht-Getrenntsein, vom Einssein, vom Gefühl der Einheit, der Freude, der Ekstase. Aber, Geliebte, natürlich ist es so, daß ihr, wenn ihr total im Jetzt, was immer es auch sei, versunken seid, ob ihr ein Bild malt, ein schönes Lied singt oder ein Instrument spielt, ein Kind füttert oder im Ozean schwimmt, was auch immer, wenn ihr im Einssein und Sein und ganz und gar in diesem Moment seid, dann existiert nichts anderes als Gott, Einssein, Nicht-Getrenntsein. Ja, so ist es.

F: Ich bin nicht mit dem Begriff Gott aufgewachsen. Daher würde ich gerne wissen, ob Geist dasselbe bedeutet?

P'taah: Wie was?

F: Wie das, was die Leute Gott nennen.

P'taah: Und was ist Gott, den Vorstellungen der Leute nach?

F: Einssein, nehme ich an.

P'taah: Siehst du, wenn du fragst, ob Geist dasselbe ist, dann unterteilst du schon und schaffst damit die Trennung.

F: Ich weiß nicht, was Gott ist. Ich kenne nur die in mir aufsteigenden Gefühle.

P'taah: Wirklich. Das ist wundervoll.

F: Gott und Geist sind also dasselbe?

P'taah: Siehst du, Geliebte, jeder hat eine andere Vorstellung. Verstehst du? Jeder hat eine andere Vorstellung davon, was Gott ist, und jeder hat sein eigenes Etikett. Wie wir schon sagten, gibt es da die Persönlichkeit, das Bewußtsein, Unterbewußtsein, Überbewußtsein, den Geist, die Seele – tausend Namen für das, was eure Herrlichkeit ausmacht. Dann ist da Gott, der Große Geist, die Urquelle, ALLES, WAS IST, und so weiter, doch das sind alles nur Namen. Und zwischen all diesen gibt es in Wahrheit keine Trennung.

(Eine andere Dame, ein Neuankömmling)

F: Ich verstehe den Aspekt der Trennung nicht. Ich verstehe nicht, was Trennung eigentlich ist. Da ist ein Sehnen, es ist schmerzlich...

P'taah: Genau das ist es, Geliebte. Es ist das Sehnen, es ist der Schmerz und die Qual, es ist die Angst. Die Trennung ist alles, was nicht dem Licht, nicht der Liebe zugehört – das ist Trennung.

F: Es geht also um die Rückkehr zum Geliebten, darum, sich alles bewußtzumachen?

P'taah: Man nennt es ganzheitlich sein, man nennt es Heimkehr, man nennt es Überbewußtsein, man nennt es Übergang in die vierte Dichte.

F(M): P'taah, wie nimmst du uns wahr? Kannst du sofort erkennen, auf welchem Seelenstrahl wir uns befinden? Könntest du bitte ein wenig über diese Dinge sprechen?

P'taah: Die Antwort lautet ja. *(Das Publikum kichert.)*

F: Kannst du mir dann sagen, auf welchem Seelenstrahl ich mich befinde?

P'taah: Lieber, was macht das für einen Unterschied für dich?

F: Es hilft mir, meine mit der Historie verbundenen Gefühle zu überprüfen, Gefühle in bezug auf...

P'taah: Nein, Lieber, ich werde dir sagen, was es für dich

bewirkt. Es schafft eine weitere Art von Trennung, doch ihr seid alle das gleiche – jeder von euch. Wir hören die Menschen über diese Dichte und jenen Strahl und so weiter reden, aber, seht ihr, in Wirklichkeit schafft ihr durch euren Wunsch nach Beschreibung nur noch mehr Trennung.

F: Das ist nichts anderes als die Tatsache, daß es Leute gibt, deren Körper sich für den Hochleistungssport eignen, eine Gabe, die sie sich zunutze machen sollten; und andere mit einer intellektuellen Begabung sollten diese nutzen. Wenn wir diese Dinge verstünden, würden wir die Richtung erkennen ...

P'taah: Lieber, was deinen Wunsch angeht, deinen Strahl zu kennen, so will ich folgendes sagen: Wenn du dahin gelangst, daß du den, der du bist, liebevoll akzeptierst, wirst du es wissen. Es ist nicht so, daß wir hierherkommen, um euch alle über diese Dinge aufzuklären, in Begriffen, die in Wahrheit für die Menschen nichts bedeuten. In Wirklichkeit ist es nicht so, wie du sagst, nämlich daß du dann verstehst, wozu du dich eignest, denn damit erlegst du dem Selbst wieder eine Beschränkung auf. Ihr seid es gewohnt, so über das, was ihr seid, zu denken. Schaut, ihr alle sollt zum Nicht-Anstreben gelangen. Ihr sollt dahin kommen, daß ihr euren Intellekt nicht gebraucht, um zu erkennen, wer ihr seid. Vielmehr sollt ihr zum *Herzenswissen* über das, wer und was ihr seid, gelangen. So gesehen, ist es für Männer, das männliche Geschlecht, sehr gut, wenn sie dieses Etikettieren ablegen. Frauen, seht ihr, müssen das meist nicht tun, weil sie stärker auf ihr Herzenswissen eingestimmt sind. Das ist es, was Männer absolut nicht leiden können. Männer behaupten, daß Frauen nicht besonders klug seien. Es ist aber so, daß Männer ihre Etikettierungen aufgeben sollten. Wir verstehen, daß es den Männern sehr schwerfällt, sich ganz einfach nicht um das Wo und Wie zu bekümmern, darum, wie einer in dies und das paßt, und was die Ebene von diesem und jenem ist. Einfach nur zu sein. Sollen wir dir nun einen kleinen Test mit auf den Weg geben, Lieber? Wir wollen, daß du eine Woche lang dir selbst zuhörst und feststellst, wie oft du in deinem Alltagsdenken eine Darstellung des Sachverhalts unternimmst. Du mußt das nicht laut tun. Und wenn du merkst, daß du solche Darstellungen, Intellektualisierungen, vornimmst, notiere es auf einem Blatt Papier, um auf diese Weise zum Herzenswissen zu gelangen. Wenn du das tust, kommst du vielleicht zu einem inneren Akzeptieren des Unakzeptierbaren. In Ordnung? Und bei unserer nächsten Zusammenkunft plaudern wir dann darüber, wenn du möchtest. Dies gilt nicht nur für diesen da. Die Technokraten können dieses Spiel auch spielen, und dann könnt ihr euch der Sache stellen. Ja, wirklich sehr gut. Und, wißt ihr, es geht nicht nur um die Männer, laßt uns die Frauen nicht ungeschoren davonkommen. Die Frauen klopfen sich alle auf die Schultern und sagen sich, wie wundervoll es ist, eine Frau und kein Mann zu sein, und wie wunderbar es ist, die Göttin zu sein; und das ist es auch, ihr Lieben. Doch geht es um das, was ihr seit Äonen als maskuline Energie im weiblichen Geschlecht kennt, weil sie für euch Überleben bedeutete. Ihr wißt also über maskuline Energie, der auferstandene Gott genannt, Bescheid. Nun geht es aber um die auferstandene Göttin, und das heißt um Nicht-Tun, um Balance. Ihr geliebten Frauen, ihr könnt also in der folgenden Woche darauf achten, wie oft ihr eurer Intuition folgt, das heißt, wie oft ihr ihr tatsächlich folgt und sie nicht von euch weist. Schreibt auf, wie es euch damit ergeht, dann könnt ihr bei unserer nächsten Zusammenkunft erzählen, wie es war und was ihr an euch entdeckt habt.

F(M): P'taah, in der letzten Sitzung fragte ich dich, ob wir hier in Australien ein Äquivalent für den Yeti oder für *Big Foot* haben. Du zögertest und sagtest dann: «Nicht als solches.» Du mußt also an etwas gedacht haben. Was war es?

P'taah: Nun, wir werden dir folgendes sagen: Es existieren Wesen auf diesem Kontinent, aber sie sind nicht wirklich von derselben Art wie der sogenannte Yeti. Es ist so, Lieber, daß diese Wesen aus einer anderen Zeitdimension kommen. Du weißt, oft treten die Menschen in eine andere Zeitdimension ein und dann wieder aus ihr heraus. Wir haben von der inneren Erde und den Wesen auf diesem Planeten gesprochen, welche eurem Verständnis nicht mehr zugänglich sind. Es ist oft möglich, daß Menschen in eine Zeit-Verschiebung geraten und sie dann einen flüchtigen Blick auf andere Wesen erhaschen, die nicht dem Raum-Zeit-Kontinuum dieser Erde angehören, so, wie ihr es gegenwärtig versteht. Das hat sich auf eurem Kontinent ereignet, wo Menschen etwas gesehen haben, das dem Yeti oder *Big Foot* gleicht.

Aber diese Geschöpfe sind nicht wirklich von der Art, wie man sie auf dem amerikanischen Kontinent und im Himalaya begreift. Möchtest du nun dazu noch eine weitere Frage stellen, Geliebter?

F: Ist das wie eine Zeit-Überlappung?

P'taah: In der Tat. Das ist es wirklich. Viele Menschen glauben, daß die Tore zu anderen Dimensionen nur eine physische Lokalität besitzen, aber das ist nicht der Fall. Sehr gut, Lieber. Ein andermal werden wir ausführlicher darüber sprechen, und auch über den afrikanischen Kontinent.

So, ihr Lieben, das reicht für heute abend. Genug Gedankennahrung. Wir freuen uns auf unsere nächste Zusammenkunft. So soll es sein, ich liebe euch sehr. Guten Abend.

DRITTE ÜBERMITTLUNG
18. Dezember 1991

P'taah: Guten Abend, ihr Lieben. *(P'taah schlendert wie üblich durchs Publikum und macht sich mit der Zuhörerschaft vertraut, wobei er sich im besonderen die Gesichter der Neuankömmlinge anschaut.)* P'taah: Wie geht es euch allen? *(Das Publikum antwortet entsprechend. Dann wendet er sich an eine Dame, die sich offensichtlich seit der letzten Sitzung das Handgelenk gebrochen hat und nun ihren Arm im Gipsverband trägt.)* Und so befindest du dich jetzt mehr im Einklang, geliebte Frau? Hm. Ja, das große Trauma ist vorbei.

F: Das hoffe ich. Ich fühle mich viel besser.

P'taah: Aber natürlich. Und so hast du dir selbst eine großartige Lektion erteilt. Das nächste Mal muß sie nicht mehr so dramatisch ausfallen.

So, ihr Lieben, laßt uns nun unverzüglich zu den Fragen kommen. Und wenn es keine gibt, sagen wir ganz einfach «Guten Abend» und gratulieren, daß ihr zum vollständigen eigenen Wissen gelangt seid.

F(M): Ich grüße dich, P'taah. Wenn eine unerwünschte Situation entsteht und wir sie annehmen und wertschätzen wie jede andere Situation...

P'taah: ... dann ist sie nicht mehr unerwünscht.

F: Gut – aber ich möchte die Situation verändern.

P'taah: Das ist in der Tat etwas anderes. Hast du die Situation wirklich bereitwillig angenommen, hast du auch nicht mehr den Wunsch nach einem anderen Ergebnis, und somit ist sie dir nicht länger unwillkommen. Wenn du dir nun die Situation angeschaut hast und sie noch immer unerwünscht findest, ist das etwas völlig anderes. Das heißt, daß du den Wunsch nach Veränderung hegst. *Dies bedeutet nicht, daß du die Unerwünschtheit bereitwillig angenom-*

men hast. Das soll ganz klar gesagt sein. Wenn du eine Situation verändern willst, dann ändere sie.

F: Ich habe es versucht, und nichts ist passiert. Kommt das daher, daß ...

P'taah: Geliebter, du hast deine Frage gerade selbst beantwortet; man nennt es einen Versuch unternehmen.

F: Gut, was kann ich noch tun?

P'taah: Wünsch es dir und wisse, daß es schon geschehen ist. *Du mußt nicht irgend etwas tun.* Du machst es nicht, indem du es versuchst. Das wird nichts bewirken, denn damit befindest du dich im Tun und nicht im Zulassen. Es geht darum, daß du sagst: «Ich wünsche die Situation zu verändern, und nun lasse ich zu, daß die Veränderung eintritt.»

F: Meinst du damit, daß es einfach Zeit braucht – daß ich geduldig sein muß?

P'taah: Lieber, in eurer Realität braucht es Zeit, vor allem deshalb, weil ihr eure eigene Macht nicht als selbstverständlich hinnehmt. Ihr sagt: «Ich weiß, ich bin tatsächlich ein wunderbarer und machtvoller Manifestierer – denke ich, hoffe ich. Ja, ich weiß, daß es geschehen ist – hoffe ich.» Damit schafft ihr Zweifel, und wenn ihr im Zweifel seid, braucht es natürlich Zeit. Wenn alle Aspekte in euch wirklich verstehen, daß die Dinge so, wie ihr denkt und wünscht, geschehen können, *daß sie im Zustand dieses Wissens sofort geschehen können, wird es so sein.* Wie, glaubt ihr, manifestieren die heiligen Männer Materie praktisch aus dem Nichts? Sie können das, weil sie absolut wissen, daß sie es können. Sie haben keine Zweifel. Das ist keine Intellektualisierung. Das ist kein Nachdenken über etwas, das ist ein *absolutes Wissen im innersten Herzen, daß es so IST.* Auf diese Weise könnt ihr eure Realität verändern.

F: Das klingt großartig, aber wie kann man etwas so stark und intensiv fühlen, daß man keinen Zweifel mehr hat? Ich denke und sage all die richtigen Dinge, aber es geschieht trotzdem nichts. Also muß ich unterbewußt immer noch Zweifel haben.

P'taah: In der Tat. So ist es, und so ist es bei allen anderen auch. Manche mögen, was das Manifestieren angeht, etwas geschwinder sein als andere, doch im Grunde zweifelt ihr alle an eurer eigenen Macht. Ihr könnt euch in eurem Wissen um den Augenblick, in dem ihr das von euch Gewünschte zu manifestieren vermögt, bestärken. Wenn ihr in eurer eigenen Macht seid, sprecht dem SELBST eure Glückwünsche aus. Dankt dem SELBST dafür, daß es so wunderbar ist und genau das manifestiert, was ihr wünscht. Damit verstärkt ihr eure eigene Machtbasis.

F(M): Man sagt: «Laß los – laß Gott zu.» Man sagt: «Laß Gott dein Leben sein. Laß Gott durch deine Person handeln und wirken.» Wie können wir diesen so überaus schönen Zustand am besten erreichen?

P'taah: Wisse, Geliebter, daß Gott nicht außerhalb von dir existiert. Wenn du sagst: «Laß los, und laß den GOTT, DER ICH BIN, zu», ist das für dich sehr viel wirkungsvoller. Denn schau, wenn du sagst «Laß Gott zu» und dir Gott als außerhalb von dir existierend vorstellst, schaffst du ganz einfach Trennung. Du bist ein Ausdruck von Göttlichkeit, du bist der GOTT, DER DU BIST. In Wahrheit bist du der Gott/die Göttin. Es geht also darum, die Intellektualisierung aufzugeben – es geht darum, den um dein Herz gelegten Panzer zu entfernen und den Gott/die Göttin deines eigenen Seins erstrahlen zu lassen – den Wunsch deines Herzens tatsächlich *zuzulassen*. So kannst du das machen, aber siedle Gott nicht außerhalb deiner selbst an. Du bist der, der der Gott/die Göttin ist.

F(M): P'taah, man schätzt, daß wir in den nächsten zehn bis zwanzig Jahren in den Photonenring eintreten. Kann man sich diesen Photonenring als einen gigantischen Kardanring vorstellen, der unser Bewußtsein mehr oder weniger, je nach der Tiefe unseres Wissens, anzieht?

P'taah: In gewisser Weise ist es so, Lieber, aber es beinhaltet mehr als das. Du verlangst eine Antwort auf etwas, das multidimensionaler Natur ist und euer menschliches Bewußtsein von dieser Zeit und diesem Ort übersteigt. Es verhält sich so, wie es sich auch mit eurer Göttin, der Erde, verhält. Die Erde ist ein Spiegelbild dessen, was ihr seid, aber sie ist auch eine gemeinschaftliche Schöpfung, eine Co-Kreation. Wir mögen dir also eine Antwort geben, doch in Wahrheit gibt es viele Antworten. Es ist nicht schwarz und weiß, nicht nur einer einzigen Dimension zugehörig. *Die Galaxien sind in ihrer Gesamtheit an diesem Photonenring beteiligt.* Es handelt sich nicht nur um das Bewußtsein dieser Menschheit, sondern auch um das Bewußtsein der Göttin, der Erde. Es sind auch die Wesen eurer inneren Erde, auch die unsichtbaren Energien dieser Ebene, dieses Planeten, derer ihr euch als Spezies nicht bewußt seid, daran beteiligt. Verstehst du? Es geht also um mehr als nur um das Bewußtsein der Menschheit. Es handelt sich um eine Co-Kreation.

F: Wenn es darum geht, ohne weiteres Drama, ganz frei und ungehindert, mit den Gaben unserer Seele etwas zu erschaffen, welche uns möglicherweise unbekannte Frage würdest du stellen, die uns zur nächsten Stufe bringen könnte?

P'taah: Was ist die Gabe deiner Seele, Geliebter?

F: Heilende Energien zum Ausdruck zu bringen.

P'taah: Für wen?

F: In erster Linie für mich selbst.

P'taah: Aber du glaubst nicht daran.

F: Jetzt schon. Doch haben sich viele von uns zweifellos selbst vernachlässigt, um für andere da zu sein.

P'taah: Geliebter, weißt du, warum es immer um andere ging und nicht um dich selbst?

F: Wahrscheinlich war der zugrundeliegende Schmerz zu groß, um ihn sich anzuschauen.

P'taah: So ist es. Und das, Geliebter, gilt nicht nur für dich. Ja, die Verzweiflung, die Angst, nicht zu genügen, die Qual, allein zu sein, herabgewürdigt, übersehen zu werden. Das zu ertragen ist für die Menschen allzu schwer. Da ist es sehr einfach, das Mitgefühl und den Wunsch nach Heilung auf andere zu übertragen, denn sich an den Ort zu begeben, an dem die eigene Heilung stattfinden sollte, ist einfach zu schrecklich. Da ist immer die Angst vor Auslöschung. Die Beschäftigung damit ist gegenwärtig für das männliche Geschlecht schwieriger. Wir sprechen hier eigentlich ganz allgemein, aber die Angst und der Schmerz in bezug auf das, wer und was ihr seid und eurer Ansicht nach sein solltet – würdig und achtbar –, haben für die Männer eine ganz andere Frequenz als für die Frauen. Die Frauen empfinden nicht weniger Schmerz, verhalten und orientieren sich aber anders, wenn es darum geht, ihn bereitwillig anzunehmen. So werdet ihr in dieser Zeit des Umschwungs feststellen, daß es kein Entkommen gibt. Ihr werdet das, was ihr nicht bereitwillig annehmt, nicht umwandelt, das, was den Schmerz und die Qual in eurem Leben erzeugt, immer und immer wieder erschaffen; vielleicht unter dem Vorzeichen eines anderen Handlungsfadens, aber doch so lange, bis ihr alles umgewandelt habt. Ihr sollt wissen, daß dies, wenn ihr es zulaßt, kein großes Drama oder keine große Qual beinhalten muß. *Wenn ihr die Absicht zeigt, daß ihr, was immer in eurem Leben in Erscheinung tritt, willkommen heißen, bereitwillig annehmen, zulassen wollt, daß ihr in einen Zustand des Nicht-Getrenntseins, der Ekstase der Transmutation, gelangen wollt – dann könnt ihr es sehr sanft gestalten.* Und ihr werdet feststellen, daß, wenn ihr Widerstand leistet, was in Ordnung ist – wenn ihr den Deckel darüberstülpt, und darin seid ihr alle großartig –, der Topf doch wieder überkochen wird.

F: Nehmen wir an, wir haben den Willen und die Liebe, nicht den Deckel darüberzustülpen, sondern zu sagen: «Laß uns das ein für allemal klären, ich habe es satt.» Gibt es dann noch einen anderen, weitergehenden Transmutationsschritt als den, den du uns erläuterst hast?

P'taah: Lieber, wenn du dich tatsächlich der von uns vorgeschlagenen Maßnahmen bedienst, werde ich in Hochachtung vor dir auf die Knie fallen. Schau, durch das, was ihr da in eurem Kopf betreibt, macht ihr das Ganze immer komplizierter. Dabei ist es sehr einfach. Ihr begreift es in seiner Einfachheit nur nicht. Es geht darum, zu sagen: «Ich verstehe, ich übernehme die Verantwortung für alles, was ich in meinem Leben erschaffen habe.» *Es geht um die Einsicht, daß es keine Opfer gibt, daß ihr es erschaffen habt.* Es geht darum, daß ihr das Urteil, das ihr über euch, über andere Menschen fällt, ausgleicht, daß ihr die Verurteilung der Verurteilung ausgleicht und das Gefühl fühlt. Gut, wir haben vergessen, noch zu sagen: Und nehmt euren Kopf unter den Arm. Sorgt dafür, daß euch euer Verstand nicht in die Quere kommt, und das könnt ihr nur tun, wenn ihr euch sagt, daß es absolut in Ordnung ist, daß euer so geschäftiger Verstand – dieser überaus beschäftigte Computer – es zuläßt. Wenn ihr das zuwege bringt, könnt ihr zur inneren Stille gelangen.

F(M): Schon von frühester Kindheit an werden uns Kenntnisse und Informationen eingetrichtert, die sich, wenn wir später mehr oder weniger darüber nachdenken, zu neunundneunzig Prozent als nicht nur nutzlos, sondern auch destruktiv erweisen. Wir sind also ständig damit beschäftigt, all das wieder zu entwirren, und dann spüren wir einen Einfluß, der für unser Wachstum von entscheidender Bedeutung ist, so wie zum Beispiel das, was heute abend hier passiert. Wir haben so viele Rückstände...

P'taah: Lieber, wir sagen dir folgendes: Es geht nicht nur um das, was ihr als destruktiv und unrichtig und als nutzlosen Ballast erkennt; es geht auch um all das Zeug, von dem ihr gar nicht wißt, daß ihr es glaubt. Und das ist in Ordnung, weißt du. Denn es ist alles eine Sache der von Augenblick zu Augenblick getroffenen Wahl. Es geht nicht ums Denken, es geht ums *Gefühl*. Es hat nichts mit eurem Kopf zu tun. Die Frauen sind vertrauter damit als die Männer. Wenn du dir dein Leben anschauen und die Freude wiedererleben kannst, wirst du merken, daß dies nichts mit dem Verstandesbereich zu tun hat. Es hat nichts mit rationaler Intellektualisierung zu tun, nichts mit intellektuellem Wissen. Der Intellekt ist wirklich etwas Wunderbares, aber er ist euer Diener. Geliebter, du bist nicht der Sklave deines Intellekts, es sei denn, du entscheidest dich dafür. Der logische Verstand, der Intellekt, das intellektuelle Wissen sind dazu da, euch zu dienen. Das sogenannte Ego ist dazu da, euch zu dienen, nicht um euch zu beherrschen. Doch an der Versklavung ändert ihr nichts, wenn ihr sie ablehnt, verdrängt, sondern nur dadurch, daß ihr sie innerlich akzeptiert. Das Ego hat schreckliche Angst vor Auslöschung, vor der Nicht-Existenz, vor einer Veränderung, die es überflüssig machen könnte. Doch daran ändert ihr nichts, wenn ihr sagt: «Verschwinde, wir brauchen dich nicht», denn ihr braucht es tatsächlich. Ihr ändert es, indem ihr sagt: «Alles in Ordnung, wir machen es gemeinsam.»

Ihr seid ein Produkt des Gefühls; das Gefühl erschafft im Grunde alles Wunderbare in eurem Leben. Euer Verstand bringt das nicht zuwege. Ihr seid nicht euer Verstand, ihr seid mehr als... Ihr seid nicht euer Körper, ihr seid mehr als... Ihr seid in der Tat ein Ausdruck des Göttlichen.

F *(eine junge Dame)*: Warum kommen in der christlichen Religion die Göttin oder weibliche Energie nicht vor?

P'taah: Weil, Geliebte, der Zyklus der christlichen Religion zu einer Zeit einsetzte, in der sich alle für die männliche Energie entschieden hatten. Die Männer, die Menschen männlichen Geschlechts, hatten große Angst vor der Macht der Göttin – sie haben sie immer noch.

F: Spielen Kristalle bei dem Aufkommen weiblicher Energie auch eine Rolle?

P'taah: Sie sind ein Werkzeug, das ist alles. Das, was mit dem Aufkommen der weiblichen Energie zu tun hat, nennt man Bewußtsein, und man nennt es auch zyklische Veränderung. Kristalle sind bloß Werkzeuge, die man benutzen kann, aber das wirkliche Machtinstrument ist das, was du bist.

F(F): P'taah, ich habe kürzlich eine Menge Veränderungen durchgemacht und frage mich nun, ob ich den Deckel auf das, was ich notwendigerweise tun muß, stülpen würde, wenn ich die Farm, den Ort, an dem ich lebe, verließe?

P'taah: Liebe, es spielt keine Rolle, was du tust. Du wirst dir vielleicht ein Szenario mit einem anderen Handlungsablauf schaffen, den du bereitwillig akzeptieren kannst. Du sollst aber auch wissen, geliebte Frau, daß du kein Opfer zu sein brauchst. Es ist deine Wahl, du kannst dich entscheiden, zu tun, zu sein und zu reisen, wie du willst, je nachdem, was dein Herz zum Singen bringt. Das nennt man Herzenswunsch. Wenn sich deine Wünsche ändern, dann laß dich darauf ein. Du brauchst dir keine Sorgen zu machen, daß du die Lektion verpassen könntest. Verstehst du? Und wenn du den Wunsch hast, deine Macht an einen anderen abzugeben, dann soll es so sein. Wenn euch jemand erzählt, wie alles für euch zu sein hat und wer und was ihr seid und wie unerleuchtet ihr seid und was ihr tun müßt, um zur Erleuchtung zu gelangen, und wenn ihr euch dann dafür entscheidet, eure Macht abzugeben, dann soll es so sein, ihr Lieben. Kein anderer kann euch sagen, was ihr zu tun habt. Niemand. Auch all die großen erleuchteten Meister nicht, die euch liebend gern erzählen, wie ihr euer Leben zu leben habt. Ist ja ganz in Ordnung. Ihr könnt dann sagen: «sicher», und danach genau das tun, was

euch euer Gefühl eingibt. Das heißt über die eigene Macht verfügen. *(P'taah wendet sich an einen Herrn.)*
Und wie geht es dir, Lieber?

F: Mir geht es gut. Würdest du einmal das Wort *embracement (im Deutschen: Umarmung, bereitwilliges Annehmen)*, das hier soviel gebraucht wird, definieren?

P'taah: Ja, sicher, Lieber. Wie du weißt, läßt sich leicht sagen: «Ich verstehe nicht, warum sich nichts ändert, denn ich akzeptiere ja bereitwillig.» In Wahrheit geht es ums Zulassen. Ihr werdet alles, was ihr aus eurer Kindheit mitbringt, in eurem Leben so lange wiederholen, bis ihr es annehmt. Wir verstehen, daß euch das sehr schwerfällt, und wollen euch daher die Sache an Hand eines Beispiels erklären. Wir sprechen hier speziell von dem Leid, das ihr in eurer Kindheit erfahren habt. Wißt ihr, alles andere stellt für euch nur eine Wiederholung dieses damals erlebten Leids, dieser Verzweiflung und dieses Gefühls von Nichtigkeit dar. Ihr könnt euch in eure ganz «stille Zeit» im Innern begeben und euch einen sehr schönen Ort in der Natur vorstellen. Ihr könnt euch in diesen wunderschönen Ort hineinversetzen, der sehr friedlich ist, und euch dort das Kind vorstellen, das ihr seid. Ihr schaut euch dieses Kind an, das so völlig von Kummer und Schrecken überwältigt ist, und nehmt es dann in die Arme und beruhigt und besänftigt es, damit es begreift, daß es nichts mehr zu fürchten hat. Durch diese Umarmung, dieses Annehmen des Kindes, das ihr seid, könnt ihr die Situation verändern. Das ist gemeint, wenn wir von *embracement* sprechen. Schaut, wenn euch eine Situation mißfällt, wenn Menschen daran beteiligt sind, mit denen ihr im Streit liegt, müßt ihr verstehen, *wer* diese Person ist, für die ihr Haß empfindet, mit der ihr euch streitet. Geht dann an diesen Ort, und schaut euch an, wer diese Person in Wahrheit ist, denn sie ist euer Spiegelbild. Es geht darum, daß ihr im Herzen erkennt, wer sie ist, daß ihr versteht, daß sie denselben Schrecken, dieselbe Verzweiflung, denselben Schmerz und dieselbe Qual empfindet wie ihr. Auf diese Weise könnt ihr auf die Person zugehen und sie umarmen und annehmen und so zu der Erkenntnis gelangen, die besagt: Ich verstehe, wie das ist, denn ich selbst empfinde auch diese Furcht, fühle diesen Schmerz und diese Qual. Begreift ihr? So könnt ihr zum Annehmen gelangen und damit die Veränderung bewirken. Deshalb sagen wir euch, daß ihr durch das Verdrängen nichts verändern werdet, nichts durch das Hassen, nichts durch den Versuch, es «loszuwerden»; Veränderung bewirkt ihr nur, indem ihr die Tatsache bereitwillig akzeptiert, daß alles und jedes ein Spiegelbild eurer selbst ist. Es gibt keinen Unterschied. Ihr seid wie die Lichter an eurem Weihnachtsbaum. Jedes Lämpchen ist mit den anderen über einen Stromkreis verbunden, und so entsteht das Licht. Wenn ihr ein Lämpchen aus dem Stromkreis entfernt, hört es auf, den Baum zu erleuchten. Der Strom ist der Strahl der Göttlichkeit in jedem Atom, in jedem Molekül und in jeder unsichtbaren Energie in allen vorstellbaren und unvorstellbaren Welten. Es gibt nichts außerhalb von euch selbst, was euch nicht zugehört. Das seid alles *ihr*.

Ihr Lieben, das reicht für den Augenblick. Wir machen eine Pause. Wirklich, ihr seht alle ein bißchen aus wie der Weihnachtsbaum.* Sehr gut.

Nach einer etwa dreißigminütigen Pause versammelt sich die Gruppe wieder, und P'taah fährt fort.

P'taah: Also laßt uns weitermachen, ihr Lieben.

F(M): Guten Abend. Wir hatten bereits eine Frage zu Menschen, die eine heilerische Tätigkeit ausüben, selbst aber noch der Heilung bedürfen. Das kommt ziemlich häufig vor. Ich meine, wenn wir uns die Politiker unseres Landes ansehen, dann muß ich an das Vorwort eines Buches** denken, das ich vor ein paar Wochen in die Hände bekam, in dem zu lesen steht, daß in unserer Gesellschaft, ich zitiere, «die Verkrüppelten die Gebrechlichen führen». Wir haben Psychiater, die wirklich selbst der psychiatrischen Hilfe bedürfen, und doch behandeln sie andere Menschen; und wir haben Ärzte, die sich selbst auch nicht gerade bester Gesundheit erfreuen…

P'taah: Lieber, was diese Leute lehren und von sich geben, ist das, was sie selbst am meisten brauchen und für sich annehmen und verstehen müssen.

---

* P'taah bezieht sich auf die bunten Lichter an dem Weihnachtsbaum, der sich im Raum befindet.
** Bei dem zitierten Buch handelt es sich um *GOD I AM – From Tragic to Magic* von Peter O. Erbe.

F: Welche Auswirkungen hat diese Praxis, daß Menschen, die selbst ihre Probleme haben, Menschen aus den verschiedensten Gründen behandeln?

P'taah: Nun, laßt uns über das Heilen sprechen, denn viele von denen, die sich auf der Suche nach dem Superbewußtsein befinden, sind mit dem Heilen befaßt. Laßt uns sehr präzise sein. *Es gibt nur eine Person, die euch heilen kann, und die seid ihr selbst.* Es gibt jedoch Menschen, die den aufrichtigen Wunsch haben, eine Heilung zu bewirken, und sie können tatsächlich einen Wunsch nach Selbst-Heilung auslösen. Wißt ihr, wenn ihr zum Arzt geht, habt ihr oft bloß den Wunsch nach Heilung aktiviert, der dann ein inneres Wissen aktivieren kann. Unter Heilmethoden des sogenannten New Age ist viel Humbug. Das hat seine Gültigkeit, ihr Geliebten, sonst existierte es nicht. Doch es geht darum, daß ihr euer Herzenswissen entdeckt. Wir haben euch viele Male gesagt, ihr Lieben, *daß euer Herz das Barometer der Wahrheit ist.* Wenn das, was wir euch sagen, in eurem Herzen nicht wie die Wahrheit klingt – wenn es sich für euch nicht wie ein Weckruf anhört –, dann verabschiedet euch. Nun, da gibt es sehr häufig das, was man einen ums Herz gelegten Panzer nennt, und ihr könnt euch vorstellen, daß viele Menschen einen solchen Panzer tragen, weil sie Angst haben. Auch der Intellekt dient oft als ein Schutzschild. Da gibt es den Aspekt in euch, der sagt: «Ich will nichts hören. Wenn ich zuhöre, wenn ich das in mein Herz einlasse, wird alles, was ich mein Leben lang gekannt und gewußt habe, umgekrempelt.» Menschen ist es oft nur sehr schwer möglich, zu sagen: «Ich bin auf die Veränderung vorbereitet.» Wenn Menschen an jemanden wie mich herantreten – und es gibt viele Wesenheiten*, viele Wesen, die sich gegenwärtig auf eurem Planeten mitteilen –, dann heißt das: «Ich habe den Wunsch nach Veränderung, ich habe den Wunsch nach irgendeiner Form von Erweiterung, ich möchte die Richtung ändern, ich will zu meinem inneren Wissen gelangen, ich möchte wissen, wie ich meine eigene Macht-Quelle sein kann. Ich möchte verstehen, wie das Universum agiert. Ich möchte geheilt werden, ich möchte auch wissen, wie ich als Heiler oder Lehrer und so weiter effektiver sein kann.»

---

* Gechannelte Wesenheiten.

All das hat seine Berechtigung, denn allein die Tatsache, daß ihr hier seid, besagt: Ich habe den Wunsch nach Veränderung. Doch manchmal ist das wie bei einem Kind, das sich sehnlichst wünscht, im Meer oder in einem anderen Gewässer schwimmen zu gehen, und dann merkt, daß das Wasser tiefer ist als gedacht, und in blinder Panik reagiert. Das kennt ihr alle gut; das nennt man den großen Rückzug. «Ich werde bis dahin gehen, aber nicht weiter, denn sonst könnte ich ertrinken», und das ist in Ordnung. Es kann aber auch ein sehr sanfter Prozeß sein. Und auch die Heilung des Selbst kann so vonstatten gehen. Es kann ein langsamer Prozeß sein. Ihr sollt verstehen, ihr Lieben, daß das, was ihr für eine lange Zeit haltet, oft nicht mehr als ein Wimpernschlag ist. Ihr braucht euch nicht darum zu kümmern, wie eure Politiker das Land regieren. Ihr seid euer Land, ihr Lieben, Punktum. Wenn ihr euch auf die Schwachsinnigkeit eurer Lehrer und Politiker konzentriert, ist das gut und schön, aber vergeßt nicht, daß dies ein Spiegelbild eures Umgangs mit euch selbst ist.

Worauf ihr eure Konzentration richtet, dem gebt ihr Macht. Ihr seid die zentrale Sonne eures Universums. Euer Universum hat wirklich mit euch seinen Anfang und sein Ende. Wie es sich mit den anderen verhält, ist nicht eure Angelegenheit. Ihr sagt vielleicht: «Das stimmt nicht, denn wir bewohnen diesen Planeten auch mit all den anderen, die ihn zu zerstören beabsichtigen.» Nun, dazu will ich euch folgendes sagen: Das könnt ihr ändern. *Wenn ihr eure Aufmerksamkeit auf Krankheit, auf die Zerstörung des Planeten, auf den Zusammenbruch eurer ökonomischen Strukturen konzentriert, gebt ihr diesen Dingen Macht.* Wenn ihr allmählich immer besser versteht, daß ihr die Macht-Quelle seid, daß alles aus *euch* entsteht, und wenn ihr euch auf euer Inneres konzentriert, um eine Veränderung herbeizuführen, wenn ihr euch in der Tat auf das Wunderbare eures Planeten konzentriert und nicht auf seine Zerstörung, dann spiegelt ihr den Fokus eures wahren Seins und inneren Wesens wider. Das ist wie eine Spirale: wie in eurem Innern, so im Außen. Wenn ihr das Außen begreift, habt ihr ein absolutes Verständnis vom Innen gewonnen. Versteht ihr das? So kann ein Heiler tatsächlich verzweifelt Heilung brauchen. Ihr könnt das, was euch angeboten wird, in Anspruch nehmen, doch laßt nie die Tatsache unberücksichtigt, daß *ihr* selbst der Heiler seid.

F: Wie wissen wir, daß wir die richtige Führung bekommen?

P'taah: Lieber, hör auf dein Herz. Du wirst es wissen – du weißt es immer. Die dem männlichen Geschlecht angehören, gestatten sich nun allmählich ein Hören auf die innere Stimme, ein Hören auf die Intuition. Sagt euch: «Den rationalen Verstand, den Intellekt mal beiseite gelassen, wie geht es denn meinem Herzen, was fühlt es?» Ihr Lieben, *es ist nicht der Intellekt, der euch nach Hause bringen wird – es ist das Herz, das euch zur Heimkehr führt.* Es ist das Gefühl. Ihr seid Gefühl. Ihr seid das, was man Emotion, Imagination nennt. So erschafft ihr Realität. Ihr werdet wissen, wenn etwas für euch richtig ist, denn es entzündet einen Funken in eurem Herz.

F: Das heißt also, daß unser Herz es uns sagen wird, wenn eine Information nicht für uns taugt?

P'taah: Absolut.

F: Und was passiert dann? Weisen wir sie zurück?

P'taah: So ist es. Du kannst sagen: «Lieber, ich respektiere deine Ansicht, sie ist dein gutes Recht, denn du bist ein souveränes Wesen. Auch ich bin ein souveränes Wesen, und ich wähle einen anderen Weg.»

F: Gut, du hast meine Frage beantwortet.

P'taah: So ist es. Und es geht nicht darum, daß ihr das verurteilt, was ihr für Humbug haltet. Ich brauche nur zu sagen: «Ich wähle einen anderen Weg, ich entscheide mich, auf den zu hören, der ich bin. Ich tue das, was mein Herz zum Singen bringt.» Das nennt man Souveränität, freie Verfügungsgewalt. Das nennt man Macht.

F(M): P'taah: Du sprichst von Macht und davon, daß wir alles erschaffen, aber ich stelle oft fest, daß die Dinge in meinem Leben so oder so passieren, und fühle mich in einer Situation einfach nur hilflos. Wie gehe ich damit um?

P'taah: Sprichst du von Zwistigkeiten?

F: Nicht unbedingt. Es ist so, als wäre das Leben größer als ich, und ich habe nicht das Gefühl, die Oberaufsicht zu führen.

P'taah: So ist es auch. *(P'taah wendet sich an die Zuhörerschaft.)* Ist euch das vertraut, ihr Lieben? Und so ist es auch, wenn etwas

Wunderbares passiert. Ihr sagt: «Hm, damit habe ich nichts zu tun.» Nicht wahr? Das kommt daher, daß die Menschen darauf programmiert sind, zu glauben, daß sie keine eigene Macht besitzen. Wenn in eurem Leben etwas Wundervolles geschieht, solltet ihr sagen: «Schau mal, was ich gemacht habe!» Dies im Wissen, *daß es kein zufälliges Ereignis, keinen bloßen Zufall gibt.* Was immer in eurem Leben passiert, ob es nun Zwistigkeiten sind oder ob ihr eine wunderbare und aufregende Freude erlebt, ihr habt es erschaffen. Ihr mögt sagen: «Ich habe damit überhaupt nichts zu tun, jemand anderes hat das gemacht.» Es ist das gleiche, wie wenn ihr sagt: «Ich bin ein Opfer, jemand hat mir das angetan.»

F: Das heißt, ich bin mir einfach nicht bewußt, warum die Dinge in Erscheinung treten...

P'taah: Lieber, du vergißt bloß, daß du derjenige bist, der für alles, was sich in deinem Leben ereignet, verantwortlich ist. *Für alles* – für das, was eine wunderbare Freude, und für das, was eine große Katastrophe ist. Es ist alles das Eure. Leute haben mir, diesem da *(P'taah deutet auf sich),* die Frage gestellt: «Hast du dieses Wunder in meinem Leben geschaffen?» Na gut! Und ich habe gesagt: «Bin ich denn für alles verantwortlich zu machen?» Schaut, ihr Lieben, ihr seid überaus erpicht darauf, eure Macht abzugeben. Wenn sich etwas Wunderbares in eurem Leben ereignet hat, seid *ihr* es, der es erschaffen hat. Und so verhält es sich auch mit den globalen Ereignissen, denen ihr euch so fern fühlt; Ereignisse, die das Herz der Menschheit berühren, denn ihr sagt: «Ist es nicht wundervoll, daß es zu dieser Begebenheit gekommen ist?» Aber seht ihr, wenn ihr nichts damit zu tun hättet, würdet ihr euch ihrer nicht bewußt sein. *Es geschieht nichts auf eurem Planeten, woran ihr nicht beteiligt seid.* Ihr denkt, ihr habt keine Macht. Ihr fühlt euch hilflos, wenn ihr von den künftig stattfindenden Veränderungen auf der Erde, von diesem Übergang und allem, was er beinhaltet, hört. Ihr fühlt euch klein und unbedeutend. Ihr begreift nicht, daß es in Wahrheit keine Trennung gibt. Ihr seid es, ihr Lieben, da ist sonst niemand. Nun könnten wir in gewisser Weise sagen, daß dies einen Glaubenssprung bedeutet. Als Spezies ist euch über Äonen hinweg gesagt worden, daß ihr glauben und vertrauen sollt. So hat sich die Menschheit, in einem Glaubensakt, versklavt, und ihr glaubt nun an etwas, das euch ein anderer erzählt. Wir sprechen hier vom religiösen Dogma und so weiter, wo euch gesagt wird, daß ihr, wenn ihr es nicht so und so macht, leiden, daß ihr bestraft werdet. Ihr Lieben, ich möchte euch jedoch sagen, daß ihr wissen werdet. Sicherlich bedeutet die Einsicht einen Glaubensakt, die Einsicht, daß ihr die Quelle, daß ihr die Macht, daß ihr das Spiegelbild des Göttlichen seid, daß alles und jedes in diesem Universum, in dem euch bekannten Universum, Teil von dem ist, was ihr seid. Es gibt kein Größeres und Geringeres, es gibt nur das IST. Dieses ISTSEIN nennt man Göttlichkeit, und wenn es euch an Achtung, an Ehrerbietung, an Liebe für das SELBST mangelt, projiziert ihr genau das aus eurem Selbst heraus. Aber wir sagen euch: Glaubt nicht einfach, was ich sage. *Wie fühlt es sich an?* Was nehmt ihr wahr, wenn ihr diese Prinzipien, diese Gedanken, die wir euch vortragen, bei eurer, in jedem Moment des Jetzt getroffenen Wahl berücksichtigt? Wenn es für euch nicht funktioniert, ihr Lieben, dreht euch um, geht, findet einen anderen Weg. Wenn ich euch sage, daß ihr in eine Zeit der Erweiterung eintretet, wenn ich euch sage, daß ihr großartige, multidimensionale Wesen, wundervolle Wesenheiten seid, daß ihr in diese Zeit der Macht, des Wissens eintretet, und wenn ihr dann zum Wissen eures Herzens, zum Gefühl, gelangt, wird das Gefühl das kristalline Gehirn aktivieren – den lebendigen Computer in eurem Kopf. Wenn ihr begreift, daß ihr nicht da aufhört, wo eure Haut endet, daß ihr weit darüber hinausreicht, daß ihr Teil von allem seid, werden all die Puzzleteilchen der Technologie, wenn ihr so wollt, an ihren Platz fallen. Ihr werdet zu Konzeptionen gelangen, die eure derzeitige Vorstellungskraft übersteigen. Ihr werdet zu einem grandiosen Wissen gelangen. Warum, glaubt ihr, wurden die Sternenwesen eurer prähistorischen Zeiten Götter genannt?

Schaut, ihr Lieben, ihr seid es – ihr seid die Götter/die Göttinnen, aber ihr müßt die Verantwortung übernehmen. Und wenn etwas Wunderbares geschieht, dann blickt in den Spiegel, seht in eure Augen und sagt: «Ich habe das bewirkt, ich, dieses großartige und multidimensionale Wesen habe das zuwege gebracht.» Das nennt man Begrüßung. Ihr sollt wissen, ihr Lieben, daß ihr wirklich alles Gute verdient. Ihr verdient das Wunder und das Glück, ihr verdient die Freude in jedem Moment. Ihr seid dessen würdig, sonst würde es nicht geschehen. Versteht ihr das, ihr Lieben? *Ihr seid es wert!* Ihr verdient alles, alles Wunderbare, das ihr euch vorstellen könnt, sonst wäre es nicht da. Jeder Teil dessen, was ihr seid, ist ein Ausdruck des Göttlichen, sonst existierte er nicht. Ihr seid dieses Göttliche.

F: Ich danke dir.

P'taah: Gern geschehen.

F(F): P'taah, da du vorhin vom Nicht-Zuhören gesprochen hast, könntest du bitte den Ratschlag wiederholen, den du mir schon einmal hinsichtlich des harmonischen Zusammenlebens unserer Tiere gegeben hast?

P'taah: Aber natürlich, Geliebte. «Die Wölfe werden bei den Lämmern wohnen und die Parder bei den Böcken liegen.» Aber schaut, das wird erst geschehen, wenn im Innern der Wolf beim Lamm wohnt, und das nennt man Heimkehr. Das nennt man männliche/weibliche Polarität in Balance. Wenn ihr für euch selbst den Wunsch nach Harmonie hegt und wenn ihr die Verschmelzung des Männlichen und des Weiblichen eures wahren Wesens akzeptiert und zulaßt, werden sich Wolf und Lamm umarmen, und das wird auf alles zurückstrahlen. Es wird sich auf eure alltägliche Lebensperspektive auswirken. Wir rieten dir schon, einen Brief zu schreiben. Nun, du verstehst, an wen du diesen Brief eigentlich schreibst. So ist es.

F(F): Ich weiß, daß viele von uns schreckliche Angst davor haben, ihr Herz für die Liebe zu öffnen, und du hast dazu gesagt, daß der Grund dafür die Angst vor Auslöschung ist. Meine Frage lautet: Woher kommt diese Angst?

P'taah: Willst du die kurze oder die lange Version hören?

F *(lächelnd)*: Die kurze.

P'taah: Das ist wieder einmal eine multidimensionale Angelegenheit. Wir werden das ansprechen, was für das Verständnis aller dienlich ist, ohne zu weit in die Zeit zurückzugehen oder uns mit der Genetik und so weiter zu befassen. Wir werden über das reden, was gegenwärtig für jedermann sachdienlich ist; wir werden uns nur auf dieses Leben beziehen. Denn ihr werdet mit Sicherheit alles, was ihr in all euren anderen Leben, all euren anderen Inkarnationen, nicht akzeptiert habt, wieder hervorrufen. Es ist nicht nötig, sich in andere Leben zu vertiefen. Ihr müßt wissen, daß die Geschichte, welche auch immer, wieder auftauchen wird. Nun, in diesem Leben sind zwei Aspekte zu berücksichtigen. Wenn ihr geboren werdet, zapft ihr das kollektive Bewußtsein oder die morphogenetische Resonanz der gesamten Menschheit an. Wir haben darüber schon viele Male gesprochen, und ihr könnt es nachlesen, aber wir werden euch noch einmal eine zusammenfassende Version liefern. Es ist wichtig, daß ihr versteht, wie sich das verhält: Jede Zelle, jede Partikel besitzt ihre eigene, mit Bewußtsein geladene elektromagnetische Energie. Auf zellularer Ebene haben die Zellen Kenntnis von gleichartigen Zellen, und diese Zellen schließen sich in eurem Körper zu Organen zusammen. Ein Organ hat wiederum Kenntnis von jedem gleichgearteten Organ und kann, in zellularer Hinsicht, seine Unversehrtheit wiederherstellen. Der Körper hat seine eigene morphogenetische Resonanz in bezug auf gleichgeartete Körper, zum Beispiel menschliche, männliche und weibliche Körper. Dann haben wir das kollektive Bewußtsein einer Familie, und die Familie lebt in einer Stadt, und diese Stadt befindet sich in einem Land. Innerhalb dieses Landes kann es verschiedene Kulturen geben, und diese Kulturen haben ihre eigene Resonanz, ihr eigenes kollektives Bewußtsein. Es handelt sich also um eine eigenständige Energie, die aber im gleichen Raum wie all die anderen Resonanzen existiert. Ihr könntet also sagen, es ist eine Verschachtelung, bei der eines im anderen ruht. Eure Erde besitzt ihre eigene Resonanz, ihr eigenes Bewußtsein. Ihr werdet in eine Familie hineingeboren, in eine Stadt innerhalb eines Landes, innerhalb einer Kultur, und alles hat eine Resonanz, hat sein eigenes Bewußtsein. Bei eurer Geburt zapft ihr nicht nur dieses Bewußtsein an, ihr macht auch eure ganz persönliche Erfahrung. Da tauchen jene Dinge in einem Leben auf, die vormals nicht akzeptiert wurden, und so habt ihr einen generellen Spielplan. Das heißt, ihr sagt euch: «Ich komme innerhalb einer bestimmten Kultur zur Welt», einer, die ihr euch vor eurer Geburt ausgesucht habt. Schon sehr bald nach eurer Geburt beschwört ihr die Erfahrung von gewissen Unzulänglichkeiten in eurem Wesen herauf. Diese Unzulänglichkeiten werden sich euer ganzes Leben hindurch fortsetzen, so lange, bis sie umgewandelt sind. *Solange ihr nicht begreift, daß alles in eurem Leben, was nicht voller Harmonie und Freude ist, durch Transmutation verändert werden kann, so lange werdet ihr ein Spiegelbild davon erschaffen.* Versteht ihr das? Nun gründet sich eure Realität auf eure Glaubensstrukturen.

Die euch selbst nicht bewußten Glaubensstrukturen sind die, die ihr mit eurem Einklinken in die, wie auch immer beschaffene, morphogenetische Resonanz der Menschheit übernommen habt. Und so habt ihr, in größerem Maßstab wie auch auf persönlicher Ebene, all das erschaffen, aber nur aus einem Grund: um es bereitwillig anzunehmen; um den Schmerz, die Angst umzuwandeln, damit ihr zur Harmonie gelangt. Ihr Lieben, alle Dinge, die für euch harmonisch sind, stehen mit der universellen Energie in Einklang. Wenn ihr also das Gefühl der Freude, des Glücks habt, wißt ihr Bescheid; das nennt man «angeschlossen» sein. Wenn ihr, aus welchem Grund auch immer, den Mißklang, den Schmerz fühlt, ob ihr ihn nun aus euren persönlichen Erfahrungen heraus oder durch das Anzapfen des Kollektivbewußtseins erschaffen habt, so wißt ihr, daß er nur da ist, um ausgeglichen zu werden. In Wahrheit spielt es keine Rolle, um welche Geschichte es geht. Es geht darum, daß ihr versteht, daß dort, wo sich eure Glaubensvorstellungen von der Realität, vom Universum, mit der universellen Energie in Einklang befinden, nur Harmonie sein kann. Und wo dies nicht der Fall ist, entsteht Chaos in eurem Leben. So einfach ist das.

F(M): P'taah, ich möchte dir gerne für das, was du uns gibst, danken. Du schenkst uns soviel Freude. Ich habe das Gefühl, daß sich mein Magen ständig umdreht. Ich denke, mein Herz singt vor Freude. Danke dafür, daß du bei uns bist. Die Frage...

P'taah: Geliebter, du weißt, daß du auch mein Herz vor Freude singen läßt.

F: Die Frage, die mir im Kopf herumgeht, ist folgende: Du hast vorhin über Zellen gesprochen. Unsere Zellen erneuern sich sekündlich. Wie kommt es, daß sich die Gehirnzellen nicht erneuern?

P'taah: Aber sie erneuern sich in gewisser Weise. Nun, alle machen sich Sorgen über den Verlust ihrer Gehirnzellen; daß sie absterben, das ist es doch, oder? Nun, da trifft es sich gut, daß ihr mehr seid als nur euer Gehirn. Wenn die kristalline Zündung zwischen Hypophyse und Zirbeldrüse erst einmal stattgefunden hat, ist das eine ganz andere Geschichte. Das führt zur Öffnung von Kanälen, die eine Veränderung innerhalb der Zellularstruktur des Gehirns bewirken. Das nennt man in der Tat Erleuchtung, Lieber.

F(F): Ich habe eine Frage zu dem, was du vorhin gesagt hast. Ich bin mit dem Nach-innen-Schauen und dem Gefühl von innerem Schmerz ziemlich vertraut. Doch ab und zu passiert es, daß ich den Schmerz der ganzen Erde oder von Menschengruppen auffange. Das ist so, als würde ich von einer Welle durchflutet.
P'taah: Aber natürlich.
F: Ein Teil in mir sagt: «Das ist nicht deine Angelegenheit, schau, daß du da rauskommst. Vergiß es.»
P'taah: Schau, Liebe, du klinkst dich in den Schmerz ein, aber wir sagen, daß die Geschichte an sich nicht so wichtig ist. Wie du weißt, erklärten wir euch bereits, daß es nicht eure Angelegenheit ist, was irgend jemand über euch denkt. Das heißt in gewisser Weise, daß die Geschichte, die sich jenseits eures Selbst abspielt, unwichtig ist. Wichtig ist das Gefühl, das du hast. Und, Geliebte, daß man den Schmerz der Welt auf sich nimmt, ist etwas, dem man unmöglich widerstehen kann. Alle von euch klinken sich in die Qual eures Universums ein. Nun haben die meisten von euch sehr gute Schutzschilde, und sobald der Schmerz unerträglich wird, findet ihr eine andere wundervolle Ablenkung. Es gibt nicht so viele, die bereit sind, sich «dorthin» zu begeben – zum Schmerz. Aber schau, Liebe, wie alles andere läßt er sich umwandeln, und wenn du den Schmerz umwandelst, schaffst du eine Veränderung in eurem Universum.

F(M): P'taah, ich habe eine Frage zur Konzeption von Karma und Reinkarnation.
P'taah: Lieber, was ist deiner Ansicht nach Karma?
F: Die sich im Verlauf vieler Leben ergebende Ansammlung von Gedanken, Handlungen und Emotionen.
P'taah: Aber schau, es passiert alles zur gleichen Zeit. Vielleicht

klinkst du dich also in etwas ein, das sich in deinen anderen Realitäten ereignet. Nun betrachten Menschen, wenn sie von Karma sprechen, es sehr oft als eine «Bestrafung» für Begebenheiten in anderen Leben. Doch siehst du, Geliebter, jenseits dieser Realitätsebene gibt es keine Verurteilung. Es ist also keine Frage von «Bestrafung» oder «Belohnung», weil es keine Verurteilung gibt. So etwas wie «gut» oder «schlecht», «richtig» oder «falsch» gibt es nicht. Es gibt nur ganz einfach das IST. Von daher möchten wir sagen: Verwendet das Wort «Karma» in dem Wissen, daß es keine Verurteilung, kein Richtig oder Falsch gibt, sondern nur ein IST im ISTSEIN der Göttlichkeit. Alles hat seine Gültigkeit, sonst existierte es nicht. Und es geht auch um die Einsicht, daß, ganz gleich, wie sich die Dinge in diesem Realitätsfokus, in diesem Leben, für dich entwickeln, du ganz sicher das Muster für die Erfahrungen erschaffst, die du in diesem Leben zu machen wünschst, das heißt, es ist eine *Wahl*. Ihr werdet nicht dazu gezwungen, hierher zu kommen, ihr werdet nicht dazu gezwungen, irgend etwas als Bestrafung zu erleben. Ihr seid nur um der Erfahrung willen hier. Es geht nicht um Bestrafung und Belohnung. Es ist ganz einfach so, daß ihr den Wunsch nach Erfahrung und nach Ausgleich hattet, und alles, was nicht ausgeglichen ist, bringt ihr hervor, bringt ihr ans Tageslicht. Doch wir möchten dir sagen, Geliebter, denke an Karma nicht im Sinn von Bestrafung und Belohnung, denn das, was du als so «schlimm», als solchen «Schmerz», solche «Angst», solche «Qual», solche «Einsamkeit» und «Trostlosigkeit» verurteilst, hast in Wahrheit du erschaffen, um die Perle im Innern zu finden. Wie könnt ihr also der Vorstellung anhängen, daß es sich um eine Bestrafung handelt, wo ihr doch in Wirklichkeit die Gelegenheit erhaltet, euch mit himmlischen Juwelen zu schmücken?

F(F): P'taah, ich hörte ein paar Leute über Selbstmord sprechen, und ihrer Unterhaltung entnahm ich, daß die Hinterbliebenen gegenüber der Person, die Selbstmord begangen hat, immer große Schuldgefühle entwickeln, weil sie sie nicht gerettet haben. Ich frage mich nun, was es heißt, wenn sich jemand im Rahmen des «Spielplans» das Leben nimmt.

P'taah: Liebe, hier ist es eher so, daß jemand diesen Plan aus den

Augen verloren hat, *und das hat seine Gültigkeit.* Es gibt keine Verurteilung. Selbstmord ist nichts Harmonisches, aber er ist immer eine in sich gültige Wahl, so wie *jede Wahl.* Verstehst du? Nun, Schuldgefühl ist eine Lektion, die nicht gelernt wurde. Schuldzuweisung ist eine Lektion über Verantwortung, die nicht gelernt wurde; das heißt, es geht um die Einsicht, daß jedermann in jedem Moment in eigener Verantwortung sein Leben erschafft, ganz gleich, wie es eurer Entscheidung nach aussehen soll. Es ist eine in Souveränität getroffene Wahl. Es gibt keine Opfer. Das heißt also, wenn sich jemand Sorgen macht, er könnte in bezug auf jemanden, der sich das Leben genommen hat, nicht genug getan haben, er sich um den Selbstmord nicht bekümmern soll. Wenn ihr eine Person durch den Tod verloren habt und ihr ihr nicht genug Liebe gezeigt habt, denkt ihr auch: «Wenn ich mich doch bloß anders verhalten hätte. Wenn ich ihr doch nur die Liebe gezeigt hätte, die ich wirklich für sie empfand.» «Wenn nur, wenn nur, wenn nur. Ich hätte sollen, ich hätte sollen, ich hätte sollen...» Aber schaut, ihr Lieben, es existiert nur, damit ihr zur Einsicht gelangen könnt, daß es hier kein Richtig oder Falsch gibt. Es gibt nur einfach das ISTSEIN, das IST. Wenn ihr in solchen Vorstellungen vom Tod befangen seid, heißt das, daß ihr nicht begreift, daß der Tod nur eine große Illusion ist. Er bedeutet nicht das Ende von allem. Er bedeutet nur den Übergang in eine andere Realitätserfahrung, und die Liebe kennt keine Barrieren, sie reicht in jedes Universum, in jede Realitätsebene. Es soll also ganz sicher nicht ein Urteil über den Selbstmord gefällt werden, vielmehr geht es um das Verstehen, was Schuldgefühl eigentlich ist. Man nennt es nicht verantwortlich sein. Schuldzuweisung, ihr Lieben, bedeutet, die Verantwortung nicht zu übernehmen. Schuldzuweisung bedeutet Verurteilung, und wenn ihr euch selbst die Schuld gebt, verurteilt ihr euch selbst. Begreift, daß, was immer ihr auch getan habt, es euch zu diesem inneren Ort, zu diesem Bewußtsein gebracht hat; und gleich, wie sich es für euch ausnimmt, *es IST einfach, und es hat seine Gültigkeit.* Und ihr könnt euch sagen: «Ein Verhalten dieser oder jener Art empfinde ich nicht als harmonisch.» Und im nächsten Jetzt-Moment wird die Wahl anders ausfallen. Und so wird es sein.

F(M): P'taah, könntest du darlegen, welche Auswirkungen der

Selbstmord auf die Person hat, die sich das Leben genommen hat? Trifft sie dann die Entscheidung für die Rückkehr und stellt sich sozusagen wieder hinter der Grundlinie auf, um dieselben Lektionen noch einmal zu lernen?

P'taah: Ja, sie mag sich dafür entscheiden, zurückzukommen und eine Erfahrung wiederzuerschaffen, die ihr die Gelegenheit gibt, zur Harmonie zu gelangen, statt den Plan aus den Augen zu verlieren. Aber, wißt ihr, in gewisser Hinsicht ist jeder Tod ein Selbstmord, weil ihr euch immer dafür entscheidet. Wie, glaubt ihr, verhält sich das bei einer Person, die an einem Leiden, das man Krebs nennt, stirbt? Was hat es mit einem jeglichen Leidenszustand im Körper auf sich? Man nennt es Selbstmord, weil ihr es geschaffen habt. Der einzige Unterschied besteht in der Integrität des Körpers. Das heißt, seine zellulare Struktur bereitet sich auf die Trennung der Seelenenergie von der zellularen Energie vor. Denkt daran, ihr Lieben, daß alles eure Wahl ist. Ihr erschafft alles, was immer es sei. Eure Religion verurteilt den Selbstmord aufs schärfste. Wer sich das Leben nimmt, hat sich nun mal mit Sicherheit der Kontrolle der Sklavenhalter entzogen: Gütiger Himmel, wenn jeder das täte, gäbe es niemanden mehr zum Versklaven. Wir scherzen natürlich.

F(F): Also trifft jeder die Wahl, zu sterben? Heißt das, sich aufzumachen, um die Erfahrung anderer Leben zu machen?

P'taah: So ist es, Liebe. Und unter denen, die man Kinder nennt, sind viele, die keine Erfahrung über die Kindheit hinaus machen möchten. Und manche möchten nicht einmal die Geburt erleben, möchten keine Erfahrungen über die Schwangerschaft hinaus machen. Wir sprechen hier von Abtreibung. Die Abtreibung wird zutiefst verurteilt, aber ihr sollt wissen, daß ALLES eine Co-Kreation ist. Es gibt nichts in eurem Universum, was ihr nicht in Gemeinschaftlichkeit erschafft. Es kommt alles zu euch zurück.

F: Die Bibel spricht von Menschen, die neunhundert Jahre alt wurden. Um so alt werden zu können, müssen sie jeden Augenblick ihres Lebens in vollen Zügen genossen haben.

P'taah: In der Tat, aber wir möchten dir auch sagen, Geliebte, daß ihre genetische Struktur eine andere war. Es kommt nun eine

Zeit, in der sich die Menschen für ein längeres Leben auf physischer Ebene entscheiden können, und wir sprechen von Hunderten von Jahren, nicht von einer Verlängerung um zwanzig oder dreißig Jahre.

Das reicht nun für heute abend, und es ist gewiß wunderbar, bei euch zu sein, ihr Lieben. Wir werden eine kurze Pause einlegen, ist das richtig, Lieber? *(P'taah läßt sich vom Gastgeber bestätigen, daß über die Weihnachtsfeiertage keine Treffen stattfinden werden.)* Aber wir freuen uns darauf, euch bei Vollmond zu sehen, nicht wahr? *(Er bezieht sich auf eine Weihnachtsparty, die die Gruppe für die folgende Woche plant.)*

F(M): Wirst du dasein, P'taah?

P'taah: Aber natürlich, Lieber. Ihr könnt mich nicht davon abhalten, was? Das nennt man P'taahty *(P'taah Party)*, und wir werden viele Drinks zu uns nehmen und euch beim Tanzen zuschauen. Wir wollen sehen, wie sich eure Körper in Freude zu viel Musik bewegen. *(Das Publikum amüsiert sich natürlich über P'taahs Bemerkungen.)* Wir wollen sehen, wie ihr wunderschöne Lichter für unsere Weihnachtsparty abgebt. So ist es, ihr Lieben. *(An das Gastgeberpaar gewandt:)* Wir danken euch.

Geht in Freude, und wir sehen euch in Bälde. Ich liebe euch. Guten Abend.

VIERTE ÜBERMITTLUNG
8. Januar 1992

P'taah: Glückwünsche, ihr Lieben. Das heißt, Glückwünsche zu diesem neuen Jahr eurer Zeit. Diese Zeit eures Jahres 1992 beinhaltet einen großen Schritt vorwärts. Es findet viel Veränderung auf eurer Realitätsebene statt, viel Veränderung auf eurem Planeten, viel Veränderung im Herzen und in der Seele der Menschheit.

(P'taah wendet sich an einen Herrn aus Deutschland, der hier gerade Urlaub macht und am nächsten Tag die Rückreise in seine Heimat antreten wird.)

P'taah: Phantastische Reise, Lieber. Du sollst wissen, daß sich in Europa viele Veränderungen ereignen werden. Und du sollst auch wissen, Geliebter, daß das, was du außerhalb deiner selbst beobachtest, ein Spiegelbild deiner inneren Befindlichkeit darstellt. Und daß, wenn du unharmonische Ereignisse in deinem Umfeld wahrnimmst, dies ein Gradmesser für das Maß des fortschreitenden Bewußtseins der Menschheit ist. Und du wirst wieder hierher zurückkommen, und es ist wirklich eine große Freude, dich hier zu sehen.

(An den Gastgeber gewandt:) Glückliches neues Jahr, Lieber.

Der Gastgeber: Danke, und das wünsche ich dir auch, P'taah, obwohl es da, wo du bist, keine Jahre gibt.

P'taah: Nun ja, sozusagen – und alle Jahre sind glückliche Jahre. Und jetzt, ihr Lieben, wollen wir euch ohne weitere Umschweife auffordern, eure Fragen zu stellen. Sollte es keine Fragen geben, dann feiern wir die Tatsache, daß die Menschheit keine Fragen mehr hat.

F(F): Wir haben darüber gesprochen, daß die *cane toad* im Norden Australiens zu einem großen Ungleichgewicht führt. Was bedeutet dies für uns und für diesen wunderschönen Teil des Landes?

P'taah: Was repräsentiert die *cane toad*? Was tut sie auf eurer Ebene, so daß ein Ungleichgewicht entsteht?

F: Es scheint, daß die *cane toad*** zerstörerisch ist und keine natürlichen Feinde hat, die für ein Gleichgewicht sorgen würden.

P'taah: In der Tat. Und welches andere Geschöpf auf eurer Ebene ist aus dem Gleichgewicht geraten und macht sich auf und zerstört alles? *(Der Zuhörerschaft ist natürlich klar, daß P'taah den Menschen meint, und reagiert entsprechend.)*

F: Ist das ein speziell für Australien typisches Spiegelbild?

P'taah: Das ist es nicht, Liebe, weil es in eurem Land, wo die *cane toad* die Natur aus dem Gleichgewicht bringt, eine Co-Kreation ist. In anderen Ländern existieren andere räuberische Wesen, die den Menschen den Spiegel vorhalten und ihnen zeigen, was es heißt, ins Ungleichgewicht geraten zu sein. In Ordnung?

F: Das Unliebenswerte lieben?

P'taah: Ja, das Unliebenswerte lieben. In Wahrheit ist die Kröte ein liebenswertes Geschöpf. Sie handelt nur entsprechend ihrer Natur. An einem anderen Ort würde zu einem früheren Zeitpunkt innerhalb ihres Zyklus für die Wahrung des Gleichgewichts gesorgt werden, nämlich im Wasser, bevor aus ihr eine Kröte wird. Hier existiert nichts, das sich ihres Laichs annimmt. In anderen Ländern gibt es andere Arten, doch das Resultat ist dasselbe: Ungleichgewicht. Und dies ist ein Spiegelbild der Menschheit. Wenn jeder von euch das Ungleichgewicht in seinem eigenen Innern bereitwillig annähme, könnte außerhalb dessen, was ihr seid, ein natürliches Gleichgewicht gefunden werden.

F(M): P'taah, ich frage mich, ob Frauen allgemein verstehen können, wie tief ein Mann lieben kann? Und was geschieht, wenn die Frau das zu attackieren versucht, was sie nicht unter ihre Kontrolle bringen kann? Und dann all das Leiden, das dadurch verursacht wird.

P'taah: Lieber, alles, was du erlebst, ist ein Spiegelbild deiner

---

* Die *cane toad* stammt ursprünglich aus Hawaii und wurde in Nordaustralien eingeführt, um den Zuckerrohrkäfer unter Kontrolle zu halten. Aber diese Kröte hat in Australien keine natürlichen Feinde, die die Population im Gleichgewicht halten könnten. Da sie außerordentlich giftig ist, bezahlen die ihr nachstellenden Tiere (Vögel und Schlangen und so weiter) mit dem Leben, was in der einheimischen Fauna zu weiterem Ungleichgewicht führt – ein Dominoeffekt.

82

inneren Situation. Und, weißt du, es gibt keinen Unterschied zwischen Mann und Frau. Du bist beides gewesen. Wenn du die männliche und weibliche Energie in dir ausgleichst, wirst du feststellen, daß alles sehr harmonisch verlaufen wird. Dies gilt nicht nur für dich, Geliebter, sondern für alle Menschen. Wir haben es bereits gesagt: Was ihr als Beziehung bezeichnet, ist in Wahrheit das, was ihr «Beziehungsscheiß» nennt. Das spiegelt sich immer und immer wider, weil sich das Männliche/Weibliche in jedem einzelnen von euch noch immer im Zustand der Polarität und der Nicht-Akzeptanz befindet. So wie du die Frauen verurteilst – und es sind in der Tat nicht nur die Frauen, es sind die Menschen außerhalb dessen, was du bist, im Zustand deines eigenen Schreckens und deiner Angst –, so wird es dir zurückgespiegelt. Lieber, du sollst wissen, daß das, was sich dir da zeigt, ein Geschenk ist. Und nicht nur du erleidest Schmerz und Qual, die ganze Menschheit tut es.

F: Nach dem Übergang in die vierte Dichte wird der normale Zustand der einer durch gleichrangige Gesellschaften bewirkten Co-Kreation sein, oder?
    P'taah: Das ist er jetzt schon. Lieber, laß dir folgendes sagen: Die vierte Dichte wird sich nicht als Allheilmittel für alle Krankheiten eurer Zeit manifestieren. Die vierte Dichte ist ein *Resultat* dessen, wie ihr zur bereitwilligen Annahme eines jeden Aspekts eures wahren Selbst gelangt, so daß es keine Verurteilung mehr gibt. Und es existiert nur das Jetzt, Lieber. Es existiert nur das Jetzt. Es gibt keine Zukunft – nur diesen Moment, und jeder Moment des Jetzt ist ein Ausgangspunkt für die Wahl, die Entscheidung darüber, wie ihr reagiert und was ihr denkt, wer ihr seid. Und jeder Moment, in den ihr eintretet, bietet euch die Entscheidungsmöglichkeit für die Umarmung, die Akzeptanz und die Liebe zu dem, was ihr seid. Wie könnt ihr etwas anderes ins Leben rufen, wenn ihr liebt, was ihr seid? Das nennt man in Ehrerbietung, Integrität und in Liebe zu dem leben, was ihr seid. Auf diese Weise könnt ihr aus jedem Moment eine wunderbare Perle erschaffen.

F(M): P'taah, du hast gesagt, daß die Wahrnehmung ein Spiegelbild des Geschehens im Innern einer Person ist. Ich habe ein paar Erfahrungen mit telepatisch begabten Menschen gemacht, die den Todeszeitpunkt eines Menschen herausfinden können. Ich frage mich nun, wie eine solche Erfahrung außersinnlicher Wahrnehmung ihnen ein Spiegelbild sein kann.

P'taah: Ja, sehr gut. Das, was du gesagt hast, beinhaltet in der Tat zwei Aspekte, denn jeder Mensch besitzt in seinem Innern das, was du als außersinnliche Wahrnehmung bezeichnest. Manche haben sie weiter entwickelt, aber wenn ihr die weibliche Energie, die Göttin, auferstehen laßt, könnt ihr euch die Intuition nutzbar machen und ein außersinnliches Wahrnehmungsvermögen aktivieren, das den Menschen normalerweise nicht zugänglich ist. Nun ist das in gewisser Hinsicht tatsächlich etwas anderes als das, was wir meinen, wenn wir sagen, daß alles, was ihr im Außen wahrnehmt, ein Spiegelbild eurer selbst ist. Schau, Geliebter, die Menschen glauben, daß sie da aufhören, wo ihre Haut endet, aber das stimmt einfach nicht. Ihr seid in Wirklichkeit von nichts und niemandem getrennt. Ihr seid großartig und wunderbar; ihr seid multidimensionale Wesen, die sich dafür entschieden haben, diese als die dritte Dichte bekannte Dimension der Realität nur einfach um der Erfahrung willen zu erleben. Wir werden uns nun nicht in unsere üblichen ausführlichen Erläuterungen zum Wie und Was stürzen, aber wenn du an diesem Thema besonders interessiert bist, kannst du nachlesen, was wir bereits darüber gesagt haben. Doch erklären wir folgendes: *Deine Seele, der größere Teil dessen, was du bist, hegt einen einzigen Wunsch in bezug auf dich, nämlich den, daß du ganz bewußt, in dieser Dichte, erfährst und begreifst, daß du Gott bist;* du bist in der Tat ein Ausdruck des Göttlichen; jede Partikel, jeden Aspekt, jeden Gedanken, jede Handlung, jedes Wort von dir bezeichnet man als Ausdruck des Göttlichen.

Schaut, ihr Lieben, ihr lebt in der Verurteilung dessen, was ihr seid, und wenn wir «ihr» sagen, meinen wir die ganze Menschheit. Und so, wie ihr euch selbst verurteilt, übertragt ihr diese Verurteilung auch auf das, was ihr als außerhalb von euch existierend wähnt. Aber wir sagen euch, daß alles, was ihr außerhalb von euch selbst wahrnehmt, euer Spiegelbild ist. Wir reden nicht nur von dem, was ihr als schlecht verurteilt; denn wenn ihr, Geliebte, in die Betrachtung des herrlichsten Sonnenuntergangs oder funkelnder Regentropfen auf einem Blatt im Wald oder des sich in den Wellen brechenden Sonnenlichts an eurem Strand versunken seid, wenn ihr solch atemberaubende Schönheit ehrfürchtig bestaunt, dann, so sollt ihr wissen, betrachtet ihr ebenfalls euer Spiegelbild. Ihr seid *ehrfurchtgebietend* schön, aber ihr wißt es nicht. Ihr alle besitzt die Fähigkeit der sogenannten außersinnlichen Wahrnehmung. Viele von euch brauchen ein bißchen Übung, um zu lernen, wie man sie anzapft. Frauen fällt dies oft sehr viel leichter, weil die weibliche Energie, die Frauenwelt, die Intuition sehr viel mehr zuläßt, und zwar weitgehend auf Grund ihrer Konditionierung. Die Männer wurden darauf programmiert, die Intuition, die Träume und die Phantasie für nicht besonders männlich zu halten, für nicht ganz «das Wahre». So waren diese Dinge im Rahmen des gesellschaftlichen Bewußtseins dieser Kultur generationenlang nicht wirklich akzeptabel. Doch wir beobachten mit Freude, daß sich das nun bei euch ändert.

F(M): Ich als Wesenheit nehme auf spiritueller Ebene meinen Anfang. Bedeutet das, daß ich mir meine Eltern aussuche?

P'taah: Aber natürlich hast du dir deine Familie ausgesucht, Geliebter, und nicht nur deine Eltern, sondern auch deine Brüder und Schwestern und Kinder. Das alles wird schon vorher entschieden, und bei den meisten von euch dauern diese Beziehungen schon sehr, sehr lange an, schon viele Leben lang. Wir möchten euch jedoch daran erinnern, daß das, was ihr als vergangene und künftige Leben bezeichnet, in Wirklichkeit simultan außerhalb dieses Raum-Zeit-Kontinuums stattfindet. Aber es ist tatsächlich so, daß ihr euch schon zuvor in verschiedenen Rollen gekannt habt. Mutter, Tochter, Vater und Sohn in diesem Leben können schon Vater und Sohn, Mutter und Tochter und so weiter gewesen sein; sehr verwickelte Beziehungen. Versteht ihr? Und so kann es geschehen, daß ihr zuweilen einen Menschen trefft und das Gefühl habt, ihn bereits zu kennen, obwohl in diesem Leben vielleicht keine familiäre Verbindung mit ihm besteht, er aber auf irgendeiner anderen Ebene in familiärer Beziehung zu euch stand. Und wir wissen, ihr Lieben, daß die Vorstellung von Seelengefährten ziemlich weit verbreitet ist. Schaut, wenn ihr Menschen trefft

und das Gefühl habt, sie bereits zu kennen, dann kennt ihr sie
auch. Es ist nicht wichtig zu wissen, warum und wie und aus
welchem anderen Leben ihr sie kennt. Nehmt nur die Wärme,
Liebe und Verbindung zur Kenntnis und baut darauf auf. Sehr oft
kommen Gruppen von Geliebten innerhalb einer Familiensitua-
tion zusammen, um miteinander Spaß zu haben und durchzuarbeiten, was immer sie zu einer anderen Zeit nicht ganz beendet
haben. Und das kann dann das sein, was ihr als vergangene oder
künftige Leben bezeichnet. In Ordnung?

F: Suche ich mir meine Eltern allein aus, oder helfen mir
andere dabei?

P'taah: Lieber, man spricht von Co-Kreation, weil niemand
von euch allein ist. Nun, wir wissen, daß sich alle Menschen sehr
einsam fühlen; daß ihr oftmals, praktisch den größten Teil eures
Lebens – ganz gleich, wie sehr ihr liebt oder geliebt werdet –,
dieses Gefühl der Einsamkeit und Isolation habt. Sehr oft ist es ein
Gefühl, nicht dazuzugehören, nicht am richtigen Platz zu sein.
Doch möchten wir euch daran erinnern, daß alles, wirklich *alles*,
eine Co-Kreation ist. Es ist nicht so, daß ihr eine Entscheidung
fällt und jemand anders dies hinzunehmen hat. Jedermann trifft
auf die eine oder andere Weise Entscheidungen, um diese gemeinschaftliche Schöpfung mitzugestalten. Und, wißt ihr, es ist auch
so, daß ihr nie so isoliert seid, daß ihr nicht Hilfe herbeirufen
könntet, und wir sprechen hier vom Moment des Jetzt.

F(M): Wie weit reicht denn der Ursprung der Dinge, die wir
erschaffen, zurück? Ich komme gar nicht mehr mit allem mit, was
da in meinem Leben auftaucht, und ich frage mich, warum ich all
das für mich erschaffen habe. Ich übernehme die Verantwortung
für alles, was ich erschaffe, aber woher weiß ich, wie weit ich
diesbezüglich in meinem Leben zurückgehen muß? Wann habe
ich denn eine Situation erschaffen, die ich im Moment wirklich
nicht möchte?

P'taah: Nun, weißt du, Geliebter, du mußt gar nicht so weit
zurückgehen, denn was passiert deiner Meinung nach, wenn du
beschließt, daß du etwas wirklich nicht möchtest, daß du etwas
haßt, daß du dich nicht damit abfinden wirst? Du kannst es als
wunderbaren Segen betrachten, Lieber. Es ist ein Geschenk für

dich. Wie wir schon sagten, bietet alles dir die Gelegenheit, dich mit himmlischen Juwelen zu schmücken. Und wir wissen, wie sehr die Menschen auf die eine oder andere Weise himmlische Juwelen lieben. Und an alle die gerichtet, die panikartig auf die Erleuchtung zustürmen, sagen wir: Verlangsamt das Tempo. Seht ihr, wenn ihr abschütteln wollt, was euch unbequem ist, was euch nicht «schmeckt», was unliebenswert, unannehmbar, unakzeptabel ist, was ihr «verdammt noch mal haßt», dann fragt euch: Warum? Warum haßt ihr es? Warum ist es unakzeptabel? Was ist daran unliebenswert, und was haben diese Menschen, die mein Spiegelbild sind, an sich, das ich für meinen Teil nicht sehen will? Das ist alles eine Gelegenheit, Geliebter. Bekümmere dich nicht darum, warum, warum und wann du etwas geschaffen hast. Du hast es eben getan, hm? Und jedesmal, wenn du denkst, mit etwas «fertig zu sein», präsentiert dir deine Seele, die sehr beharrlich ist, einfach etwas anderes. Du kannst dir also in gewisser Weise gratulieren und auch darüber lachen. Und du sollst wissen, daß, wann immer weitere Prüfungen und Widerwärtigkeiten auf dich zukommen, deine Seele dir diese Situationen präsentiert, damit du sie bereitwillig annimmst. Das nennt man eine Stampede, aber sie muß nicht chaotisch, nicht unharmonisch vonstatten gehen.

F: Da wird sehr viel zu akzeptieren und in die Arme zu schließen sein.

P'taah: Ja, ihr werdet sehr liebevolle Menschen sein, es wird viel Umarmerei geben. Aber, wißt ihr, ihr Lieben, der Mensch, der am meisten Umarmung braucht, seid ihr selbst; denn das, was ihr unharmonisch findet, was euch unglücklich macht, was euch schmerzt und Qual bereitet – was euch «das Herz bricht» –, ist nur das in eurem Innern, was nicht geliebt, nicht umarmt, nicht bereitwillig angenommen wird. Wir haben euch viele Male gesagt, daß es nichts gibt, was nicht umgewandelt werden könnte.

So ist es. Wir werden jetzt eine Pause einlegen. Wir bitten euch, zwei Minuten lang, während des Übergangs, sehr still zu sein.

(Die Sitzung wird nach einer dreißigminütigen Pause fortgesetzt.)
P'taah: So, ihr Lieben.
F(M): P'taah, eine Frage zu den Träumen: Du hast uns einmal

empfohlen, wenigstens einundzwanzig Nächte lang unsere Träume zu notieren. Ich mache das nun seit zehn Nächten. Sollte ich mir das Material auf ein Muster oder eine Bedeutung hin anschauen?

P'taah: Das kannst du tun, aber wie wir schon sagten, Geliebter, wirst du nach einer Zeitdauer von etwa einundzwanzig Nächten feststellen, daß sich ein Muster herauszuschälen beginnt. Aber du kannst dir jeden Traum, soweit du dich an ihn erinnerst, auf die persönliche Symbolik hin anschauen.

F: Kann ich erwarten, daß ich durch diese Träume eine gewisse Orientierung gewinne?

P'taah: Unter Umständen, aber du kannst nicht erwarten, daß jeder Traum von unglaublicher Bedeutsamkeit ist, weil manche einfach nur zum Spaß da sind, hm? Und manche sind, soweit du dich an sie erinnerst, nur ein Fragment, und manche sind vielleicht nur Teil eines Puzzles, eines größeren Puzzles; deshalb haben wir gesagt, daß ihr die Träume über eine längere Zeit hinweg notieren sollt, damit ihr eventuell das ihnen zugrundeliegende Muster erkennen könnt.

F: Ist es dann meine Sache, ob ich dieses Muster mag oder nicht?

P'taah: Es geht nicht ums Mögen oder Nicht-Mögen, es geht um die Frage: «Was stellt es für mich dar? Was kann ich möglicherweise daraus lernen? Was legt mir hier das umfassendere Bewußtsein, das ich bin, vor, um es mir anzuschauen?» Es ist nicht «schlecht» oder «gut», es ist nur etwas, aus dem vielleicht etwas gelernt werden kann, und es geht nicht darum, daß es möglicherweise unangenehm ist. Du könntest unter Umständen sogar feststellen, daß deine Träume «Glückwünsche» sind, daß sie Frieden und Harmonie mit sich bringen, daß sie dich etwas verstehen lassen, was du bislang nicht verstanden hast, daß sie eine Erfüllung darstellen. Sie müssen nicht unbedingt ein tiefes, dunkles Geheimnis in sich bergen, sie können auch ganz heiter und vergnüglich sein.

F(M): Wir manifestieren von Moment zu Moment. Warum müssen wir Nahrung zu uns nehmen, wenn wir das tun?

P'taah: Ihr braucht keine Nahrung zu euch zu nehmen, aber ihr glaubt, daß ihr es müßt. Es leben Menschen auf eurem Planeten, die überhaupt nichts essen; sie beziehen ihre Nahrung aus dem Äther, das heißt, sie zapfen die universelle Energie an.

F: Wie machen wir uns diese Energie für unsere Seele zunutze?

P'taah: Sprichst du vom Anzapfen der universellen Energie?

F: Nein, von der Energie der Nahrungsmittel. Wie nutzen wir sie, um sie in die erforderliche Energie umzuwandeln...?

P'taah: Nun, verstehst du, was da biologisch vor sich geht? Mit der Nahrung, die ihr aufnehmt, nährt ihr euren Körper. Wenn du die universelle Energie anzapfst, bedienst du dich nicht des Zwischenglieds der stofflichen Nahrung, sondern nimmst die Lichtenergie direkt als Nahrung für deine zellulare Struktur und auch zur Ausbalancierung der Energie innerhalb und außerhalb deines Körpers. Die stoffliche Nahrung, ob tierisch oder pflanzlich, ist eine Co-Kreation. Wir haben schon gesagt, Geliebter, daß ihr, wenn ihr die stoffliche Nahrung, die ihr zu euch nehmt, ehrt und euch dafür bedankt, die Substanz verändert, die ihr eurem Körper zuführt. Ihr schafft Harmonie. Wir haben bereits von den Völkern unter euch gesprochen, die dies wissen und verstehen. Wenn sie zur Jagd aufbrechen, bitten sie den Geist des Tieres, in Erscheinung zu treten, und bezeugen ihm dann ihre Ehrerbietung und Dankbarkeit mit Liedern, Tänzen und Worten. Eine Ehrerbietung, die von Herzen kommt. Auf diese Weise erhöht sich die Qualität des Fleisches. Und dasselbe gilt für das, was ihr vegetarische Nahrung nennt. Es gibt Menschen, die es für unangebracht halten, tierische Nahrung zu sich zu nehmen, aber sie begreifen nicht, daß in Wahrheit kein Unterschied zwischen dem Tierischen und dem Pflanzlichen besteht. Ihr sollt also die Nahrung, die ihr eurem Körper zuführt, ehren und euch dafür bedanken.

F(M): P'taah, ist die Aussage richtig, daß wir, wenn es um Probleme geht, unsere Aufmerksamkeit vorrangig auf die Vergebung richten sollten? Jesus legte großes Gewicht auf die Vergebung. Stimmt es also, daß wir die Vergebung als vorrangig betrachten sollten?

P'taah: Lieber, was ist Vergebung? Schau, wenn du begreifst, daß du absolut für alles verantwortlich bist, was du in deinem Leben erschaffst, und daß alles eine Co-Kreation ist, was gibt es dann zu vergeben? Wenn du von Vergebung sprichst, redest du von der Polarität der Schuldzuweisung. Versteh: Wenn du einem anderen die Schuld gibst, übernimmst du keine Verantwortung.

F: War das damit gemeint, als Jesus sagte: «Vater vergib ihnen, denn sie wissen nicht, was sie tun»?

P'taah: Eigentlich nicht, aber wir wollen dir folgendes sagen: Was 2000 Jahre vor eurer Zeit geschrieben wurde, war für ein anderes Bewußtsein bestimmt. Nun, wir wollen, daß du wirklich hörst, was ich dir sage: *Du erschaffst ganz und gar deine eigene Realität. Es gibt keine zufälligen Begebenheiten, keine Zufälle.* Deine ganze Realität ist eine Co-Kreation. DU MACHST ES. Wenn dich jemand mit dem Auto überfährt, hast du es erschaffen, Geliebter. Wenn jemand sehr wütend auf dich wird und dich körperlich angreift und verletzt, hast du es erschaffen. Und wem vergibst du, wenn du es erschaffen hast? Verstehst du, was ich sage? *Du bist kein Opfer.* Du kannst es sein, wenn du dich dafür entscheidest, aber wir sprechen hier von der Erweiterung des Bewußtseins, davon, daß ihr euch auf die Erleuchtung vorbereitet. Wenn du von Vergebung redest, meinst du eigentlich, daß du jemandem die Schuld dafür gegeben hast, daß er dir etwas angetan hat. Aber schau, Geliebter, wie kann dir jemand etwas antun, wenn du derjenige bist, der die Realität erschafft. Hm? Wir könnten vielleicht sagen, daß das Wort «Vergebung» angemessenerweise einem anderen Vokabular zuzuordnen wäre. Nicht diesem Zeitalter.

F: Ich verstehe dich und danke dir für diese Antwort, aber ich möchte immer noch herausfinden, wie wir uns an die Lösung von Problemen machen sollen.

P'taah: Übernimm Verantwortung, gleiche die Verurteilung aus, und fühle das Gefühl. Transmutation. Wir sprechen hier von Schmerz. Nun, wenn du von «Problemen» redest, könntest du auch sagen, daß jeder Tag ein Problem ist. Was ist ein Problem?

F: Irgendwelche Schwierigkeiten mit einer Person oder mit gewissen Umständen.

P'taah: Gut, Geliebter, du sollst wissen, daß du, wenn du deine Realität in absoluter Weise erschaffst, du auch Fülle, Harmonie oder Zwistigkeiten erschaffst, je nach deiner Wahl. Es geht um die

Einsicht, daß der Mensch, mit dem du in Kontakt kommst, ein Spiegelbild deiner selbst darstellt, und das bedeutet: in sich hineinsehen. Es handelt sich nicht um ein Problem, sondern um die Gelegenheit, zum Wissen darüber zu gelangen, wer du bist, und *den zu lieben, der du bist.* Weißt du, es kommt immer zu dir zurück. Wenn wir eine Aussage darüber machen sollten, was die Probleme dieser Welt löst, würden wir zu jedermann sagen: Schaut in den Spiegel, und liebt die Person, die ihr da seht. *Wenn ihr euch wirklich ehrt und liebt, wenn ihr eine großartige Liebesaffäre mit euch selbst habt, habt ihr auch automatisch eine großartige Liebesaffäre mit allen anderen auf eurem Planeten.*

F(F): P'taah, ich kann nicht wirklich glauben, daß ich meine Realität erschaffe. Es gibt keinen Beweis dafür. Ich hätte zum Beispiel gerne, daß du in deinem eigenen Körper kommst und Jani hier teilnehmen kann, aber das geschieht nicht.

P'taah: Nein, das tut es nicht.

F: Wenn ich meine eigene Realität erschaffen würde, würde ich das manifestieren.

P'taah: Nun, Liebe. Wenn du wüßtest, wie man manifestiert, wenn du wüßtest, wie du das von dir wirklich Gewünschte manifestierst, befändest du dich gar nicht auf dieser Realitätsebene. Dann würdest du vielleicht kommen und mit uns inmitten der Sterne spielen und jeden Körper annehmen, den du dir wünschst, und dann würdest du vielleicht das, was ich bin, in allem erkennen, was du wahrnimmst.

F(M): P'taah, wenn sich eine Person in einer Situation befindet, die wir für ungünstig halten, heißt das, daß sie tatsächlich dieses Hungern oder welche Form des Leidens ihr eben begegnet, genießt?

P'taah: Wir verstehen genau, was du meinst. Die Tatsache, daß jedermann in absoluter Weise seine eigene Realität erschafft, läßt sich nur sehr schwer verstehen, wenn ihr seht, wie Babys verhungern, wenn ihr all dieses Morden und die Kriege und die Uneinigkeit und die Zerstörung der Wälder und so weiter auf eurem Planeten beobachtet. Ihr fragt euch, warum, wenn ihr in absoluter Weise eure Realität erschafft, irgend jemand sich für derartige Situationen entscheiden wollte. Ist es das, was du meinst?

F: Mir ist klar, daß sie sich dafür entscheiden, und denke deshalb, daß irgend etwas in ihnen sagen muß: «Ich genieße diese Erfahrung des Verhungerns, weil es das ist, was ich will, andernfalls hätte ich Nahrungsmittel in Hülle und Fülle.»

P'taah: Du mußt wissen, Geliebter, daß dies auf einer Ebene absolut korrekt ist. Aber schau, jede Person in diesem Raum hat erfahren, was es heißt, zu verhungern. Euer auf diese Gegenwart gerichtetes Wahrnehmungsvermögen – diese so überaus feine Fokussierung auf dieses Leben – läßt euch nicht wahrnehmen, was sich in euren anderen Leben und in anderen wahrscheinlichen Realitäten dieses Lebens abspielt. So wählt ihr in Abertausenden von Leben, wie ihr es ausdrücken würdet, das aus, was ihr zuvor noch nicht erlebt, nicht akzeptiert habt. In gewisser Weise haben also Menschen, die sich eine Existenz in einem Land der Hungersnot erschaffen, sich dies um der Erfahrung willen ausgesucht; und die, die sie sich gegenwärtig eine Existenz als Kinder auf dieser Realitätsebene in eurem Land erschaffen und dann in ihrer Kindheit sterben, haben dies ebenfalls gewählt. In einer eurer Kulturen war es früher so, daß eine Ehefrau, wenn ihr Mann starb, zusammen mit seiner sterblichen Hülle auf dem Scheiterhaufen verbrannt wurde. Wirklich sehr barbarisch, und ihr fragt euch, warum das irgend jemand tun sollte. Nun, ihr habt es getan. Ihr tut es noch.

F: Das heißt also zusammengefaßt, daß ich niemals behaupten kann, daß mir eine Situation, in der ich mich befinde, nicht erwünscht ist, weil ich nicht mit ihr konfrontiert wäre, wenn ich sie wirklich nicht wollte. So grauenhaft diese Situation auch sein mag...

P'taah: Du hast sie um der Erfahrung willen geschaffen.

F: Und wenn ich wirklich aus ihr herauskommen möchte, muß ich einfach ehrlich mit mir sein und ernsthaft sagen: «Das will ich nicht.»

P'taah: Lieber, es geht auch darum, daß du sagst: «Wie immer es auch sei, es ist in Ordnung.» Schau, allem liegt die Dichotomie, das große Paradoxon zugrunde. Es ist gut und schön, wenn du sagst: «Das will ich nicht.» Aber eine Veränderung bewirkst du, wenn du sagen kannst: «Ich verstehe, daß diese unharmonische Situation geschaffen wurde, damit ich die Perle der Weisheit im Innern erlangen kann.» Und wenn du dann diese unharmonische oder schmerzliche Situation bereitwillig annehmen kannst. Wenn du sagst: «Ich hasse es, und ich akzeptiere das nicht, und ich bin überaus wütend», erschaffst du Widerstand. Und *das Ding, dem du dich widersetzt, bleibt ganz gewiß bestehen,* denn durch deinen Widerstand gibst du ihm Energie. Wenn du es hingegen von ganzem Herzen annimmst, wirst du eine Veränderung bewirken. Das ist so ähnlich wie mit euren Banken: Sie geben euch problemlos ein großes Darlehen, wenn ihr Geld auf der Bank habt. Habt ihr kein Geld auf der Bank, geben sie euch auch kein Darlehen. Das ist das Paradoxon. Wenn ihr sagt: «Das ist nicht gut, und das ist gut», verurteilt ihr. Und indem ihr dem, was ihr verurteilt, Energie gebt, erschafft ihr es.

F: Aber dann ergibt sich die Frage, wann wir eigentlich eine Wahl treffen. Es hört sich fast so an, es brauchten wir nur alles zu akzeptieren. Wann kommt denn der Moment der Wahl ins Spiel?

P'taah: Geliebter, du triffst in jedem Moment des Jetzt die Wahl, wie du etwas betrachten möchtest. Da sagst du dir vielleicht: «Ich will mich dranmachen und das und das erschaffen», und plötzlich tritt der «Gott da oben» mit einem großen Hammer dazwischen und macht «bumm». Dann sagst du: «Oh, Scheiße, was ist denn jetzt mit meinem schönen Plan passiert? Was ist mit all dem wunderbaren Geld, mit dem ich gerechnet habe? Was habe ich getan, um diese Situation, die ich gar nicht will, zu erschaffen?» Und dann fragst du dich vielleicht: «Welche Glaubensvorstellung hat das hervorgebracht? Was muß ich hier bereitwillig annehmen? Was verurteile ich hier?» Und dann kannst du dich dafür entscheiden – und eine Entscheidung ist eine Wahl –, daß du es nicht annehmen willst. Du kannst dich dafür entscheiden, dich hinzustellen und Gott anzubrüllen: «Du Schwein, warum hast du mir das angetan? Das habe ich nicht verdient. Ich bin ein armes Opfer und tue mir sehr leid, aber wenn du das wieder in Ordnung bringst, vergeb ich dir.» Siehst du, es ist deine Wahl. Du kannst dich aber auch dafür entscheiden, die Verantwortung zu übernehmen, und wenn du dann alles angenommen und die Veränderung bewirkt hast, machst du den nächsten Schritt und erschaffst deinen nächsten Moment des Jetzt. Weißt du, Geliebter, du wirst wirklich sehr weise.

F(M): P'taah, um noch einmal auf das bereitwillige Annehmen zurückzukommen: Ich stelle oft fest, daß ich etwas akzeptiere, nur um es loszuwerden, und ich habe das Gefühl, daß das nicht der Sinn der Sache ist.

P'taah: Kein Entkommen, wie? Du hast völlig recht, es funktioniert nicht. Schaut, ihr Lieben, ihr könnt nicht eine Transmutation vornehmen, um dem Schmerz zu entfliehen. So geht das nicht. Es geht darum, wirklich auf das Selbst zu schauen, dem, was ihr hervorgebracht habt, euren Segen zu geben, und nicht zu versuchen, irgend etwas zu akzeptieren, was außerhalb dessen ist, was ihr seid. Ihr könnt euch an euren stillen Ort im Innern begeben und euch anschauen, wer ihr seid. Gebt ihm aufrichtig euren Segen; wißt, daß das, was ihr seid, tatsächlich ein Ausdruck des Göttlichen ist; versteht, daß ihr alle großartige Meister seid, die sich dafür entschieden haben, die Erfahrung dieser Realitätsdimension zu machen. Bedankt euch bei dem Wesen, das ihr seid, was euch die Möglichkeit gibt, es auch bereitwillig anzunehmen. Und damit wird in einer Erweiterung das Teil von euch, was ihr außerhalb eurer selbst erschaffen habt. So strebt ihr nicht eine Veränderung im Außen an, sondern die Veränderung im Innern dadurch, daß ihr es akzeptiert und anerkennt.

F(M): Kannst du uns etwas über die Bedeutung von Samstag, dem 11. Januar (1992) sagen?

P'taah: Sehr gut. Wißt ihr, es gibt nicht viele, die die Bedeutung dieser Zeit wirklich verstehen. Am wichtigsten ist, daß sich überall auf dem Planeten Menschen versammeln und Liebe und den Wunsch nach Harmonie und einer friedlich verlaufenden Veränderung aussenden. Und so hat es, selbst wenn es um nichts anderes ginge, seine Bedeutung, daß ihr dazu beitragen werdet, ein Netz der Liebe und des Lichts über euren Planeten zu spannen. Das ist die eine Geschichte, und wie immer gibt es viele Antworten. Nun werden wir ein bißchen weiter ausholen. Wir haben schon von der Bedeutung dieses Jahres innerhalb eures Zeit-Systems gesprochen. *Es finden künftig Veränderungen statt, die zu einem neuen Zeit-*

alter der Menschheit und, ja, zu einem neuen Zeitalter auf intergalaktischer Ebene führen werden. Dieses Jahr eurer Zeit ist das letzte in euren Zyklen. Was passiert, hat planetarische Bedeutung. Eure Erde ist nur ein Glied in dieser Kette von Geschehnissen im Kontext dieser Veränderungen. Man könnte sagen, daß ein Tor seinen Platz einnimmt, das der Kommunikation und der Liebe zugehört – das vieles, sehr vieles beinhaltet. Viele Dinge, die da geschehen, sind noch nicht ins Bewußtsein der Menschheit eingegangen. Über diese Zeit wird eine Menge erzählt, das nichts als fauler Zauber ist; und es wird viel über künftige Ereignisse gequatscht, einschließlich des Geredes von eintreffenden Raumschiffflotten, die euch von hier wegholen, während die Erde unter euren Füßen explodiert. In Wahrheit wird es nicht so sein. Wir schlagen euch für jenen Samstag vor, daß wir uns alle versammeln, zusammen mit euren und meinen Brüdern, die jenseits dieses Sternsystems existieren, und uns in dem tiefen Wunsch vereinen, daß sich der Übergang in Harmonie, in großer Freude und in der Erkenntnis des Gottes/der Göttin in einem jeden von euch vollziehen möge. Und so wird es auch ein vergnüglicher Tag werden.

F(M): Eine der Fragen, die heute abend gestellt wurden, betraf die Konfrontation mit problematischen Umständen. Könnte man, wenn jemand am Verhungern ist und sich fragt, warum ihm das alles widerfährt und wie er aus dieser Situation herauskommen kann, rechtens sagen: Solange man seine Energien auf das Denken an die eigenen Probleme konzentriert statt auf gute Dinge, so lange wird man diese Probleme auch haben?

P'taah: So ist es in der Tat. Wenn ihr euch auf das «Nicht-Haben» konzentriert, konzentriert ihr euch nicht auf das «Haben». Worauf immer ihr eure Energie richtet, das zieht ihr an. Wir verstehen, daß das eine sehr schwierige Sache ist, wenn ihr euch Tag und Nacht Sorgen macht, weil nicht genug Geld da ist oder weil die Beziehung mit dem Mann oder der Frau dauernde Herzensqual bereitet; oder wenn ihr euch Sorgen um eure Kinder oder um einen Verlust macht. Es fällt euch dann sehr schwer, zu sagen: «Der, der ich bin, ist ein Audruck des Göttlichen, und ich habe das alles erschaffen, um die Perle im Innern zu finden. Und ich bin am Verurteilen, ich bewerte das eine als gut und das andere als schlecht, das eine als richtig, das andere als falsch.« Wißt ihr, das starke Bemühen um Unparteilichkeit in diesem Sinne ist doch eine sehr subtile Angelegenheit. Das Verurteilen schleicht sich bei euch ein. Das ist so wie mit euren Glaubensstrukturen, von denen ihr gar nicht wißt, daß ihr sie habt. Ihr wart so lange Gefangene, ihr begreift nicht, was ihr da eigentlich anschaut und aus welcher Perspektive ihr es betrachtet. Es geht also nicht darum, daß ihr irgend etwas falsch macht, es IST nur einfach. Ihr erschafft es ganz einfach aus eurer eigenen göttlichen Machtvollkommenheit heraus. Aber ihr könnt zur Erkenntnis und Anerkennung dieser Göttlichkeit, des Nicht-Getrenntseins, eurer eigenen Macht, gelangen – und dann werdet ihr feststellen, daß das, was ihr als Problem betrachtet habt, sein Gesicht verändert. Wenn ihr euch nicht auf die Zerstörung und das Nicht-Haben konzentriert, könnt ihr eine Veränderung bewirken, ohne das anzuziehen, was ihr fürchtet. Verstehst du?

F: Ja. Die nächste Frage hat wahrscheinlich auch damit zu tun. Was kannst du mir über die beiden Gehirnhälften, die linke und die rechte, sagen? Ich habe gehört, daß die linke Seite die materialistisch ausgerichtete und die rechte die intuitive ist.

P'taah: So könnte man es ausdrücken. Manche würden auch sagen, daß die eine das Männliche und die andere das Weibliche repräsentiert. Die Brücke zwischen beiden ist ziemlich bröckelig. Man könnte sagen, daß die linke Gehirnhälfte in ihrer Funktionsweise männlich, strukturierend, logisch, dirigierend ist – sozusagen materialistisch. Die weibliche Energie, die rechte Gehirnhälfte, ist in ihrer Funktionsweise zulassend, nährend, empfänglich und intuitiv; es ist das Kreative in all euren Künsten, das, was ungehindert dem Herzen entspringt. Wenn ihr die weibliche Energie voranbringt und jede und jeder von euch die Göttin im eigenen Innern auferstehen läßt, aktiviert das die kristalline Struktur im Gehirn, wodurch es zur Harmonie gelangt, ins Gleichgewicht kommt.

F: Wie können wir dieses Gleichgewicht erreichen?

P'taah: Liebt das, was ihr seid, Geliebter. Ist das für dich einfach genug? Wisse, daß du ein Ausdruck des Göttlichen bist.

F: Aber das beantwortet meine Frage nicht.

P'taah: Geliebter, seit ihr zu diesen Abenden kommt, haben wir im Grunde über nichts anderes gesprochen als über das Gleichgewicht, über die Balance, darüber, wie ihr das werdet, was ihr seid. Und ihr seid vereinte männliche/weibliche Energie. All diese vielen Wochen habe ich euch nichts anderes erzählt.

F: Willst du damit sagen, daß ich begriffsstutzig bin?

P'taah: Lieber, ich will dir folgendes sagen: Du bist nicht anders als all die anderen, die mit den Ohren hören, aber nicht wirklich verstehen. Deshalb sind wir hier. Dies ist keine Kritik. Es braucht seine Zeit, um zur Erkenntnis zu gelangen; es dauert, bis die Zeit reif ist und der Funke im Herzen entfacht wird. Aber schau, Lieber, ich bin sehr geduldig. Ich komme so lange, bis ihr wirklich versteht.

F: Ja, ich verstehe das. Ist die Aussage richtig, daß die meisten Menschen zuviel Wert auf die Funktionen der linken Gehirnhälfte legen und die kreative Seite vernachlässigen?

P'taah: Ja, das ist, was wir sagten: daß die Menschheit seit Äonen eurer Zeit aus der männlichen Energie heraus agiert hat und daß es nun Zeit für die Auferstehung der Göttin ist, die man die rechte Gehirnhälfte nennt. Euer Gehirn ist nur der Computer, der durch die Energie seinen *Kraftantrieb* erhält. Mehr ist euer Gehirn nicht. Es ist nur ein Computer. Er funktioniert nur entsprechend den Vorgaben seines Betreibers. Ihr erschafft eure physische Verkörperung absolut entsprechend eurer Befindlichkeit. Wir sprachen vorhin über physisches Unwohl-Sein und daß ihr dieses physische Unwohl-Sein aus einem *emotionalen* Unwohl-Sein heraus erzeugt. Der innere Computer erhält seine Befähigung vom Ich deines Ichs. Du bist mehr als dein Gehirn, Lieber, du bist mehr als dein Körper. Du bist mehr als dein sogenanntes Ego, du bist mehr als dein Unterbewußtsein. Du bist in Wahrheit ein Ausdruck des Göttlichen. Wenn du weißt, daß das die Wahrheit ist, wird dein Computer, und auch der Rest deines Körpers, auf andere Weise funktionieren.

F: Heißt das, daß Frauen kreativ und Männer destruktiv sind?

P'taah: Das heißt es nicht. Denn euer weibliches Geschlecht hat ebenfalls aus der männlichen Energie heraus agiert. Doch gibt es in der morphogenetischen Resonanz der Frau etwas, das ihr ein leichteres Einschwingen auf die weibliche Energie ermöglicht. Das geht sogar so weit, daß sie, was ihren physischen Körper angeht, empfänglich und kreativ ist. Frauen befinden sich potentiell in bezug auf das, was sich außerhalb ihres physischen Körpers abspielt, stärker in Einklang mit ihrem Körper und ihrer Intuition. Aber wir wollen das unmißverständlich klarstellen: Der Ausgangspunkt der Frau ist in Wahrheit ebenfalls die männliche Energie. Eure ganze Ära, eure ganze Erde, ist gegenwärtig darauf eingestellt, und das gehört zu den Dingen, die sich mit dem neuen Zeitalter ändern werden. Das nennt man die Auferstehung der Göttin. Sie findet nicht nur in der Frau, sie findet auch im Mann statt.

Ihr Lieben, das reicht für heute. Ich liebe euch. Guten Abend.

FÜNFTE ÜBERMITTLUNG
15. Januar 1992

P'taah: Wie geht es euch allen heute abend?
(Nach entsprechenden Antworten von seiten der Zuhörerschaft fährt P'taah fort.)
P'taah: Wirklich, ihr seht alle außerordentlich schön aus. *(P'taah macht sich wie üblich mit jedem Gesicht vertraut. Ein Herr begrüßt ihn mit dem alten Gruß aus dem Sanskrit.)*
F: *Namaste**, P'taah.
P'taah: *Namaste*, Lieber. So ist es, wir ehren den Gott deines Seins.
Nun, habt ihr irgendwelche wundervollen Fragen auf Lager?

F(M): Könntest du um meinetwillen und für all die, die sich in derselben Lage befinden, etwas zu einem besseren oder perfekten Sehvermögen sagen? Aus irgendeinem Grund verliere oder zerbreche ich dauernd meine Brillen. Ich denke, das beinhaltet die Botschaft an mich, daß ich mein Sehvermögen ohne Brille verbessern sollte.

P'taah: Nun, das ist kein Zufall, und das weißt du genau. Was das Sehvermögen angeht, so ist euch klar, daß die Menschen in eurer Kultur ihre Informationen darüber, wie ihr Sehvermögen beschaffen sein sollte, aus dem kollektiven Bewußtsein beziehen. Doch ist es selbstverständlich so, daß eine Beeinträchtigung der Sehkraft ihren Anfang im Innern nimmt. Wenn du also besser zu sehen wünschst, läßt sich das machen, Lieber, aber du sollst das, was man eine Sehschwäche nennt, nicht verurteilen. Wenn du sie zu etwas machst, das «nicht gut», das «schlecht» ist, konzentrierst du dich auf die beeinträchtigte Sehkraft. Es ist absolut in Ordnung, wenn dein Sehvermögen vermindert ist. Wenn du aber anerkennst, daß das in Ordnung ist, und du dann wirklich eine Veränderung wünschst, kannst du sie herbeiführen. Allerdings

* *Namaste* bedeutet übersetzt: «Der Gott in mir ehrt den Gott in dir.»

mußt du diese Absicht auch bekunden, und das Zerbrechen der Brillengläser bezeugt eine solche Absicht; jetzt kannst du mit einem Augentraining beginnen, wobei du wissen mußt, daß du im Grunde nicht mit der Organmechanik des Auges siehst. Es gibt ein größeres Sehen. Wie, glaubst du, können blinde Menschen sehen? Sie können es tatsächlich. Verstehst du, was ich meine? Du äußerst also den Wunsch und bezeugst deine Absicht, indem du zum Beispiel ein physisches Augentraining kreierst. Du könntest viele Abenteuer auf dem Weg zur Korrektur deiner physischen Sehkraft erleben. Doch, Lieber, diese Korrektur erfolgt nicht wirklich durch das physische Organ namens Auge. Es geht um die Offenheit des Sehens. Öffne das Herz, um zu sehen. Öffne das innere Auge. Es ist eine sehr trickreiche Angelegenheit.

F: So muß es aber nicht sein, oder?

P'taah: Nein. Wir sagen das nur, um dich an die Multidimensionalität des Ganzen zu erinnern. In Ordnung?

F(M): Ich grüße dich, P'taah. Ich frage mich, ob all die Menschen, die es hier zu uns zieht, zur Familie gehören? Nun, ich weiß, daß wir alle eine Familie sind, aber haben wir alle etwas mit den Pleiadiern gemeinsam?

P'taah: Aber natürlich, sonst wärt ihr nicht hier.

F: Die Erdenwesen kommen von verschiedenen Orten?

P'taah: So ist es. Aus verschiedenen Sternsystemen, aber letztlich entstammt natürlich alles derselben Quelle. Gewiß gibt es gegenwärtig, in eurer Zeit, unterschiedliche Energien, die sozusagen verschiedenen Sternsystemen angehören. Diejenigen, die von unseren Zusammenkünften und von anderen Versammlungen pleiadischer Energie angezogen werden, werden von einer Wesens-Resonanz angezogen. Sie gehören zur pleiadischen Familie. Das ist ganz gewiß so.

F: Beinhaltet das auch, daß wir Teil der Wal- und Delphin-Familie sind?

P'taah: In der Tat. Die Menschheit insgesamt ist Teil der *Cetacea*. Die *Cetacea* befinden sich auch in Resonanz mit anderen Sternsystemen.

F(M): P'taah, ist eines dieser anderen Sternsysteme Sirius B?

P'taah: In der Tat.

F: Sie bilden andere Gruppierungen, als wir es sind?

P'taah: So ist es. Das heißt nicht, daß keine Harmonie besteht.

F: Das verstehe ich. Findet bei den Sternenwesen des Sirius ebenfalls eine Bewußtseinserweiterung statt? Gibt es dem Sirius-Bewußtsein angehörige Wesen, die sich auf dieser Erde inkarniert haben?

P'taah: Ja, aber wenn du zum Beispiel mit Menschen beisammen bist, die in der Resonanz eines anderen Sternsystems schwingen, heißt das nicht, daß ihr nicht harmonieren könnt. Wie wir schon sagten, ist letztlich alles dasselbe. Aber wir sprechen hier von diesem Ort, von dieser Zeit. Es gibt zum Beispiel viele Menschen, die von den Zusammenkünften hier an diesem Ort gehört haben und sich vielleicht davon angezogen fühlen, aber aus dem einen oder anderen Grund doch nicht hierherkommen. Das ist nicht unbedingt ihre bewußte Entscheidung, und das ist in Ordnung, Geliebte. Vergeßt nicht, daß alles seine eigene Zeit, seine eigene Gültigkeit hat; und meint nicht, daß, wenn ihr euch in Resonanz mit dem befindet, worüber wir sprechen, andere Menschen, die anders denken als ihr, nicht ebenso ihre Gültigkeit haben, denn die haben sie.

F(F): Ich habe gehört und gelesen, daß dies das letzte Stadium des Antichrists ist. Was bedeutet das?

P'taah: Liebe, das ist nur ein Name, dem du unter Umständen Energie verleihst. Wenn wir zu euch vom Christus-Bewußtsein sprechen, benutzen wir diesen Ausdruck, weil er in eurer Kultur eine Bedeutung hat. Wir könnten auch von positiver/negativer Energie sprechen. Mit Christus-Bewußtsein meinen wir das Bewußtsein, das beide Polaritäten akzeptiert und einbezieht. Eure Welt, euer Universum besteht aus positiver/negativer Polarität, und damit verbindet sich keine Wertung. Wenn wir von positiv/negativ sprechen, reden wir nicht von richtig und falsch, gut und schlecht. Es handelt sich ganz einfach um das ISTSEIN von positiv/negativ, wie zum Beispiel bei eurer Elektrizität. Dies gilt jedoch für alles. Wenn wir vom Christus-Bewußtsein sprechen, meinen wir jenes zulassende Bewußtsein, das der negativ gepolten

Energie, der weiblichen Energie, zugehört. Die Göttin-Energie steigt auf, damit es zu einem Annehmen der Polaritäten kommt. Nun, in diesen Tagen gewinnt sie in bezug auf die Veränderungen, von denen wir so oft gesprochen haben, an Schwungkraft. Es findet eine Steigerung, eine Zunahme der Energien beider Polaritäten statt: der, die ihr als positiv, und der, die ihr als negativ bewertet. Und so kann es sehr wohl sein, daß ihr eine Erweiterung des Bewußtseins beobachtet, eine wunderbare Harmonie innerhalb von Menschengruppen, herzerwärmende globale Ereignisse, bei denen Menschen zum höchsten Wohl der ganzen Menschheit zusammenkommen, und daß ihr dann den Fernseher einschaltet und Dinge seht, die euch das Blut in den Adern gefrieren lassen: Krieg, internationale Vorfälle, die darauf hindeuten, daß die Dinge nicht zum besten stehen, daß sich die einander bekriegenden Parteien mehren, die Zerstörung immer weiter um sich greift und daß in der Tat in Kürze ein unbeschreibliches Chaos auszubrechen droht. Nun, das ist es, was man als die Auferstehung des Antichrist bezeichnen könnte. Deshalb haben wir euch gesagt, daß ihr, wenn ihr diese Dinge beobachtet, *wissen* sollt, daß sie nur ein Anzeichen für das Zunehmen der Christus-Polarität sind. Es ist also nicht etwas, was ihr als negativ verurteilen solltet. Es handelt sich vielmehr um eine Steigerung, an deren Gipfelpunkt ein Akzeptieren beider Polaritäten stattfinden kann. Ihr müßt wissen, daß euch jede von euch beobachtete und verurteilte Situation in Wirklichkeit die Gelegenheit des Annehmens bietet; ein Annehmen im Wissen darum, daß ihr, wenn ihr nicht verurteilt und möglichst das Un-Liebenswerte liebt, die von euch erwünschte Veränderung bewirkt, so, wie ihr sie euch auf diesem Planeten und auf dieser Realitätsebene ersehnt. Ihr könnt also, wenn ihr euch das anschaut, was andere Menschen als entsetzliche Zustände betrachten, diesen sagen, daß sie diese grauenhaften Umstände als Hinweis darauf werten sollen, wie sehr ihr euch auf die vierte Dichte zubewegt.

F: Das ist mir letzte Nacht passiert, als ich die Nachrichten einschaltete. Ich mußte schließlich wieder ausschalten, weil alles so katastrophal war.

P'taah: Aber ja. Es ist nicht nötig, sich auf die Katastrophe zu konzentrieren. Ihr müßt wissen, daß die Schwingungsfrequenz der Katastrophen, die sich über eure Ätherwellen verbreitet, in der Luft mitschwingt, die ihr atmet. Macht euch bewußt, daß ihr euch nicht darauf konzentrieren, daß ihr ihr keine Energie geben wollt.

F(M): P'taah, daraus folgt, daß jedes Individuum früher oder später für seinen eigenen Übergang verantwortlich ist.

P'taah: Absolut, Geliebter.

F: So ist der Beweggrund der, das Individuum zu aktivieren und dahin zu bringen, daß es in sich selbst zum Gleichgewicht findet.

P'taah: Darum sind wir hier, Geliebter. Das ist die Erinnerung, die wir in euch zu wecken versuchen. Die Erinnerung, daß es nur euch gibt und daß ihr, wenn ihr die Veränderung in eurem Innern bewirkt, die Veränderung auf planetarischer Ebene erschafft; daß jeder von euch für sich genommen die Macht hat, die Welt zu verändern.

F: Das heißt, die Welt zu verändern, so, wie sie im eigenen Selbst existiert?

P'taah: Lieber, es gibt nichts außerhalb von dir außer einer Widerspiegelung dessen, was du bist.

F(F): P'taah, dieser Tage benutze ich häufig das Fahrrad, und kürzlich stellte ich fest, daß mir sehr unwohl ist, wenn ich es abschließe. Tatsächlich habe ich sogar den Schlüssel vom Fahrradschloß verloren. Der Grund für mein Unbehagen ist der, daß ich, wenn ich das Fahrrad ankette, zu meinen Mitmenschen zu sagen scheine: «Schaut, ich habe Angst, daß ihr mir das Fahrrad wegnehmt.» Und das empfinde ich als falsch.

P'taah: Liebe, es ist nicht falsch – es ist nur unnötig.

F: Mein Herz sagt mir, daß ich es nicht abschließen sollte, und mein Verstand hört auf die Zeitungen, die über die vielen Diebe berichten. Bin ich nun töricht, weil ich meinem Verstand folge? Es ist eine komplizierte Situation, weil mir, wenn ich kein Vertrauen habe, mein Fahrrad gestohlen wird.

P'taah: Aber du kennst die Antwort, Liebe. Warum fragst du?

F: Weil ich in dieser Sache von dir Bestätigung brauche.

P'taah: Sehr gut. Es ist nicht kompliziert. Du weißt, daß das, was man absolutes Vertrauen ins Universum nennt, vom Verstand als absoluter Wahnsinn bezeichnet wird. Wem vertraust du, dem Herzen oder dem Verstand?

F: Dem Herzen.

P'taah: So ist es.

F(F): P'taah, neulich sah ich dich bei einer Zusammenkunft in einen rosafarbenen Schein eingehüllt. Ich habe vorher noch nie Menschen von Farben umgeben gesehen. Entwickeln wir die Fähigkeit, diese Farben zu sehen?

P'taah: In der Tat. Und wenn du es zuläßt, wirst du immer mehr sehen. Wenn du dich in einer stark energetisch aufgeladenen Situation befindest, wenn dein Herz sehr offen ist, aktiviert die Energie das innere Auge, und du kannst unter Umständen die Energien und Farben sehen. Die Farben verändern sich, und mit zunehmend geschärftem Wahrnehmungsvermögen wirst du die Farbfluktuationen im Umfeld eines Menschen beobachten und allein durch die Interpretation dieser Farben vieles über ihn erfahren können. Es ist in Ordnung, wenn ihr die Farben nicht seht. In den letzten Jahren gab es viel Gerede über die Fähigkeit, das Aurafeld sehen zu können, und Menschen, die es nicht können, fühlen sich als komplette Versager. Doch das ist verkehrt. Es gibt Zeiten, in denen ihr es sehen könnt, und solche, in denen ihr es verzweifelt versucht, aber gar nichts seht. Es ist alles eine Sache des Zulassens.

F: Die Farben stehen für verschiedene Chakras? Rosa für die Liebe?

P'taah: Du könntest in der Tat sagen, daß Rosa eine Emanation der Liebe ist, aber es ist nicht die einzige Farbe der Liebe. Es geht um ein Gefühl. Das Ganze ist sehr viel subtiler als die Feststellung, daß diese Farbe dieses und jene Farbe jenes bedeutet. Die Gefühle und die Dichte der Emotionen verändern sich, und damit auch die Farben.

F: Es ist also die Schattierung?

P'taah: Ja, aber es kann auch sein, daß du ein herrliches Grün siehst, das auch die Farbe des Herzens ist. Und dann sind da die Farben der wunderschönen Gewässer an diesem Ort, die prachtvollen Blau- und Grüntöne, die sich in unterschiedlichen und wandelnden Maßen mischen und verändern. Es ist nicht so, daß eine bestimmte Farbe nur eine spezifische Bedeutung hat.

(Eine andere Dame stellt eine weitere Frage zum Thema Farben.)

F: P'taah, stellen Farben eine Erweiterung des Körpers dar?

P'taah: So ist es. Nicht des physischen Körpers, sondern des Licht-Körpers.

F: Ist Hitze dasselbe wie Licht oder eine niedrigere Form von Licht?

P'taah: Sie gehört einem anderen Spektrum an, wie ihr es nennen würdet. Die Farbe gehört demselben Spektrum an wie der Ton. Ihr könnt sagen, daß jeder Ton eine Farbe hat und jede Farbe einen Ton. Es gibt Menschen auf eurem Planeten, die eine Blume berühren und, ohne sie anzuschauen, ihren Ton hören können und damit wissen, welche Farbe sie hat.

F: Worte haben Töne, dann müssen sie auch Farben haben.

P'taah: So ist es.

F: Läßt sich daraus eine Bedeutung ableiten?

P'taah: Ja, aber wenn du dich auf die Worte der Menschen beziehst, dann ist es so, daß sie zudem durch Emotionen gefärbt werden.

F: Wenn ich also manchmal nicht verstehe, was eine Person sagt, dann sollte ich auf den Ton hören?

P'taah: Ja, du könntest auf den Ton und auf die Farbe hören, und du könntest die Farbe fühlen. Du mußt die Farbe nicht unbedingt mit dem physischen Auge sehen. Sie ist mit einem Gefühl verbunden. Eine Person, die taub ist, könnte eine Emotion nach deren Schwingung beurteilen, die mit dem Ton nichts zu tun hat. Schaut, ihr Lieben, ihr habt mehr als nur die sogenannten fünf Sinne, und wenn ihr von außersinnlicher Wahrnehmung redet, beschränkt ihr diese oft auf sehr kleine Schubladen, aber sie beinhaltet mehr. In dem Maße, wie ihr über ein umfassenderes Bewußtsein verfügt, werden eure Sinne immer sensibler, und ihr fühlt, was sich um euch herum ereignet. Es ist nur eine Sache des Offenseins, des Zulassens, des Hörens mit dem Herzen.

F(M): P'taah, ich befinde mich in einem Konflikt: Ich habe das Gefühl, daß ich irgendwie wählen muß; daß ich mich entscheiden muß, ob ich mich meiner spirituellen Entwicklung widme oder aber dem folgen soll, was mein Herz sich wünscht, und das ist Reichtum. Nun, irgendwie ist da der Glaube, daß man zuerst nach dem Reich Gottes streben soll und daß dann der Reichtum schon kommen wird.

P'taah: Lieber, du befindest dich bereits im Reich Gottes. Du bist Gott. Die sogenannte spirituelle Entwicklung findet in jedem Augenblick deines Tages statt, *was immer* du auch tust. Es ist nicht nötig, daß du dem Leben entsagst, um der nächste Christus zu werden. Du kannst deinen Geschäften, wie du es nennst, nachgehen, und jeder Moment deines Geschäftslebens bietet dir eine Gelegenheit zur Erweiterung deines Bewußtseins. Es geht nicht darum, daß du dieses *oder* jenes tust.

F: Schau, ich habe in einem Buch − in einem sehr guten Buch mit dem Titel *God I Am* − etwas über Menschen in dieser Welt gelesen, die sich ausschließlich damit beschäftigen, Geld zu scheffeln, und dies als ihren höchsten und einzigen Lebenszweck ansehen; das vermittelte mir das Gefühl, daß es einen in seiner Entwicklung behindert, wenn man nur aufs Geldverdienen aus ist.

P'taah: Lieber, in diesem Buch steht nirgends, daß am Geldverdienen etwas falsch ist.

F: Das stimmt.

P'taah: Nicht wahr? Nun, laßt uns das unmißverständlich klarstellen.

Es gibt auch eine weitverbreitete Denkrichtung unter den sogenannten «spirituellen Menschen», derzufolge Geld etwas «Ungutes» ist und Menschen, die Geld haben, unmöglich spirituell sein können. Nun, Lieber, das nennt man Unsinn. Das nennt man «Armutsdenken». Also laß dich drauf ein. Wenn es dein Herzenswunsch ist, das Spiel zu spielen, das da «Geld machen» heißt, dann tu's.

(Der Mann setzt scherzhaft hinzu:)

F: Also kann ich einen Porsche haben?

(P'taah spielt mit und antwortet:)

Aber natürlich kannst du. Aber du könntest mich mal zu einer Ausflugsfahrt mitnehmen.

F: Gut, versprochen.

P'taah: Und unsere Frau auch, wie? Nur, daß sie dann ans Steuer will.

F: Ah, das muß ich mir noch überlegen.

P'taah: Oh, sie fährt ganz gut, ich bin Zeuge. Nun, wir ziehen euch manchmal wegen eures «Sturmangriffs» auf die Erleuchtung auf. Wir möchten euch daran erinnern, daß die Erleuchtung nicht durch angestrengtes Bemühen erlangt wird, sondern durch Zulassen. Und an die von euch gerichtet, die so sehr mit ihrem intellektuellen Streben nach Spiritualität beschäftigt sind: Das ist alles sehr gut, das hat alles seine Gültigkeit, aber es ist nicht der Weg zur Erleuchtung. Spiritualität heißt Leben. *Es heißt Spielen.* Es heißt das Lachen in eurem Wesen sprudeln lassen.

F: Das klingt wundervoll.

P'taah: Das ist es. Und, wißt ihr, im Grunde habt ihr keine Ahnung, was das, wonach ihr so verzweifelt strebt, eigentlich ist. Viele von euch meinen, daß, wenn ihr erst einmal erleuchtete Wesen seid, das die Vollkommenheit, die Vollendung, das Ende bedeutet. Das ist es nicht. Es gibt kein Ende. Ihr seid jetzt, in diesem Moment, vollkommen. *Ihr existiert in der ganzen Fülle eurer eigenen Göttlichkeit, ohne eine Zukunft.* Es gibt nur das Jetzt. Wenn ihr also nicht wißt, was ihr tun sollt, dann sagen wir euch: Es gibt kein «ihr solltet», es gibt nur das, was das Herz zum Singen bringt, so daß jeder Moment in seiner ganzen Fülle existieren kann, und aus dieser Fülle entsteht der nächste Moment des Jetzt in seiner ganzen Fülle.

F(F): P'taah, ich habe nur eine Frage: Wie überwinde ich die Angst?

P'taah: Liebe sie.

F: Das läßt sich leicht sagen, aber es fällt mir sehr schwer, es zu verstehen.

P'taah: In der Tat. Weißt du, Liebe, wenn jeder Mensch wirklich verstehen könnte, was wir sagen, gäbe es zu diesem Zeitpunkt in Australien und auf der ganzen Welt viele Tausende erleuchtete Wesen. Schau, Angst ist nur eine Polarität. Was ist deiner Meinung nach die Polarität von Angst?

F: Friede.

P'taah: Nein. Man nennt sie Liebe. In eurem gesamten Universum gibt es nur zwei Ausdrucksformen. Das, was Angst ist, und das, was Liebe ist. Nun, jedermann wird von Angst getrieben. Vielleicht nicht die ganze Zeit. Die Angst ist etwas sehr Subtiles. Sie läuft unter jeglichem Namen, der nicht Liebe ist. Aber wißt ihr, das hat seine Gültigkeit. Sie ist auch ein göttlicher Aspekt eures Wesens, sonst gäbe es sie nicht. Versteht ihr das? Nun, die Angst ist nur als Gelegenheit für euch da, sie zuzulassen und zu akzeptieren, euch in sie hineinzubegeben, sie zu erfahren, sie zu lieben als Gelegenheit, sie in Liebe, in Ekstase umzuwandeln. Wenn ihr zulaßt, daß euer Wesen von diesem Wissen durchdrungen wird, könnt ihr aus der Angst hervortreten, in die Angst hinein. *Sie wird nie «weggehen», solange ihr sie für gegenstandslos erklärt, solange ihr vor ihr davonrennt, solange ihr sie zu verdrängen, zu unterdrücken versucht.* Solange ihr den verzweifelten Versuch unternehmt, sie zu verändern, rückt ihr sie in den Brennpunkt eurer Aufmerksamkeit. Ihr füttert sie gewissermaßen. Versteht ihr? Und so könnt ihr euch jedesmal, wenn ihr ein Flattern im Bauch verspürt, das heißt Angst, vorstellen, daß diese Angst in Wirklichkeit euer inneres Kind ist, das Baby, das ihr wart, hm? Und ihr könnt das Kind aufheben und umarmen. Es kennenlernen. Ihr könnt dem Kind erzählen, daß ihr da seid, um euch um es zu kümmern, es zu lieben; daß ihr niemals zulaßt, daß ihm Schaden zugefügt wird. Versteht ihr? Und so wird das verängstigte innere Kind aufhören, verängstigt zu sein.

F: Ich danke dir.

P'taah: Alles in Ordnung, Liebe? *(Sehr sanft und zärtlich.)* Ja doch.

Sehr gut, wir machen nun eine Pause. *(P'taah läßt seinen Blick über die Zuhörerschaft schweifen.)* Sehr gut, ihr Lieben, wirklich sehr gut. Wir bitten euch nun, im Innern Stille zu erschaffen, während wir den Übergang vollenden. Wir danken euch.

(Nach der Pause.)

P'taah: So, ihr Lieben, laßt uns fortfahren.

F(M): P'taah, wir haben alle die positive Auswirkung der Meditationen gespürt, durch die du uns letzte Woche geleitet hast. Wäre es möglich, daß du das noch einmal für uns machst?

P'taah: Ja doch, Lieber. Wir haben schon gesagt, daß wir in diesem Jahr ab und zu den daran interessierten Leuten die Möglichkeit bieten werden, zu einer ausgedehnten Meditation zusammenzukommen. Doch was diese Abende angeht *(die regelmäßigen Zusammenkünfte am Mittwoch)*, so geben wir euch da die Gelegenheit, zu einem intellektuellen Verständnis zu gelangen, das die Erinnerung und das Wissen im Herzen aktiviert; und es sollen auch die Menschen, die zuvor noch nicht bei uns waren, die Gelegenheit erhalten, Antworten auf ihre Fragen zu bekommen.

F: Würde, wenn uns Zähne oder ein amputiertes Glied wieder nachwachsen sollten, das im Zündungsmoment zwischen Zirbeldrüse und Hirnanhangdrüse geschehen?

P'taah: Tatsächlich geschieht es durch die in der Verbindung von Zirbeldrüse und Hirnanhangdrüse aktivierten kristallinen Eigenschaften, und dann ist es zudem auch eine Sache des Herzens. Denn die Veränderung eures Herzens bewirkt die Veränderung in eurer DNS. Doch, weißt du, eigentlich gibt es nur eine Antwort, und die heißt: *«Liebe den, der du bist.»* Und schau, Geliebter, ich könnte dich jeden Tag eures Jahres durch eine Meditation führen, aber in Wirklichkeit kann keiner außer dir selbst zum Annehmen der Angst und zur Anerkennung deiner selbst gelangen. Ich kann dich vielleicht unterstützen, aber du bist derjenige, der die Realität erschafft.

F *(ein sehr junges Mädchen)*: P'taah, ist die Visualisationsübung, die wir am Samstag gemacht haben, eine Methode zur Projizierung des Bewußtseins?

P'taah: So ist es.

F: Alles in allem habe ich in etwa verstanden, daß wir, wenn wir in unserer geistigen Vorstellung Bilder erschaffen, nur Spiegelungen unseres Selbst projizieren.

P'taah: Sicher ist es so. Das ist ganz richtig, aber es beinhaltet noch mehr, denn wenn du, so wie am Samstag, eine Spiegelung deiner selbst projizierst, läßt du auch eine Erweiterung in deinem Innern zu. Nun, das ist mit dem Herstellen des Gleichgewichts im Innern des Körpers vergleichbar, und wir sprechen nicht nur vom physischen Körper, sondern von einem Gleichgewicht im Innern und im Außen, wodurch du eine Ausdehnung schaffst und mehr aufnehmen kannst. Wenn es in deiner Wahrnehmung zwischen dem, was sich im Innen und im Außen befindet, keinen Unterschied mehr gibt, ist das die Wirklichkeit. Und damit hast du dann deine Existenzebene verändert. Es funktioniert also auf multidimensionalen Ebenen, und du kannst das ohne mich tun.

F: Das ist mir klar.

P'taah: Du kannst dich also aufmachen und viele Abenteuer der verschiedensten Art erleben. Geh auf Erkundungsreise. Erforsche die Realität, die du als außerhalb von dir existierend wahrnimmst, und auch die Realität in deinem Innern. Du kannst auch eine Erkundungsreise durch deinen Körper machen, das ist immer eine gute Sache.

F: Direkt in meine Zellen. Und in jeder Zelle befindet sich ein Universum.

P'taah: Genau. Und dann gelangst du zu einem multidimensionalen Wissen über die Universen, hm?

F: Danke, P'taah.

F(F): Kannst du mir etwas über die Beziehung auf spiritueller Ebene zwischen dem Tierreich und der Menschheit sagen, und was mit den Tieren geschieht? Begeben sie sich nach dem Tod irgendwohin?

P'taah: Was ihr als dem Tierreich zugehörig anseht, ist das, was ihr als Bewußtsein der zweiten Dichte bezeichnen könntet. Das, was ihr ein Tier nennt, besitzt ganz gewiß eine Existenz außerhalb der Physikalität. Sein Bewußtsein unterscheidet sich von der menschlichen Seelenenergie, doch es soll auch gesagt sein, daß die menschliche Seelenenergie Fragmente ihrer selbst im Reich der Tiere, Pflanzen oder Minerale erfahren kann. Wir sprechen hier von der umfassenderen Seelenenergie, von euch in eurer erweiterten Form. Und was die Verbindung angeht, geliebte Frau, so gibt es nichts, womit du nicht verbunden bist. Ihr seid wahrhaftig Teil von allem, was ihr erblickt. Es gibt kein Molekül, von dem du keine Kenntnis hättest, und alles, was du als außerhalb von dir existierend wahrnimmst, ist dasselbe wie du: ein Spiegelbild des Göttlichen.

F: Und inkarnieren sie sich wieder?

P'taah: Nicht eigentlich auf dieselbe Weise, aber, weißt du, das, was man ein Haustier nennt, eines dieser Tiere, die ihr so sehr liebt, ist in der Tat ein großartiges Spiegelbild. Es ist Teil von euch. Ihr habt euch gegenseitig erschaffen, und es gibt keine Trennung, Geliebte. Wenn ihr jemanden liebt oder wenn ihr ein Tier oder auch eine Blüte sehr liebt – gehen sie nie verloren. Diese Verbindung besteht in alle Ewigkeit weiter.

F: Ich danke dir, P'taah.

F(F): P'taah, kannst du mir etwas zur Verwendung von Kristallen sagen?

P'taah: Nun, man könnte sagen, sie sind ein Werkzeug, ein Instrument beim Umgang mit Energie. Ein Kristall ist ein Verstärker und Fokussierer, und ihr könnt ihn, wie die Kristalle in euren Maschinen, in eurer Technologie, darauf programmieren, daß er Informationen speichert und freigibt. Ihr könnt die Kristalle in jedem Fall zur Verstärkung von Energie benutzen. Wir möchten aber hinzufügen, daß ihre Verwendung in dem Zusammenhang, von dem du sprichst, nicht wirklich notwendig ist, obschon sie ein sehr machtvolles Hilfsmittel sein können. Das sagen wir nur aus einem einzigen Grund, ihr Lieben, nämlich deshalb, weil wir nicht möchten, daß die Menschen ihre Macht abgeben. In der künftigen Technologie werden Kristalle eine sehr wichtige Rolle spielen, wie sie es heute schon beispielsweise in eurer Computertechnologie tun. Was aber ihre Verwendung beim Heilen und dergleichen angeht, könnt ihr dasselbe Resultat erzielen, wenn ihr euch des in eurem Schädel befindlichen Computers bedient, der von euren Gedanken und Emotionen gespeist wird, nicht wahr? Wir wollen den Gebrauch von Kristallen keinesfalls schlechtmachen. Hinsichtlich ihrer Verwendungsmöglichkeiten werden noch ganz wunderbare Entdeckungen gemacht werden. Es gibt viele, viele «Aufsichtsratmitglieder», wie wir sie nennen *(andere gechannelte Energien)*, die mit den Menschen sprechen und ihnen sehr spezifische Informationen über die Verwendung von Kristallen übermitteln und auch Bauanleitungen für bestimmte Apparaturen geben, die in den neuen Technologien als Verstärker eingesetzt werden können. Wir konzentrieren uns jedoch gegenwärtig darauf, wie ihr eure eigene Macht einsetzen könnt, weil ihr Menschen darauf programmiert worden seid, alles zu nutzen außer eurem Herzen. Ihr habt vergessen, wie machtvoll dieser Computer ist, den ihr da in eurem Schädel habt, und ihr habt auch vergessen, *was Macht eigentlich ist.* Und so sind die Leute wie besessen hinter diesen Informationen her. Ihr könnt euch auf die Suche machen und sie finden, aber wir sagen euch: Nichts ist wichtiger, als daß ihr versteht, wer ihr seid; *daß ihr versteht, daß eure größte Macht in der Liebe zum SELBST besteht;* daß ihr wißt, daß ihr wirklich ein Ausdruck des Göttlichen seid; daß ihr wißt, daß eure ganze Welt tatsächlich durch das Bewerten und Urteilen geschaffen wird und ihr etwas völlig anderes erschaffen könnt. Wenn ihr dieses wunderbare andere durch Akzeptanz, durch Sein, durch die Liebe zum SELBST erschaffen habt, wird alles, werden *alle* diese Dinge für euch an ihren Platz fallen, und ihr werdet keinen Kristall brauchen, um einen ganz neuen Körper zu erschaffen, wenn es das ist, was ihr wollt. Verstehst du?

F: Ja, ich verstehe jetzt, danke. Ich war mir bislang unsicher, weil soviel darüber erzählt wird.

P'taah: In der Tat. Vieles, was ihr darüber lest, hat absolut seine Gültigkeit. Aber seid euch darüber im klaren, daß vieles davon den «Märchen» zuzurechnen ist.

F(M): P'taah, wenn man Geschäftsmann ist und sich mit dem Universum in Übereinstimmung befindet, gibt es doch nur noch Gewinner, oder?

P'taah: Absolut, Lieber. Wenn du an Geschäfte denkst, dann geht es dabei doch hauptsächlich um Gewinn und Verlust, nicht wahr? Nun, weißt du, in diesem wunderbaren Universum der Fülle *braucht es den Verlust nicht zu geben.* Euer Universum hat reichlich für alle Menschen, *alle Wesen.* Wenn du weißt, daß du die Fülle haben kannst, ganz gleich, was du dir wünschst, erkennst du, daß du nichts brauchst. Und wenn du das verstehst, kannst du die Fülle erschaffen und dir in jedem Augenblick, bei jeder Transaktion, bewußt sein, daß du damit das SELBST ehrst; du weißt, daß du erschaffen kannst, was immer du willst – *ohne dringendes Bedürfnis und ohne Verzweiflung –,* und damit stellst du eine Situation her, in der es nur Gewinner gibt.

F: Das klingt wundervoll, danke.

P'taah: Es ist wirklich wundervoll, betrachte also ein Geschäft nicht als eine Sache von Gewinn und Verlust. *Sieh es immer als wunderbaren Gewinn für alle an.*

F: Danke. Könntest du mir bitte den Unterschied zwischen der Licht-Familie und der Weißen Bruderschaft erklären? Besteht da ein Unterschied, oder sind sie dasselbe?

P'taah: Nun, da besteht vielleicht ein Unterschied im Bewußtsein der Menschen. Die sogenannte Licht-Familie oder Weiße Bruderschaft steht auf der Seite von Erweiterung und Friede und Liebe und Harmonie. Mit anderen Worten, sie ist das Gegenteil, die Polarität, von dem, was ihr die Illuminaten* nennt.

F: Wer und was sind die Illuminaten?

P'taah: Es sind die Macht-Makler eures Planeten, und nicht nur eures Planeten. Es sind die Leute, die alle die versklaven wollen, die sich versklaven lassen, aber das ist alles eine Sache der Wahl. Ihr braucht euch nicht versklaven zu lassen. Ihr braucht euch nicht darauf einzulassen. Wenn ihr das SELBST achtet und ehrt, wenn ihr *alle* Dinge ehren könnt, wenn ihr euch in Unabhängigkeit und Freiheit befindet, im freien Reich des SELBST, dann laßt ihr Unabhängigkeit und Freiheit für alle zu, für alle Menschen, für alle Geschöpfe; und wie könntet ihr versklavt werden, wenn ihr nicht bedürftig und verzweifelt seid, da ihr wißt, wer ihr seid, und wißt, daß ihr ein Ausdruck des Göttlichen seid? Und ihr müßt begreifen, ihr Lieben, daß die, die die Menschen versklaven wollen, in Angst vor der eigenen Versklavung leben. Es ist nur eine Angst wie jede andere.

F: Ich habe gehört, daß Wesen der Licht-Familie heruntergekommen sind, um beim Übergang zu helfen.

P'taah: In gewisser Hinsicht könnte man so sagen. Aber, siehst du, es hat immer Wesen gegeben, die den Menschen beistehen.

F(M): Was passiert, wenn eine Person aus bestimmten Gründen einen Ort zu manifestieren wünscht, und eine andere Person

---

* Ursprünglich ein Geheimorden der Jesuiten und Franziskaner. Der heute existierende Illuminatenorden wurde am 1. Mai 1776 von dem bayerischen Rechtsprofessor Adam Weishaupt gegründet, einem Großmeister der Freimaurer.

möchte aus anderen Gründen denselben Ort für sich haben, und beide haben ein Bewußtsein von ihrer Göttlichkeit?

P'taah: Sie erschaffen etwas Wunderbares, Geliebter. Was sonst sollte deiner Ansicht nach passieren, wenn zwei göttliche Wesen etwas zu erschaffen wünschen? Man nennt es wunderbare Co-Kreation.

F: Das habe ich nicht gemeint.

P'taah: Das weiß ich.

F: Was passiert, wenn jeder ein anderes Ziel verfolgt?

P'taah: Aber schau, hinter deiner Frage steht der Gedanke, daß es nur dies *oder* das geben kann. In Wahrheit kann es dies *und* dies *und* dies geben, in Harmonie, in Liebe, in Göttlichkeit.

F: Wenn sie also nicht zu dem kommen, was sie ursprünglich wollten, werden sie wahrscheinlich letztendlich mit etwas Besserem aufwarten?

P'taah: Lieber, *was auch* geschieht, es ist immer zum Nutzen der betreffenden Person. Deine Worte zielen auf ein Urteil darüber ab, was das Bessere, das Beste ist. Verstehst du? So muß es nicht sein. Du mußt wissen, Lieber, daß, *gleich, was* in deinem Leben geschieht, du dir genau die Gelegenheit erschaffst, aus der du den größten Nutzen ziehen kannst. Das nennt man Integrität der Seele. Was auch immer sich ereignet, du kannst ohne Verlust davon profitieren, denn der Verlust stellt eigentlich eine Bewertung dar.

F: Oder es ereignet sich etwas nicht?

P'taah: Lieber, das kann von wunderbarem Nutzen sein. Alles das ist dazu da, daß ihr etwas über Bewertung und Verurteilung lernt. Aber schau, Geliebter, wenn du dir deiner Göttlichkeit bewußt bist, wenn du der erleuchtete Meister bist, der zu sein du dir sehnlichst wünschst, dann gibt es kein Urteilen und Bewerten, und alles wird in größtmöglicher Harmonie erschaffen. Es entsteht eine Situation, in der es nur Gewinner gibt. Eigentlich ist diese Situation immer gegeben, wenn ihr sie nur als solche begreifen könntet.

F *(eine sehr junge Dame)*: P'taah, ich dachte, du könntest ein bißchen darüber sprechen, wann wir aufhören, zu träumen oder zu glauben, daß wir von Gott und von unseren Brüdern getrennt sind.

P'taah: Nun, ihr werdet nie aufhören zu träumen, weil das Träumen nur ein schöpferischer Prozeß ist. *Aber wenn ihr zu der Erkenntnis gelangt, daß es keine Trennung von irgend etwas gibt, werdet ihr das Universum verändern. Schau, manche von euch haben immer mal wieder für Momente dieses Wissen. Großartige Momente der Erleuchtung.*

Ihr werdet bemerken, daß diese Momente, wenn sie immer und immer wiederkommen, länger und länger anhalten werden, bis es schließlich keinen Augenblick mehr gibt, in dem ihr nicht wißt, daß ihr wahrhaft Gott seid. Und wenn diese Zeit kommt, Geliebte, wird euer Planet unvorstellbares Licht ausstrahlen. Regenbogenfarben tanzen wie in einem spektakulären Feuerwerk, um die Galaxien zu erhellen. Der Planet wird ein glanzvoller Widerschein des GOTTES, DER ICH BIN, sein.

F(M): P'taah, in der letzten Woche habe ich eine Frage zu den beiden Gehirnhälften gestellt. Ich möchte nur wissen: Ist es definitiv eine Tatsache, daß die eine Gehirnhälfte den kreativen oder weiblichen Aspekt repräsentiert?

P'taah: So ist es. Ihr habt zwei voneinander getrennte Gehirnhälften.

F: Aber muß unbedingt die rechte Seite die kreative sein?

P'taah: So ist es angelegt.

F: In allen Fällen?

P'taah: Richtig.

F: Warum kann es in bestimmten Fällen nicht mal andersherum sein?

P'taah: Das ist so, als würdest du fragen, warum nicht ein Ohr auf deinem Scheitel und das andere an deiner Fußsohle sitzt. So seid ihr programmiert, um euch wiederzuerschaffen.

F: Ich frage das, weil es unter den Menschen Linkshänder und Rechtshänder gibt.

P'taah: Richtig.

F: Ich habe Situationen erlebt, die mich glauben lassen, daß es bei meinen Gehirnhälften umgekehrt ist. Übrigens bin ich auch Linkshänder. Könnte es also sein, daß bei mir die linke Gehirnhälfte die kreative Seite ist?

P'taah: Es geht eigentlich nicht so sehr um die Frage, ob die Polaritäten physisch andersherum gelagert sind. Es geht darum, daß ihr euch dieses Ausdrucksmodus bedient. Es gibt viele Linkshänder unter den Menschen; viele Familien, in denen alle Linkshänder sind. Tatsächlich gibt es ganze Gemeinschaften von Menschen, bei denen generell die linke Körperseite gewandter ist als die rechte. Wichtiger jedoch ist die Frage, Geliebter, wie ihr einen Waffenstillstand im Krieg zwischen den männlichen und weiblichen Aspekten in eurem eigenen Innern bewerkstelligt. Schau, du sprichst nur vom physischen Körper. Doch wie wir bereits sagten, ist es eure Lichtenergie, die euer Gehirn in Gang hält.

F: Könntest du das bitte wiederholen?

P'taah: Euer Gehirn wird in Bewegung gesetzt durch das, was ihr seid, und ihr seid nicht euer Gehirn. Ihr versteht, daß ihr mehr seid als nur euer Gehirn. Die Seelenenergie, die Lichtenergie hält euren Körper in Gang, eure Physikalität. In jedem findet ein Krieg zwischen dem Männlichen und dem Weiblichen statt, und sehr oft unterdrücken die Männer die weibliche oder negative Energie in höherem Maße, sind stärker im Nicht-Zulassen befangen. Daher ist hier das Physische nicht wirklich maßgeblich. Das ist so, als hätte jemand sein Herz auf der rechten statt auf der linken Seite. Es gibt natürlich viele, bei denen das der Fall ist. Und ihr physischer Körper läßt sie trotzdem funktionieren. Mag sich ihr Herz auch auf der anderen Seite befinden, so unterscheiden sie sich doch in dem, was sich in ihrem Innern, im ISTSEIN ihrer selbst, abspielt, in nichts von allen anderen. Damit will ich sagen: Egal, wie sich das nun im Innern eures Körpers verhält, wir befassen uns mit eurer Energie, eurem ISTSEIN; ob ihr nun ohne Gliedmaßen geboren werdet oder eure Organe sich an einer anderen Stelle befinden als bei anderen Menschen, die Tatsache, daß ihr in einem Körper existiert und als lebendiges, atmendes menschliches Wesen funktioniert, bedeutet, daß ihr ein Herz und eine Seele habt. Ihr habt zwei Energie-Polaritäten. Wir bitten euch nur darum, zuzulassen, daß diese beiden Polaritäten eins werden.

F: Das ist mir klar, aber ich glaubte, daß die kreative weibliche Seite für Übergriffe und Kränkungen offener ist als die männliche Seite. Da hat mich einmal ein Kerl beschimpft. Noch nie in meinem Leben habe ich einen solchen verbalen Angriff erlebt. Er brüllte in mein rechtes Ohr, und das Ganze ging nach oben und total an mir vorbei. Daraus schloß ich, daß meine rechte Gehirnhälfte dies abgewehrt haben muß. Wäre es die linke Seite gewesen, hätte ich alles absorbiert.

P'taah: Das ist nicht so, Geliebter. Wenn es so wäre, würden auf eurem Planeten nicht mehr viele Frauen am Leben sein. Man nennt das «abschalten», Lieber. Einfach «abschalten». Tatsächlich gibt es Frauen, die abschalten, sonst würden sie sterben. Es spielt also keine Rolle, ob es sich um Frauen oder Männer handelt, denn wie wir schon viele Male sagten, agiert die Menschheit aus der männlichen Energie heraus. Das nennt man Überleben.

F: Du sagtest, die weibliche Energie sei negative Energie.

P'taah: In wissenschaftlichen Begriffen gesprochen. Die Leute sind nur verstört, wenn ihr «negativ» mit schlecht gleichsetzt. Mit negativer Energie ist das empfängliche, aufnahmefähige Prinzip im Rahmen eurer Technologie gemeint.

F: Wie kann denn negative Energie kreativ sein?

P'taah: Aber schau, aus der Leere der Empfänglichkeit entsteht alle Kreativität. Eurer Ansicht nach ist negative Energie ein Nichts. Ihr meint, sie sei weniger gut. Das ist nicht so. Das ist ein Werturteil. Sie ist nur etwas anderes. Verstehst du?

F: Ja, ich denke, ich lerne ein bißchen dazu.

P'taah: Tust du.

F(F): P'taah, ich nehme oft einen Lichtblitz wahr, und manchmal bleibt dieses Licht auch, obwohl es keine für das physische Auge wahrnehmbare Lichtquelle gibt. Kannst du erklären, was sich da ereignet?

P'taah: Sprichst du von etwas, das sich zum Beispiel ereignet, wenn du mit geschlossenen Augen im Bett liegst?

F: Nein, es geschieht zuweilen tagsüber.

P'taah: Und es rührt nicht von einer Lichtquelle her?

F: Nicht von einer Lampe oder… Es sind einfach Blitze. Manchmal bleibt das Licht so wie die Lichtspiegelung eines Fensters, und ich kann es an dieser Stelle halten.

P'taah: Nun, das, was du siehst, ist sehr oft ein Widerschein von Energie, von Lichtenergie. Alle Energie gibt Licht ab. So geschieht es oft, daß ihr eine Energiekonzentration auffangt und deren Licht seht. Das ist das gleiche, wie wenn ihr die Lichtenergie eines Menschen wahrnimmt. Das, was du manchmal siehst, würdet ihr als Lichtwesenheit bezeichnen.

F: Ich danke dir.

F(M): P'taah, da wir schon von Lichtern sprechen, ich sehe oft Lichtpunkte, ganze Anhäufungen von Lichtpunkten, und sie schweben, bevor sie verlöschen.

P'taah: Das ist genau dasselbe.

F: Meist sind sie weiß oder bläulich.

P'taah: Tatsächlich. Du siehst einfach Energie.

F(M): Was diese Lichter angeht: Nimmt man sie auf physischer Ebene wahr, oder gleicht dies eher einer Visualisierung?

P'taah: Es ist das, was ihr eine physische Erscheinung nennt. Ihr wißt, daß Energie etwas Physisches ist, das sich für euch aber nicht in Form von Materie, sondern in Form von Licht ausdrückt. Und es gibt Wesen, geistige Wesen, die wir Lichtwesen nennen, die keinen physischen Körper haben, die aber dennoch gewahrende und bewußte Wesen sind. Sie werden von den Menschen sehr oft nicht, häufig aber doch wahrgenommen.

F: Ist das etwas anderes als das Licht, das man beim Visualisieren sieht?

P'taah: Das ist es in der Tat. Das heißt aber nicht, daß das Licht, das du in einer Visualisierung siehst, nicht real wäre. Es ist real. Es gehört nur einem anderen Realitätsbereich an. Das ist so, wie wenn du diesen Stuhl in seiner physischen Materie anschaust, er IST. Wenn wir diesen Stuhl wegnehmen und aus deinem Blickfeld rücken und ich zu dir sage: «Schließ die Augen, und du wirst den Stuhl sehen» – dann, siehst du, existiert er immer noch in deiner Realität. Sie ist nicht weniger wirklich, sie ist nur eine andere Wirklichkeit. Und nicht anders verhält es sich, wenn wir von den vielen Erden sprechen, die denselben Raum besetzen und die alle real sind. Sie haben ihre eigene stoffliche Dichte in ihrer eigenen Raum-Zeit. Da sie sich nicht in eurem Fokus befinden, sind sie für euch nicht real. Schaut, ihr Lieben, in eurer kulturellen Familie westlichen Denkens gilt nichts als real, was nicht stofflicher Natur ist. Viele von euch begreifen allmählich, daß dem nicht so ist. Die Wirklichkeit ist viel wunderbarer als die Materie.

Das reicht für heute, ihr Lieben. Das war heute abend eine interessante Diskussion für euch, und ihr habt genug in euch aufgenommen, nicht wahr? Der Gedanke, daß wir unser Publikum einschläfern, würde uns nicht gefallen. Tatsächlich seid ihr alle momentan geistig sehr aktiv, doch genug ist genug. Wir müssen noch was für das nächste Mal übrigbehalten, oder? Wir verlassen euch also mit Dank und Hochachtung und wollen wie immer der Freude Ausdruck geben, die es für uns bedeutet, bei euch zu sein. *(P'taah bedankt sich beim Gastgeberpaar.)* Also geht mit großem Gewinn. *(Das Publikum reagiert amüsiert.)* Lauter Gewinner, wie? Ich liebe euch alle sehr. Ich danke euch und guten Abend.

SECHSTE ÜBERMITTLUNG
22. Januar 1992

P'taah: Guten Abend, ihr Lieben. Es ist uns eine große Freude,
daß ihr hier seid. Und somit erklären wir das Forum für eröffnet.

F(M): P'taah, ich möchte auf das Manifestieren von Dingen
zurückkommen. Ich habe immer noch ein kleines Problem mit
unseren Glaubensvorstellungen. Was die grundlegenden Über-
zeugungen angeht, bin ich mit mir im reinen, aber da gibt es etwas
Unterschwelliges, von dem ich nichts weiß. Wie kann ich da
herankommen?

P'taah: Lieber, du hast es schon einmal benannt, als du sagtest:
«Wenn ich mich nicht darum bemühe, geschieht alles.»

F: Wenn ich mich nicht darum bemühe, geschieht alles?

P'taah: Aber du weißt es. Letzte Woche haben wir mit dir über
Gewinn und Verlust gesprochen, und darüber, daß du eine Situation herstellen kannst, bei der es nur Gewinner gibt. Nun, wenn
wir mit dir über das Geschäftemachen sprechen, denkst du daran,
wie hart du arbeiten, wie konzentriert du in deinen Bemühungen
sein, wie sehr du dich anstrengen mußt – zumindest, was dein
Gehirn betrifft –, um Erfolg zu haben; um dieses flüchtige Ding
namens Geld zu verdienen. Ist es nicht so?

F: Ich habe entdeckt, daß ich das nicht unbedingt muß.

P'taah: Warum machst du dann damit weiter?

F: Ich möchte gerne bestimmte Dinge haben.

P'taah: Ja sicher, aber schau, du hast gesagt, daß du dich nicht
mehr angestrengt bemühst, doch auf geistiger Ebene tust du es
noch immer. Du weißt nicht, daß, wenn du dir die Vorstellung
von Fülle erschaffen hast, es auch so ist. Du befindest dich noch
immer in dem *Wissenszustand*, daß die Dinge sich nicht-manife-
stiert haben. Schau, Lieber, wenn du verstehst, daß du alle von dir
gewünschten Dinge sofort manifestieren kannst, nur indem du
weißt, daß es so ist, wirst du nicht mehr an sie als künftige Dinge
denken. *Wenn du dir irgend etwas als sich in der Zukunft ereignend*

denkst, wird es immer in deiner Zukunft existieren. So zum Beispiel, wenn du sagst: «Ich habe gegenwärtig kein Geld, aber wenn ich in meinem Unternehmen erfolgreich bin, werde ich Geld haben; ich bin gegenwärtig nicht glücklich, aber wenn das und das in Zukunft passiert, werde ich glücklich sein.»

F: Ich weiß nicht, wie ich diese Erkenntnis verinnerlichen kann.

P'taah: Nun, du kannst sicher damit anfangen, daß du auf deine Worte achtest. Das gilt für euch alle. Redet nicht davon, wieviel Geld ihr *nicht* habt. Sprecht immer im Bewußtsein, daß das Geld, das ihr euch wünscht, bereits zu euch unterwegs ist. Es ist keine künftige Angelegenheit, es *ist schon* so. Es hat sich nur noch nicht auf der physischen Ebene manifestiert, daß ist alles. Sobald ihr den Gedanken, die Vorstellung erschaffen habt, IST es so. Denkt daran, daß es nur das Jetzt gibt. Es gibt keine Zukunft. Es gibt nur das Jetzt, denn aus diesem JETZT heraus baut ihr eure Zukunft auf.

F: Heißt das, daß ich mich um nichts bemühen muß, daß ich nichts dazu tun muß? Daß ich es nur zuzulassen und darauf zu warten brauche, daß es geschieht?

P'taah: Richtig, aber wir möchten euch sagen, daß ihr eure Absicht bekunden, daß ihr zeigen müßt, daß ihr wißt, daß es bereits IST; daß euer Tun aus der Freude des Herzens und in dem Wissen geschieht, daß das Geld bereits da IST. Die Absichtsbekundung bedeutet kein Bemühen, so wir ihr diesen Begriff versteht. Sie bedeutet vielmehr die Absichtserklärung, daß es bereits existiert. Wenn ihr zum Beispiel ein florierendes Unternehmen habt, kümmert ihr euch um den Alltagsbetrieb; ihr bekümmert euch nicht ums Geldverdienen, sondern achtet nur noch darauf, daß das Geschäft weiterhin läuft. Begreift ihr den Unterschied in der Vorstellung?

F: Was tut man, wenn man kein so erfolgreiches Unternehmen hat und mehr Geld braucht?

P'taah: Bleib unbeirrbar in deinem Wissen, Lieber. Der Erfolg des Unternehmens hängt allein davon ab, wie es in deinem Innern aussieht. Alle Dinge im Außen sind nur ein Spiegelbild deiner selbst. Wenn du dich in einer Situation befindest, die du als nicht-erfolgreich bewertest, dann, weil du dich selbst für nicht-erfolgreich hältst. Nun gibt es viele Gründe dafür, daß du dich für einen Versager halten magst, und das hat mit deinem Selbstwertgefühl zu tun, worüber wir bereits mit dir sprachen. Verdienst du es, Geld zu haben? Zeugt es von mangelnder Spiritualität, wenn du Geld hast? Und so weiter und so fort. Auf diese Weise magst du an deine Kernüberzeugungen in bezug auf Geld herankommen. Wenn du durch und durch davon überzeugt bist, daß du die Fülle verdienst, und wenn sie dir dann immer noch nicht zufließt, dann schau dir an, Lieber, ob sich deine Tätigkeit mit deinem Herz verbindet. Denn wenn du in der Hoffnung, viel Geld zu verdienen, eine Tätigkeit anstrebst, die du nicht magst, erweist du dir wahrlich keinen guten Dienst.

F(M): Wenn wir uns allmählich immer mehr als das Göttliche, als das ICH BIN, begreifen, müssen wir doch auch sicherlich glauben können, daß wir der Spiegelbilder würdig sind...

P'taah: Lieber, wir werden sehr glücklich sein, wenn ihr versteht, daß ihr tatsächlich ein Ausdruck des Göttlichen seid, daß ihr tatsächlich alles verdient.

F: Das muß doch auch für die Frage gelten, die ich letzte Woche hinsichtlich der Möglichkeit stellte, daß amputierte Gliedmaßen nachwachsen.

P'taah: Aber natürlich. Für alles.

F: Offensichtlich bin ich jetzt frei, oder aber ich bin es nie. Ich bin jetzt göttlich, oder ich werde es nie sein.

P'taah: Absolut, und, wißt ihr, ihr Lieben, wir möchten euch daran erinnern, daß ihr in diesem beschränkten Wahrnehmungszustand durchaus ab und zu versteht, daß ihr ein Ausdruck des Göttlichen seid. Im Herzen *wißt* ihr, daß es keine Trennung gibt, und manchmal habt ihr Erleuchtungsmomente, in denen ihr wirklich wahrnehmt, daß ihr tatsächlich der GOTT, DER ICH BIN, seid. Dann ist dieser Augenblick vorbei, und euch geht eure Einsicht verloren. Wir möchten euch daran erinnern, daß ihr euch gegenseitig, daß ihr eine andere Person ebenfalls nur innerhalb der Grenzen dieses Wahrnehmungsvermögens versteht. Wenn ihr also die Grenzen einer anderen Person wahrnehmt und begreift, daß diese nur ein Spiegelbild eurer eigenen Grenzen sind, muß euch bewußt sein, daß ihr das Gotteslicht eines anderen eben nur in diesem eingeschränkten Maße schaut. Und das ist in Ordnung, ihr Lieben. Ihr sollt euch nicht dafür verurteilen. Ihr sollt euch nicht mit anderen vergleichen, nicht fragen, ob ihr mehr oder aber weniger «erleuchtet» seid als der andere, denn angesichts eurer beschränkten Wahrnehmung eures wahren Wesens habt ihr im Grunde keine Ahnung davon. Jedermann hat seinen eigenen Weg. Wir haben bereits gesagt, daß der Weg zu einem erweiterten Bewußtsein nicht unbedingt das ist, was ihr als spirituellen Pfad betrachtet. Zumal die meisten von euch äußerst festgefügte Ansichten darüber haben, wer ein spiritueller Mensch ist und wer nicht. Daran möchten wir euch nur erinnern.

F: Das heißt also, man tut sich das, was man einem anderen antut, zuerst selbst an?

P'taah: Warum, glaubst du, sagen wir euch, daß alles eine Co-Kreation ist, aus der jedermann seine Lehren zu ziehen hat?

F(M): Die Evolutionstheorie, die allgemein vertreten wird...

P'taah: Sprichst du von der Darwinschen Evolutionstheorie?

F: Ja. Von der Theorie, wonach der Mensch vom Tier abstammt. Es gibt eine gegensätzliche Theorie, der zufolge der Affe das Resultat menschlicher Aktivitäten ist, die in der Vergangenheit stattgefunden haben. Kannst du dazu etwas sagen?

P'taah: *Die Darwinsche Evolutionstheorie ist nicht richtig.* Der Mensch stammt nicht vom Affen ab. Der Mensch ist Sternensaat. Was die Affen angeht, eure Primaten, so gab es vor Äonen eurer Zeit, vor mehr Jahren, als ihr vielleicht denkt, Wesen mit einer ähnlichen genetischen Struktur. Aber die Behauptung, daß der Mensch vom Affen abstammt, ist nicht richtig.

F: Ist die Affengestalt das Resultat menschlicher Aktivitäten zu irgendeiner Zeit?

P'taah: Sie ist gewiß das Resultat einer Gentechnik, und diese wurde von den Sternenwesen angewandt.

F: Ich habe eine Frage zu einem völlig anderen Thema. Wir sprechen hier eigentlich nie über die Persönlichkeit. Wir alle agieren im Wachzustand aus unserer Persönlichkeitsstruktur mit all ihren ererbten Beschränkungen und Vorstellungen heraus, wir zeigen unsere Fassade.

P'taah: Aber, Lieber, in gewisser Weise beziehen wir uns ständig darauf. Wie wir euch bereits sagten, geht es nicht um die Auslöschung des Ego. Man soll nicht meinen, die Ich-Persönlichkeit sei etwas, das überwunden werden muß. Das ist nicht so. Das sogenannte Ego existiert, um euch zu dienen. Das Gehirn existiert, um euch zu dienen. Die Ich-Persönlichkeit setzt sich aus den Informationen zusammen, die ihr über die morphogenetische Resonanz, das Anzapfen des menschlichen kollektiven Unbewußten bezieht. Sie ist auf ihre Weise äußerst komplex, und ihr sollt nichts davon negieren oder verwerfen. *Der Gegenpol dieser Komplexität ist die bloße Tatsache, daß es keine Trennung gibt, und wenn ihr den Schutzschild vor eurem Herzen entfernt, wenn ihr eure Ängste umwandelt – und es ist die Angst, die den Schutzschild an seinem Platz hält –, dann werdet ihr von einem anderen Ort aus agieren.* Doch die Ich-Persönlichkeit ist etwas Wundervolles, sie ist das, was euch zum Individuum macht; sie macht jeden einzelnen von euch zu einer Facette des Wunderbaren, zu einem herrlichen Juwel namens Menschheit, welche die sich in der dritten Dichte ausdrückende Göttlichkeit ist. Es geht nicht darum, daß ihr eure Ich-Persönlichkeit aufgebt, ihr sollt nur alle Facetten eures eigentlichen Wesens integrieren.

F: Um die Integration aller Facetten unseres eigentlichen Wesens zu verwirklichen, bedarf es des Überblicks. Ich spreche hingegen von der Persönlichkeit, die zäh an der Überheblichkeit, an der Vorstellung von der eigenen Wichtigkeit, festhält.

P'taah: Du sprichst im Grunde vom Ego. Es ist hilfreich, wenn du den Überblick hast, aber wir möchten sagen, daß die Ausdrucksformen des Eigennutzes des sogenannten Ego nur Ausdrucksformen der Angst sind. Und was das angeht, so ist die Sache ganz einfach. Ihr könnt euch jeden Lebensbereich vornehmen, in dem ihr nicht glücklich seid, nicht funktioniert und so weiter, jeden Lebensbereich, der ein Gegenpol der Liebe ist, und euch klarmachen, daß er angstbesetzt ist; dann müßt ihr diese Angst anerkennen und umwandeln.

F(M): P'taah, ich komme auf das Streben nach Fülle zurück. Ist es richtig, daß, wenn wir mit dem Herzen oder Verstand glauben, daß wir hart arbeiten müssen, um zur Fülle zu gelangen...

P'taah: Absolut, genau das wird geschehen, Geliebter, und es ist keine Sache des Verstandes, weißt du. Wissen ist keine Verstandessache, denn schau, unser geliebter Freund weiß das alles auf intellektueller Ebene sehr gut, aber es reicht nicht aus. Es geht um das Herzenswissen, das absolute Wissen bis hinein in die Zellstruktur, daß du Fülle haben kannst ohne die sogenannte Arbeitsethik, die Bestandteil eurer Konditionierung ist. Und es geht um das Wissen, daß die Fülle für *jeden* Menschen da ist.

F: Ja, das ist richtig, aber wir alle wollen noch einen kleinen Extrateil für uns, nicht wahr?

P'taah: Lieber, die Fülle hat keine Grenzen, weißt du.

F: Ich bin gerade dabei, das zu entdecken. Ich habe ein paar Experimente durchgeführt und festgestellt, daß es tatsächlich funktioniert.

P'taah: Denkst du denn, daß wir euch anlügen, Lieber? Wir sind sehr präzise, weißt du. Was wir euch sagen, ist zu eurem Nutzen, wir wollen euch nicht in die Irre führen.

F(F): P'taah, ich liebe dich. Wenn ich mit dir Kontakt habe, verliebe ich mich in mich selbst. Ich danke dir.

P'taah: Geliebte, ich liebe dich, und es ist mir eine Herzensfreude, daß du das, was man Liebe zum Selbst nennt, verstehst, denn deshalb sind wir eigentlich hier. Wir sind hier, damit jede Wesenheit zur Freude und zur Anerkennung dessen, was sie ist, gelangen möge.

F(M): Guten Abend, P'taah. Ich habe ein Problem damit, die Liebe zu mir selbst, und vielleicht auch die für andere, zu entwickeln. Wie soll ich es anfangen, daß sie wächst, daß ich diese Liebe zu mir selbst und zu anderen und allem verstehe?

P'taah: Laß uns bei dir anfangen. Du weißt, *die Liebe zum Selbst bedeutet im Grunde Nicht-Verurteilung des Selbst*, und du kannst deine Gedanken in dieser Richtung überwachen. Ertappst du dich bei einem Gedanken, der eine Beschränkung oder Verurteilung deiner selbst darstellt – und, weißt du, sehr oft ertappt man sich dabei nicht rechtzeitig, das ist in Ordnung –, also, in solchen Momenten der Selbst-Verurteilung (oder auch der abfälligen Urteile über Dinge oder Personen im Außen, denn das ist in der Tat dasselbe) brauchst du dir nur ins Gedächtnis zu rufen, daß sich die Quelle, der Gott/die Göttin, das ALLES, WAS IST, in jeder Partikel manifestiert. Wenn du an dich selbst denkst, die Persönlichkeit, die du bist, dann entsinne dich, daß es nicht einen Aspekt, nicht eine Facette, nicht einen Gedanken, nicht eine Handlung von dir gibt, die nicht Ausdruck des Göttlichen ist. *Mit anderen Worten, sie alle sind zulässig, sonst würden sie nicht existieren.* Wenn du dich an eine derartige Überwachung deiner Gedanken gewöhnst, wird dieses Denken nach und nach Wirklichkeit werden; das Wissen in dir, daß du *wahrhaft Gott bist, jeder Teil von dir*, wird allmählich seinen Widerhall finden. Du brauchst dir hier also keine hohe Hürde aufzubauen, die du dann zu nehmen versuchst, sondern du kannst lernen, so, wie ein kleines Kind gehen lernt, wie du dich ohne Selbst-Verurteilung akzeptierst und bestätigst. Und du wirst bei jedem Schritt feststellen, Geliebter, daß du unterstützt wirst. Es findet sich immer Hilfe und Beistand, immer.

F: Ich soll mich also nur akzeptieren und gewähren lassen, und alle anderen auch?

P'taah: So ist es, Geliebter, und wenn du gelernt hast, dich gewähren zu lassen, bringt diese Einwilligung die Hochachtung vor dem Selbst, die Integrität des Selbst mit sich, und dann wird in diesem Wissen von deinem eigenen Gotteslicht wahrhaft Liebe sein. Wisse, Geliebter, du bist des Liebens wert.

F: Ich mache mich gewissermaßen selbst fertig.

P'taah: Ich weiß. Das geschieht sehr leicht. Ihr seid in gewisser Weise alle darauf programmiert, weil man den Menschen, die in dieser Kultur leben und aufgewachsen sind, gesagt hat, daß sich eine gute Meinung von sich selbst nicht schickt. So etwas nennt man Eitelkeit, nennt man Selbstverherrlichung und so weiter. Wißt ihr, eure Eltern und deren Eltern haben da sehr gute Arbeit geleistet, aber das ist in Ordnung. Das ist alles gewählt, ist Co-Kreation. Da ihr die Trennung kennt, da ihr das Verurteilen kennt, da ihr den Selbsthaß kennt, könnt ihr nun zu einem Verständnis von Gewährenlassen und Liebe gelangen. Und schaut, ihr Lieben, ihr sollt euch nicht allzu viele Sorgen um andere Menschen machen, denn wenn ihr zum Gewährenlassen und zur Selbst-Liebe gelangt, teilt sich das allen anderen mit und strahlt dann auf euch zurück. So ist es.

F(F): P'taah, du hast gesagt, wir sollten Aufzeichnungen von unseren intuitiven Eingebungen machen. Das habe ich getan. In den letzten paar Wochen habe ich schon auf Ereignisse reagiert, bevor sie eintraten.

P'taah: Wie außergewöhnlich, Liebe.

F: Es scheint immer mehr zuzunehmen.

P'taah: Das wird es. Das ist so wie mit jeder anderen Fähigkeit: Wenn du sie erweiterst und ausdehnst und in sie hineinwächst, wird auch sie sich erweitern und ausdehnen und wachsen.

F: Es ist sehr verblüffend.

P'taah: In der Tat, und das, was ihr als paranormal, als außersinnliche Wahrnehmung betrachtet, ist in Wirklichkeit das Geburtsrecht eines jeden einzelnen von euch.

F: Einmal wollte ich jemanden um etwas bitten, und dann dachte ich: «Nein, ich will sie selbst daran denken lassen», und da drehte sie sich auch schon um und sagte es.

P'taah: Tatsächlich, aber du weißt, daß ihr alle, ob ihr euch nun dessen bewußt seid oder nicht, telepathisch oder telempathisch miteinander kommuniziert, da ihr sowohl Emotionen als auch das, was ihr als materielle Gedankenformen bezeichnen würdet, aussendet.

F: Gefühle.

P'taah: Ja, es ist beides. Wir würden daher eher «telempathisch» als «telepathisch» sagen. Ihr alle agiert auf die eine oder andere Weise in dieser Form. Die bloße Tatsache, daß ihr euch dessen nicht bewußt seid, heißt nicht, daß es nicht geschieht. Es findet statt, und viele eurer Entscheidungen und Handlungen im Hinblick auf andere Menschen sind in Wirklichkeit ein Ergebnis dieser Kommunikationsform. Also, Glückwunsch, geliebte Frau.

F: Wunderbar. Ich danke dir, P'taah. Wird es so weitergehen?

P'taah: Aber natürlich. Alles das wird zunehmen, und ihr alle werdet zu diesem Wissen gelangen. Alle von euch.

Nun gut, ihr Lieben, es ist Zeit für eine Pause, damit ihr euch erfrischen könnt. Wir bitten euch um Stille während des Übergangs.

(Die Gruppe versammelt sich nach etwa dreißig Minuten wieder.)

F(M): Wird sich der Eintritt in den Photonenring auf das Wetter auswirken?

P'taah: Gewissermaßen ja, so, wie ihr die Sache jetzt versteht. Es wird Veränderungen geben. Einige Bereiche des Planeten werden stärker davon beeinflußt werden als andere. Das Superbewußtsein wird euer Verständnis von dem, was ihr Wetter nennt, völlig verändern. Wie wir schon sagten, ist dies eine Übergangszeit. Doch nichts ist in Stein gemeißelt, Lieber, auch nicht der «Zeitablauf» all dieser Ereignisse. Ihr sollt euch also nicht allzusehr um die Veränderungen innerhalb eures Wettergeschehens oder auch der Erde selbst oder eurer sogenannten Stratosphäre kümmern.

F: Okay, in diesem Fall wird es nach wie vor das regenproduzierende Grundwasser geben, wenngleich seine atomare Struktur in ihrem eigenen Licht erstrahlen wird?

P'taah: So ist es.

F(F): Hat sich deiner Wahrnehmung nach seit der weltweiten Fokussierung auf den 11. Januar irgend etwas an dem in Gang gesetzten Programm in bezug auf das globale Geschehen geändert?

P'taah: Diese Fokussierung, Liebe, war eigentlich die einer sich in ihrem Bewußtsein versammelnden Menschheit, die sich imstande sieht, als geeintes Wesen, als Wesenheit, den Fokus auf etwas zu richten. Verstehst du? Nun, das Ziel der Zusammenkunft zu diesem Zeitpunkt war sicherlich das, daß sich die Menschen in dem Wunsch nach Harmonie und Frieden vereinen und zudem im Universum ihre Absicht in bezug auf ein Geschehen in einer wahrscheinlichen Realität bekunden mögen. Und das habt ihr getan. Aber, wißt ihr, dies ist nicht nur eine einmalige Angelegenheit. Jeder und jede einzelne von euch *erschafft die neuen Wahrscheinlichkeiten durch die individuell bekundete Absicht, sich über einen Bewußtseinswandel zu verständigen und darüber, daß die Pforten der Kommunikation auf den Photonenring ausgerichtet werden sollen.* Es ist also nicht so, daß ihr dies einmal hergestellt habt, und damit hat es sich. Viele Menschen, die an dieser Übung teilgenommen haben, verstehen gar nicht, was sie da erschaffen, weil sie in ein Kästchen beschränkter Wahrnehmung von dem, wie es ist und sein könnte, eingesperrt sind. Trotzdem rufen der Wunsch des Herzens und die

Absichtsbekundung die Wahrscheinlichkeit auf den Plan. So lautet die Antwort in gewisser Weise «ja», aber wie alles in eurem Universum ist dies nichts Festgefügtes, Festumrissenes. Alles ist veränderlich. Alles. Also denkt daran, daß, wenn ihr etwas als so und so und so beschaffen anseht, es in Wirklichkeit nicht so ist. Es ist veränderlich, fließend, es dehnt sich aus, erweitert sich, es erschafft Möglichkeiten und Wahrscheinlichkeiten in Unendlichkeit. Dies ist der Grund dafür, daß wir euch so oft keine Ja/Nein-Antworten geben. Wir verstehen, daß ihr oft das Gefühl habt, wir gäben euch trickreiche Auskünfte oder aber seien von besonderer Begriffsstutzigkeit. In Wirklichkeit sind unsere Antworten darauf angelegt, euch verstehen zu lassen, wie veränderlich alles ist, auch das, was ihr als festgefügt und solide betrachtet, so zum Beispiel eure Erde und ganz besonders eure eigene Seinsnatur. Auch sie ist veränderlich. Auch sie erweitert sich ungeheuer, wandelt sich, bewegt sich. Ihr sitzt nicht, wie ihr oft meint, in eurem Körper fest. In dieser Hinsicht betrachtet ihr euch als eingeschränkte Wesen, seid sozusagen ein wenig im Morast steckengeblieben. Doch in Wirklichkeit ist es nicht so, und in dem Maße, wie ihr immer mehr Übung im Umgang mit euch selbst gewinnt, werdet ihr diese ständige Bewegung zulassen, werdet ihr euch als weitaus großartigere und umfassendere Wesen begreifen, und es wird diese beschränkte Sichtweise − daß ihr im Körper eingeschlossen seid − verschwinden. Dies eröffnet euch auch die Möglichkeit, Veränderungen in bezug auf das zu bewirken, was ihr als körperliche Behinderungen, Unwohl-Sein im Körper, betrachtet. Nichts muß in Stein gemeißelt sein. Ihr könnt alles ändern. Ihr habt die Macht, alles zu ändern.

F *(ein junges Mädchen)*: Hallo, P'taah. Oh, Mann... nun, ich wollte dich fragen, welchen Beruf ich ergreifen soll. Ich hatte eine solche Angst, einen Fehler bei meiner Fächerwahl für die nächsten zwei Schuljahre zu machen, aber nachdem ich dich nun über Veränderlichkeit habe sprechen hören, mache ich mir keine Sorgen mehr.

P'taah: Ja, Liebe, und du mußt folgendes wissen: In Wahrheit ist es ganz unmöglich, daß du eine falsche Entscheidung triffst, denn es gibt kein Richtig oder Falsch.

F: Bevor ich heute abend hierherkam, sprach ich mit meiner Schwester über dieses Treffen, und das brachte uns beide ganz schön zum Ausflippen. Wir sind beide Christen, und in der Bibel steht, daß dem Herrn die Beschäftigung mit Hexerei ein Greuel ist und daß wir keinen Kontakt mit Geistern aus dem Jenseits aufnehmen sollen. Wie paßt denn das alles zusammen?

P'taah: Sehr gut. Weißt du, das ist eine sehr gute Frage. Erstens möchten wir folgendes sagen: Die, die ihr die Christen nennt, sind die Anhänger der Lehren des Joshua Ben Joseph, des Gesalbten. Das, was Christus tatsächlich zu den Leuten sagte, war, daß sie sich vor falschen Propheten hüten sollten. Und er erklärte seinen Anhängern auch, wie sie einen falschen Propheten erkennen könnten. Er sagte: *«An ihren Früchten sollt ihr sie erkennen.»* Nun, ihr Lieben, wir sind kein Prophet. Wir sind kein heiliges Wesen und wir sind nicht mehr Geist als ihr, denn schaut, wir alle sind Geist. Das ist es, was euch menschlich macht. Aber weißt du, an den Früchten kannst du dein Leben lang erkennen, was harmonisch und was nicht harmonisch ist. Und du, Geliebte, du bist die Frucht. Es geht um die Frage: Was fühlst du? Wenn du Wesen zuhörst, die dir sagen, daß du irgend etwas tun oder sein sollst, deine Intuition und dein Gefühl dir hingegen sagen: «Das ist falsch», «das ist nichts für mich», dann wird dir deine Integrität sagen, daß du dich davon abwenden sollst. Wenn du aber Frieden und Harmonie und Liebe spürst, kannst du deiner Intuition vertrauen. Wir möchten auch folgendes sagen: Die aufgezeichneten Worte eures Gesalbten sind wirklich wunderbar, aber ihr müßt auch wissen, daß viele Dinge im Laufe der fast 2000 Jahre in veränderter Form auf euch gekommen sind und nichts mit Joshua Ben Joseph zu tun haben. Es gibt vieles, was Christus zugeschrieben wird und dem Christus-Bewußtsein zugehört, aber schau, es gibt auch das, was man Religion nennt. *Religion ist das, was die Menschheit versklavt und in Ketten gelegt hat.* Es war eine Co-Kreation, die sich nichtsdestotrotz auf Angst gründete. Wenn du nicht tust, was die Kirche dir sagt, wirst du in der Hölle schmoren. Aber schau, *es gibt keine Hölle, und es gibt keine Verurteilung,* und es gibt keinen Gott, der zu dir sagt, daß du gesündigt hast und deshalb nie in den Himmel kommst. Denn du bist ein Teil von Gott, und die Hölle, das ist die Selbst-Verurteilung. Das nennt man Angst.

F *(ein kleiner Junge von etwa sechs Jahren)*: P'taah, du weißt alles, oder?

P'taah: Nun, nicht alles, aber viele, viele Dinge. Wahrscheinlich alles, wenn wir unseren Geist darauf richten, so wie du auch. So wie ihr alle, nicht wahr?

F *(der Vater des kleinen Jungen)*: Was ist mit den Menschen um uns herum? Sollen wir diesen Prozeß der Selbsterkenntnis, dieses Erlernen der Selbst-Liebe und diese Erfahrung unseres Gott-Selbst geheimhalten? Eltern und Schule bringen uns normalerweise bei, unterwürfig zu sein, aber sollen wir es geheimhalten, wenn wir dieses Stadium der Unbegrenztheit und des Wissens, daß wir Gott sind, erreicht haben?

P'taah: Geliebter, es läßt sich unmöglich als Geheimnis bewahren. Unmöglich, weil ihr zu strahlenden Wesen werdet. Alle Menschen werden von euch angezogen, und ihr zeigt durch das Beispiel eures Lebens, was es heißt, ein im Menschen verwirklichter Gott zu sein.

F: Wir brauchen also anderen Menschen nichts zu erzählen – sie würden uns ohnehin nicht glauben.

P'taah: Lieber, wir wollen folgendes sagen: Wenn du dich an eine Straßenecke stellst und den Leuten erzählst, daß du Gott bist, werden sie dich sicher in eine Zwangsjacke stecken. Wir treten für Souveränität ein, nicht für Verrücktheit. Wir haben immer gesagt, daß es nicht nötig ist, irgend etwas zu sagen, aber wir können garantieren, daß, wenn ihr mehr und mehr zu eurem eigenen Wissen gelangt und ihr über eure Einsichten in euer Universum und die Funktionsweise der Realität sprecht, viele Menschen etwas über das «warum» und «wie» erfahren wollen. Und es wird auch die geben, die Angst haben, die nichts wissen wollen und die euch verspotten. Doch der Beweis wird sein: «An ihren Früchten sollt ihr sie erkennen», und die Wahrheit ist, wenn ihr zu dieser Bewußtseinserweiterung gelangt seid, werdet ihr wie ein Prophet sein, und das hat mit dem, was ihr sagt, nichts zu tun. Diejenigen, die so beschäftigt sind, euch mit Worten zu lehren, was sie in Wirklichkeit selbst kaum verstehen, sind die sprichwörtlichen Blinden, die die Blinden führen. Doch das ist in Ordnung. Wenn ihr euch mit euren Freunden und Kollegen unterhaltet und austauscht und euch gegenseitig zu Einsichten verhelft, hat das den Effekt einer Schallmuschel. Das ist in Ordnung. Versteht ihr? Wir sagen nicht, daß ihr reden müßt. Wir sagen, wenn ihr keine Lust habt, darüber zu sprechen, braucht ihr es nicht zu tun.

F: Mit anderen Worten, andere Menschen werden durch das Beispiel aufmerksam?

F: Durch euer SEIN. Nur durch euer SEIN. Ihr kennt das, ihr Lieben. Wenn ihr in einen Raum mit vielen Menschen kommt, und da ist eine Person, die stärker zu leuchten scheint als alle anderen, dann entsteht manchmal ein wunderbares Gefühl von Heiterkeit, Harmonie, von Glück und Freude, von Lachen, und ihr fühlt euch sofort angezogen, nicht wahr? Und so ist das. Wenn jemand in einer Resonanz der Freude schwingt, wollt ihr wissen, wie und warum. Was ist das Geheimnis? Und das nenne ich Beispielhaftigkeit: ein Sein in jedem Moment des Jetzt, wie immer er auch beschaffen sein mag.

F: Das heißt aber nicht, daß wir das Wissen, das wir uns durch unsere eigenen Erfahrungen erworben haben, nicht an andere weitergeben sollten?

P'taah: Aber Lieber, es ist, wie ich dir gesagt habe. Ihr werdet auf wundersame Weise zu einer Schallmuschel; ihr könnt anderen helfen. Es ist phantastisch. Wir wollen nur nicht, daß du das Gefühl hast, du müßtest wider deinen Willen gehen und es hinausschreien.

F: Was ist, wenn sie dir nicht glauben?

P'taah: Lieber, du bist nicht dafür verantwortlich, was andere denken. Das liegt bei jedem selbst, ist dessen Wahl. Wenn sie dir nicht glauben, hat das seine Gültigkeit. Es ist ihre derzeitige Wahrheit.

F(M): P'taah, wir haben vorhin über Intuition gesprochen. Kann ich dich zum Déjà vu befragen? Wann immer mir das passiert, bin ich ganz verwirrt, weil ich mir einfach nicht erklären kann, wie es funktioniert.

P'taah: Nun, du kannst sagen, es ist ein Aufnehmen der Zukunft in den Moment des Jetzt, das ist alles.

F: Aber diese Erfahrung läßt mich glauben, daß sich bestimmte

Umstände und Handlungen schon davor ereignet haben und ich sie im Jetzt noch einmal erlebe.

P'taah: Du magst dir ins Gedächtnis rufen, Geliebter, daß alles zugleich geschieht. Du klinkst dich nur in die Wahrscheinlichkeit des nächsten Jetzt-Moments ein, und das ist dann so, als würdest du Vergangenheit, Gegenwart und Zukunft gleichzeitig erleben.

F: Es ist fast erschreckend.

P'taah: Es ist in Wirklichkeit wunderbar. Du brauchst keine Angst zu haben. Es ist nur so, daß du einen «Vorausgedanken» hattest. Du tust etwas und denkst: «Moment mal, das habe ich schon getan», und du kannst dies, wenn du wünschst, ausdehnen. Das läßt sich in gewisser Weise mit Regressionen in vergangene Leben vergleichen. Du begibst dich in einen veränderten Bewußtseinszustand, um in die Erfahrungen eines vergangenen Lebens einzutauchen. Dasselbe kannst du auch mit künftigen Leben machen. Verstehst du?

F: Nicht ganz.

P'taah: Nun, du nimmst die Zeit auf lineare Weise wahr. Aber in Wahrheit ist die Zeit nicht linear. Du kannst dir eine Filmrolle in einer Dose vorstellen. Sie besteht aus vielen Einzelbildern, die du dir anschauen kannst. Wenn du diese einzelnen Bilder aber in ihrer Kontinuität verstehen willst, mußt du die Filmrolle durch einen Projektor laufen lassen. Du könntest sagen, daß dein Geist der Projektor ist und du dir jederzeit jedes Einzelbild, gleich, ob es nun für ein ganzes Leben oder nur für einen Moment deines Lebens steht, anschauen und dir somit «ein Bild machen» kannst. Willst du aber alles in seiner Kontinuität erkennen, mußt du die Rolle von Anfang bis Ende abspulen. In Wirklichkeit ist aber alles schon da. Um jedoch für euch ein bißchen mehr Bewegung hineinzubringen, müssen wir euch sagen, daß es auch wahrscheinliche Realitäten gibt. Nichts ist in Stein gemeißelt. Es gibt viele Variablen, und ihr trefft in jedem Moment eure Wahl. Viele dieser Entscheidungen werden nicht bewußt getroffen. Viele entstammen dem umfassenderen Teil eurer Seelenenergie, um das zu manifestieren, was euch am besten dient, gleich, ob ihr es für gut oder schlecht befindet. Der Blick in die Zukunft ist jedoch der Blick auf eine wahrscheinliche Realität. Sie muß sich im Brennpunkt eurer dreidimensionalen Realität nicht unbedingt so herstellen. Das ist nicht ganz dasselbe wie ein Déjà vu, aber es gehört zum selben Phänomen. Glaubt nicht einen Moment lang, daß dies in Stein gemeißelt ist. Das ist es nicht.

F: P'taah, ist denn, wenn unsere Zukunft beweglich, nicht in Stein gemeißelt ist, auch unsere Vergangenheit beweglich und nicht in Stein gemeißelt?
P'taah: Ganz recht.
F: Also ist alles beweglich und kann verändert und umgeformt werden wie ein Stück Lehm?
P'taah: Richtig. Du kannst mittels deiner Wahrnehmung deine Vergangenheit verändern. Tatsächlich ist das, was du in diesem Moment deine Realität nennst, nur eine Wahrnehmung. Schauen wir uns die Geschichtsschreibung an. Wenn viele Menschen ihre Erfahrungen im Zusammenhang mit einem globalen Ereignis schildern, dann hat jede dieser Erfahrungen ihre Gültigkeit. Jeder beschreibt seine eigene Realität, und doch kann diese nichts mit den anderen zu tun haben, sie kann diametral entgegengesetzt sein, nicht nur hinsichtlich der physischen Wirklichkeit, sondern auch der Ideologie, der Schuldfrage und so weiter – und jeder glaubt, daß seine Geschichte die Wahrheit ist. Versteht ihr? Und so verhält es sich auch mit eurem Leben. Da gibt es zum Beispiel Leute, die von ihrer idyllischen Kindheit sprechen, davon, wie wunderschön sie war, und so ist es auch für sie, denn sie haben das, was für sie unerträgliche Traumata, Qualen und Tragödien waren, verändert. Diese von ihnen erschaffene idyllische Kindheit ist nicht weniger real, nur weil sie sich nicht tatsächlich so ereignet hat. Versteht ihr? Somit kann man sagen, daß eure Wahrnehmung eure Realität absolut verändert.
F: Ist Wahrnehmung, wenn du davon sprichst, dasselbe wie Bewußtsein?
P'taah: Richtig.
F: Wenn ich also mein Bewußtsein verändere …
P'taah: … veränderst du deine Realität, ganz recht. Und, weißt du, was immer du wahrnimmst, ist, auch wenn du nicht direkt daran beteiligt bist, Teil dessen, was du bist, sonst existierte es nicht in deiner Wahrnehmung. Nehmen wir zum Beispiel einen Krieg. Manche Leute haben physisch an ihm teilgenommen, während

andere Leute in anderen Ländern ihn nicht auf physischer Ebene mitgemacht haben, und doch ist er in ihrem Bewußtsein und damit Teil ihrer eigenen Erfahrung. Es ist eine andere Erfahrung, aber sie hat ihre Gültigkeit. Es ist ihre Geschichte.

F: Das heißt also, daß wir, wenn wir uns in unserem Leben, in diesem Augenblick, bestmöglich darum bemühen, die Dinge aus einer anderen Sicht zu sehen, zu einer umfassenderen Sicht und einem tieferen Verständnis gelangen. Und damit verändert sich unsere Realität.

P'taah: Aber natürlich. Weißt du, in gewisser Weise läßt sich das mit zwei Kindern vergleichen. Das eine geht zur Schule und lernt Lesen und Schreiben, während das andere Kind das nicht tut. Das Kind, das lesen kann, wird durch den Einfluß verschiedenster Ideen eine umfassendere Sicht der Realität haben, während das andere Kind vermutlich eine beschränktere Sicht hat. Das heißt nicht, daß diese keine Gültigkeit hat, denn die echte Wahrnehmung ereignet sich im Herzen und hat nichts mit dem analytischen Verstand zu tun. Tatsächlich gab es wunderbare Meister auf eurem Planeten, die ganz einfache Menschen waren. Frauen und Männer, vor allem Frauen. Wißt ihr, es gab viele wunderbare Prophetinnen, aber ihre Einflußsphäre war eine andere und in einer männlich orientierten Gesellschaft nicht zulässig. Männer sind an eine männliche Autoritätsfigur gewöhnt; nicht in jeder, aber in vielen Gesellschaften, und sicherlich in denen, die eure gegenwärtige Kultur geprägt haben. Aber viele dieser Frauen, und wir sprechen hier vor allem von den unbesungenen Heldinnen, führten überhaupt kein öffentliches Leben. Sie waren mit einem, wie ihr sagen würdet, einfachen Leben in der Familie vollauf beschäftigt, mit ihren Kenntnissen von Pflanzen und Heilkräutern, mit dem Eintauchen in ein umfassenderes Bewußtsein, und sie wußten genau, daß sie Göttin-Energie waren. Viele dieser Frauen wurden aus Angst zunichte gemacht, wie viele andere eurer großartigen Wesen auch. Sie blieben unbesungen, könnte man sagen. Aber diese Menschen verfügten über kein großes Wissen in dem von eurer Welt akzeptierten Sinn. Das alles hat seine Gültigkeit, und wie wir bereits sagten, sollt ihr kein Urteil darüber fällen, wie ein anderer Mensch sein Spiel des Lebens spielt.

F(M): P'taah, könntest du ein wenig über die Sonne sprechen? Ich habe das Gefühl, daß sie in letzter Zeit sehr heiß brennt, und viele Menschen bekommen einen starken Sonnenbrand. Ich habe das Gefühl, daß sie uns nicht so schädigen würde, wenn wir uns richtig auf sie einstellen könnten. Ist das so?

P'taah: So ist es.

F: Wie machen wir das? Wie bringen wir uns mit der Sonne in Einklang?

P'taah: Wie bringt ihr euch mit irgend etwas in Einklang, Lieber?

F: Kannst du es uns sagen?

P'taah: Es geht darum, daß ihr wißt, daß es in Ordnung ist. *Wißt, daß euch nichts schädigen kann.* Wißt, daß ihr in einem sicheren Universum lebt. Wißt, daß die Sonne göttliche, positive Energie ist. Ohne sie hättet ihr keine für euch verständliche Welt. Wißt, daß ihr Gott seid, Geliebter. Ganz einfach, wie?

F: Ich wußte es, aber ich hab's vergessen.

F(M): P'taah, wie kann ich, wenn ich mit jemandem reden muß, um etwas Frieden für mich zu finden, und wenn in der Vergangenheit einige negative Dinge vorgefallen sind, da sozusagen den Konferenzraum – in mir und in der anderen Person – vorbereiten, damit eine echte Kommunikation stattfinden kann?

P'taah: Nun gut, wir würden sagen, daß du eigentlich eine Konfrontation und keine Kommunikation erwartest. Wenn du den Wunsch nach Kommunikation hast, mußt du innerlich ruhig werden, mußt du verstehen, wer du bist, und erkennen, wer die andere Person ist, und Liebe zeigen. Mehr ist nicht erforderlich. Mit anderen Worten, wenn du offen bist, kann die andere Person auch offen sein.

F: Willst du damit sagen, daß die Negativität, die ich in der Vergangenheit wahrnahm, ebensosehr von mir wie von der anderen Person ausging?

P'taah: In der Tat. Aber, Lieber, das muß nicht unbedingt so sein. Wenn jemand sehr verschlossen ist, und du fühlst dich sehr offen, kannst du ihm helfen, auch offen zu sein. Du kannst deinen Gefühlen in dieser Sache präzise Ausdruck geben. Du kannst sagen: «Ich liebe dich, und ich möchte mich mit dir verständigen.

Freut dich dieser Gedanke?» Du kannst dein Herz sprechen lassen. Du wirst sehr überrascht sein. Und du könntest sagen: «Ich habe große Angst vor dem, was sein wird, wenn wir nicht miteinander kommunizieren.» Du kannst von deinen Ängsten erzählen, und wenn du offen genug bist, offen genug, um dich verletzlich zu machen, befindest du dich in einer Position großer Macht.

F: Wie das?

P'taah: Lieber, Verletzlichkeit ist ganz gewiß eine der machtvollsten Positionen in eurem Universum, weil dir nichts wirklich Schaden zufügen kann. Es ist tatsächlich eine großartige Dichotomie.

F: Wenn ich mich also völlig preisgebe…

P'taah: Genau. Indem du völlig preisgibst, wer du bist. Das nennt man einen Glaubensakt, Lieber. Den Menschen fällt es sehr schwer, zu sagen: «Das ist es, was ich bin.» Ihr habt alle große Angst, daß euch jemand nicht liebt, wenn ihr zeigt, wer ihr seid, und dann wäre der Schmerz so groß, daß ihr sterbt. Aber, seht ihr, wenn ihr wirklich zeigt, wer ihr seid, seid ihr unwiderstehlich. Wenn ihr auf diese Weise verletzlich seid, heißt das, daß ihr liebt, was ihr seid.

F: Ich weiß nicht, ob ich reif genug bin, um mit dieser aus all den verschiedenen Richtungen kommenden Liebe umgehen zu können und sie nicht allzu persönlich werden zu lassen. Ergibt das einen Sinn?

P'taah: Es ergibt Sinn. Aber schau, Geliebter, wenn du dich in Liebe und Harmonie mit dir selbst befindest, gibt es kein Problem. Es ist eher so, daß du nicht mit der Liebe zu dir selbst umgehen kannst, geschweige denn damit, daß dich ein anderer liebt, nicht wahr? Du kannst beruhigt sein, Geliebter. Wir haben noch von keinem gehört, der an zuviel Liebe gestorben ist.

F: Ich sollte das also jetzt auf die Reihe kriegen, damit ich diese Konferenz ernsthaft planen kann, nicht wahr?

P'taah: Es geht darum, daß du entscheidest, was du dir in deinem Herzen wünschst. Das ist alles. Sonst nichts.

F: Und daß ich auch akzeptiere, wenn es diesmal nicht klappt?

P'taah: Richtig, wünsch es dir, ohne Erwartungen an das Resultat zu knüpfen. Und wisse, daß das Ergebnis, ganz gleich, wie es ausfällt, eine von deiner eigenen Seele manifestierte Perle ist, damit du zu umfassenderer Bewußtheit, zu größerer Weisheit gelangen kannst. Damit du das Urteil erkennst, das seiner Erschaffung zugrunde liegt. Sehr gut, Lieber. Es ist sehr gut.

F(F): Hallo, P'taah. Ich habe eine Kassette über Joshua Ben Joseph gehört, und da wurde gesagt, vielleicht habe ich es mißverstanden, daß es nicht Joshua war, der gekreuzigt wurde. Kannst du mich darüber aufklären?

P'taah: So ist es.

F: Er wurde nicht gekreuzigt?

P'taah: Nun, Liebe, spielt das eine Rolle?

F: Nein, es interessiert mich nur.

P'taah: Es ist von großem Interesse, weil der, den ihr als Joshua Ben Joseph anseht, nichts mit dem Ideen-Konstrukt der Realität dieses Moments zu tun hat, das sich mehr oder weniger im Laufe von 1992 Jahren eurer Zeit durch Abermillionen von Anhängern dieses Wesens herausgebildet hat. Wir wollen euch folgendes sagen: Joshua Ben Joseph durchwanderte die zivilisierte Welt seiner Zeit. Er beendete seine Tage nicht im physischen Alter von dreiunddreißig Jahren. Aber schaut, wenn es nicht die Geschichte von der Kreuzigung, von Christus, der für eure Sünden gestorben ist, gegeben hätte, hätte es keine Versklavung geben können, weil sich *eure christliche Religion auf den Tod gründet. Joshua Ben Joseph sprach über das Leben.*

F: P'taah, wie kam dieser Wirrwarr in die Geschichte? Hatte die Menschheit den Wunsch, die Menschheit zu versklaven?

P'taah: Aber natürlich, Liebe. Es war ein Machtspiel. Es ging nicht um Spiritualität, aber oft um den materiellen Besitz eines Landes, um großen Reichtum und so weiter. Nun, es war ein Instrument weitreichender Versklavung, aber es war eine Co-Kreation. Niemandem ist hier die Schuld zu geben. In eurer heutigen Zeit sind die Kirchen, und nicht nur eure christliche Kirche, große Macht-Makler. Und wenn jeder einzelne von euch seine Souveränität erlangt, ist das eure Wahl. Dann wird es keine Versklavung mehr geben. Was da geschehen ist, hat seine Gültigkeit, und daraus wird für die Menschheit große Weisheit erwachsen, verstehst du?

F: P'taah, befindet sich Joshua Ben Joseph noch immer auf diesem Planeten und schenkt uns Liebe und Licht?

P'taah: Aber natürlich, Liebe. Er ist eine von den vielen Lichtwesen-Energien, wie ihr sie nennen könnt. Die physische Verkörperung stellt nur einen Aspekt dar. *In jedem einzelnen von euch ist Joshua Ben Joseph.* Warum, glaubst du, sage ich euch, daß ihr in das Christus-Bewußtsein eintretet? In Wirklichkeit seid ihr schon da.

F: P'taah, noch eine Frage: Die Sonne ist ein Ausdruck des Göttlichen. Leben Lichtwesen auf der Sonne oder in der Sonne?

P'taah: In einem Teil der Sonne. Aber das ist nicht die Sonne, wie ihr sie versteht. Hier wird eine Erklärung sehr schwierig für mich, weil wir euch einen Gedanken auf vielen Bewußtseinsebenen zu übermitteln versuchen. Da gibt es die physische Sonne, wie ihr sie versteht. Das ist ganz ähnlich wie bei dem Versuch, euch die Wesen im Innern eurer Erde zu erklären. Die Wissenschaftler werden sagen, daß im Erdinnern unmöglich Wesen existieren können. Und sie werden auch sagen, daß unmöglich Leben auf der Sonne existieren kann. Und doch schwingt die Sonne in Resonanz mit göttlichen Wesen von einer so hohen Frequenz – diese Begriffe beschreiben es nicht wirklich –, daß man sagen kann, sie befinden sich in Resonanz. Das heißt also nicht, daß es Wesen gibt, die in der Sonne leben, so, wie ihr es versteht, sondern daß es Wesen gibt, die sich in Resonanz mit der Sonne befinden und die Sonne und alle Galaxien bewohnen.

F: Sind Lichtstrahlen denn Lichtwesen? Ein Teil des Geistes Gottes? Haben sie ein Bewußtsein?

P'taah: Liebe, alles hat Bewußtsein, aber die Lichtwesen, wie ihr sie nennt, sind sozusagen eine Energiekonzentration sowohl von sich selbst als auch von allem anderen. Man kann das nicht auf ein einziges Ding beschränken. Das ist eine Angewohnheit von euch. Ihr seid Teil der Lichtexistenz, des Licht-Seins. Es ist nur eine Sache der höheren und immer noch höheren Frequenz – bis ins Unendliche.

F: Ich glaube, ich muß darüber nachdenken.

P'taah: Mach dir keine Gedanken darüber, Geliebte. Tauch in Gefühle darüber ein, damit du verstehst, daß du ebenfalls ein Teil dieses Licht-Seins bist. In Wirklichkeit gibt es nichts, wovon du nicht Teil bist, und *es gibt nichts, was nicht Gott ist.* Je mehr ihr darüber nachdenkt, desto mehr grenzt ihr es ein; und eines seid ihr wirklich *nicht,* ihr seid nicht Begrenztheit. Ihr seid der Gott/ die Göttin, die sich in der Menschheit, im menschlichen Sein ausdrückt, und *was ihr seid, ist ehrfurchtgebietend.*

Nun, Geliebte, das reicht für heute abend. Geht in Freude, ihr Lieben. Schaltet den Verstand aus, schaltet das Herz ein und das Lachen, damit euch die Resonanz mit euch selbst, mit dem Planeten und allem, was sich auf ihm und in ihm befindet, in Übereinstimmung bringt. Geht in Liebe und wißt, daß ihr, ob es euch bewußt ist oder nicht, eine Ausdrucksform von Liebe seid. Es gibt nichts zu *tun,* ihr Lieben, es gilt nur zu *sein* in jedem Moment des Jetzt in seiner ganzen Fülle. Das ist alles. Dann werdet ihr tatsächlich einen unvergleichlichen Reichtum erfahren.

So, ihr Geliebten meines Herzens, wir freuen uns schon darauf, euch bald wiederzusehen. Guten Abend.

SIEBTE ÜBERMITTLUNG
29. Januar 1992

P'taah: So, wir freuen uns wie üblich auf eure Fragen.

F(M): P'taah, kannst du mir sagen, wie sich die verschiedenen Nahrungsmittel auf uns auswirken? Kräutertees zum Beispiel entspannen uns, Pilze können unter Umständen Halluzinationen hervorrufen, Zucker kann einen Adrenalinstoß auslösen.

P'taah: Nun, vieles davon ist natürlich durch eure Glaubensstrukturen bedingt. Grundsätzlich ist es so, daß der Körper über eine gewisse Sensitivität verfügt, die auf emotionale Unterdrükkung oder emotionales Unwohl-Sein reagiert, und jedes wie auch immer beschaffene emotionale Unwohl-Sein wird im Körper registriert. Die Menschen drücken je nach ihrer Art dieses Unwohl-Sein auf verschiedene Weise aus. Manche in Form einer Allergie, andere durch eine Mutation der Zellen und so weiter. Die Wirkstoffe in den Nahrungsmitteln, zum Beispiel in den Pilzen, oder die Eigenschaften von Marihuana oder anderer natürlicher bewußtseinsverändernder Substanzen sind alle vorhanden, um je nach Wunsch genutzt zu werden. Möchtest du noch mehr Informationen?

F: Ja. Ich dachte eher an solche Reaktionen wie Übelkeit oder Hautrötungen, wenn wir bestimmte Beeren essen oder mit bestimmten Pflanzen in Berührung kommen. Warum reagiert der Körper auf diese Weise, wenn wir uns doch, bevor wir zum Beispiel die Beeren aßen, der Konsequenzen gar nicht bewußt waren?

P'taah: Aha, aber schau, Lieber, die Eigenschaften der Pflanze haben nichts mit der Tatsache zu tun, daß du sie angezogen hast. Du ziehst etwas an, um es zu betrachten. Doch, ihr Lieben, wir möchten euch wie immer sagen: Es muß nicht beschwerlich sein.

F(M): Ich grüße dich, P'taah. Gestern habe ich eine Schar Lorikeets* beobachtet, die absolut synchron dahinflog, was an sich nichts Unverständliches ist. Doch dann geschah etwas (und das mag vielleicht komisch klingen): Sie pupsten alle gleichzeitig. Ich frage mich, was das für eine Art von Bewußtsein ist und wie wir uns darin einklinken können. Ich meine diesen Fluß, diese Bewegung im Einklang mit allem und dieses absolute Einvernehmen, dieses absolute Verständnis füreinander.

P'taah: Nun, Lieber, du hast dich mit deiner Beobachtung bereits in Kontakt damit gebracht. Das menschliche Bewußtsein arbeitet in gleicher Weise, nur bemerkt ihr das normalerweise nicht. *Wenn ihr die Dinge von höherer Warte aus überblicken könntet, würdet ihr sehen, daß eure innerste Glaubensvorstellung von eurer Realität einen Verhaltensmodus schafft, dem zufolge jeder auf die gleiche Weise re-agiert,* das heißt alle die, die sich in dieses Bewußtsein einklinken. Aus dieser übergeordneten Perspektive könntet ihr auch Gezeiten, Ebbe und Flut, im Bewußtsein wahrnehmen und sehen, daß sich die Bewegungen der Menschheit mit denen eines Fischschwarms oder einer Vogelschar vergleichen lassen. Allein schon der Wunsch, zu einem solchen Wahrnehmungsvermögen zu gelangen, erhöht bereits deine Gewahrseinsebene.

F: Es geht also darum, jede ankommende Energie zuzulassen, gleich, ob sie gut oder schlecht ist?

P'taah: Energie ist Energie, Geliebter. Nur deine Bewertung bezeichnet sie als gut oder schlecht. Es ist alles bloß Energie.

F(M): P'taah: Ich habe Freunde in der Bewegung zur Befreiung der Tiere, die Gewaltanwendung für gerechtfertigt halten, um ihre Ziele zu erreichen.

P'taah: Die Anwendung von Gewalt hat ihre Gültigkeit, ist aber nicht die optimale Vorgehensweise. Es gibt immer einen anderen Weg. Mit Sicherheit sind an Tieren begangene Grausamkeiten eine Co-Kreation, damit die Menschheit zum Mitgefühl gelangen kann. Sie berühren das menschliche Herz stärker als mißhandelte Menschen. Es kommt häufig vor, daß normalerweise überaus friedfertige Menschen, wenn es um leidende Tiere geht, derart aufgebracht sind, daß in ihren Herzen die Bereitschaft zur Gewalt-

---

* Eine australische Papageienart.

142

tätigkeit entsteht. Wenn jedermann verstünde, daß und warum es sich um eine Co-Kreation handelt, würden alle erkennen, daß Gewalt unnötig ist. Du hast in jedem Augenblick die Wahl, wie du eine Emotion betrachten und wie du auf sie reagieren möchtest, Geliebter. Natürlich kannst du dir auf einer Ebene sagen, daß die Anwendung von Gewalt nie notwendig ist; daß sie nicht erwünscht ist. Wenn du davon ausgehst, daß der Wunsch der Menschheit Friede und Harmonie und allseitige Liebe ist, würde man, um dieses Ziel zu erreichen, unter keinen Umständen Gewalt anwenden. Doch Gewalt hat ihre Gültigkeit, Geliebter, denn sie IST. Es würde sie in ihrem ISTSEIN nicht geben, wenn sie nicht ihre Gültigkeit hätte.

F(M): P'taah, in der letzten Sitzung hast du gesagt, daß Joshua nicht gekreuzigt wurde. Jani meint, daß du in einer anderen Sitzung einmal sagtest, daß er gekreuzigt wurde. Könnten wir bitte eine klare Antwort auf die Frage erhalten, ob Joshua physisch gekreuzigt wurde oder nicht?

P'taah: Eine Antwort ja oder nein? Nun, wir werden wohl in eine längere Erörterung einsteigen müssen. Schaut, ihr Lieben, hier geht es um folgendes: «Würde der echte Joshua Ben Joseph bitte aufstehen.» Als Ideen-Konstrukt ist er das, was die der christlichen Kultur angehörenden Menschen als Joshua Ben Joseph, der für die Sünden der Menschheit gekreuzigt wurde, geschaffen haben. Und das ist real, Lieber. Das ist real. Das muß unmißverständlich klar sein. Das, was ihr im menschlichen Kollektivbewußtsein erschaffen habt, ist eine Realität, und im Laufe all der Jahrhunderte wurde aufgrund der darauf gerichteten Energie etwas Größeres und klarer Definiertes daraus, als es das Original war. Nun, Joshua Ben Joseph, der Mann, wurde ans Kreuz genagelt. Er wurde dadurch nicht vernichtet. Wir sprechen von dem, was sich gemäß der Vorstellungen der Menschen danach ereignete: Da waren der Tod, die Auferstehung und die Himmelfahrt. Da war auch die Rückkehr. Nun gibt es viele Mythen über das Leben des Joshua Ben Joseph. Wir möchten euch sagen, daß er ein glücklich verheirateter Mann mit Familie war, der in Wahrheit ein ziemlich normales Leben nach der Art seiner Zeit führte. Und seine Mutter war eine ganz normale Frau ihrer Zeit, eine sehr begabte und in ihrer Gemeinde ziemlich berühmte Frau – die wohl sehr verwundert gewesen wäre zu hören, daß aus ihr eine Isis wurde. Und der Mann Joshua Ben Joseph wäre wahrscheinlich entsetzt gewesen, hätte er gewußt, in welchem Ausmaß das, was er der Menschheit mitzuteilen hatte, in den kommenden Jahrhunderten pervertiert werden würde. Aber, ihr Lieben, das alles ist eine Co-Kreation. Unterm Strich spielt es keine Rolle. Es gibt viele Geschichten. Jede hat ihre Gültigkeit. Doch die machtvollste Realität ist der Mythos, den die Menschheit geschaffen hat. Er ist konkret und sehr viel größer als das ursprüngliche Ereignis.

F: Ich danke dir. Mir ist durchaus klar, daß uns die historischen Fakten dem Gott im Innern nicht um ein Jota näherbringen, aber wir sind unser ganzes Leben lang mit einer bestimmten Wahrheit aufgewachsen und durch sie geprägt worden...

P'taah: Ganz recht, und wir verstehen euren Wunsch, euch sicher sein zu können, daß das, was wir sagen, Gültigkeit hat, und das ist in Ordnung. Das, Lieber, nennt man Scharfblick und Urteilskraft.

F(M): Was war das für ein Stern, der die drei weisen Männer leitete?

P'taah: Es war kein Stern, es war ein Schiff. Und Bethlehem ist der Name eines Schiffes.

(Der Mann befragt P'taah weiterhin zu biblischen Ereignissen.)

P'taah: ...Du gehst davon aus, daß die ganze Geschichte mit eurem Buch (der Bibel) ihren Anfang nahm. Das ist nicht der Fall. Vor diesen geschichtlichen Aufzeichnungen geschah mehr als danach. Die biblische Geschichte war nur die Sache einer winzigen Zivilisation. Es gab großartige Zivilisationen auf euren anderen Kontinenten, die weitaus älter waren als diese. Du konzentrierst dich auf diesen kleinen Abschnitt, weil er euer kulturelles Erbe beinhaltet. Es ist Zeit, daß ihr dieses Erbe erweitert.

F: Kannst du mir den Vorgang des Zungenredens erklären?

P'taah: Ich habe keine Ahnung. Es schien mir immer ein sehr außergewöhnliches Phänomen zu sein.

F: Mir auch.

P'taah: Lieber, in gewisser Weise ziehe ich dich ein bißchen auf.

Was immer existiert, hat seine Gültigkeit. Wenn es sich gut an- fühlt, mach es, wenn nicht, dann mach es nicht. So einfach ist das. Man muß nicht unbedingt auf dem Boden liegen und Zungen- reden, aber es hat ebenso seine Gültigkeit wie der Aufenthalt in deinem Garten. Wenn du dich mit deinem Garten beschäftigst, erfährst du ganz sicher Gott. Wenn jemand aus dem Gärtnern ein Dogma zu machen wünscht, hat das ebenso seine Gültigkeit, wie wenn man aus dem Zungenreden ein Dogma macht oder aus dem Verbot, am Freitag Fleisch zu essen, oder daraus, daß man all seine Sünden einem Mann beichtet, der als dein Mittelsmann zu Gott fungiert. Alles hat seine Gültigkeit, was es auch sei.

F(F): Ich grüße dich, P'taah. Ich bin im Moment wütend. Ich dachte, ich hätte das für mich geklärt, muß nun aber feststellen, daß mich dieses Reden über die Christen heute abend in Wut versetzt.

P'taah: Aber natürlich, Liebe. Es bringt Erinnerungen hoch, wie? Und sie gehören auch zu diesem Leben.

F: Ich habe das Gefühl, daß sich alles gleichzeitig abspielt. Ich komme nicht über die Wut hinaus, um zu dem dahinterliegenden Schmerz zu gelangen, worin immer er auch besteht.

P'taah: Das ist in Ordnung. Es gibt viele, die diese Wut über die Ungerechtigkeit, die Versklavung und dieses «Schau dir an, was diese Scheißkerle mir angetan haben» empfinden, nicht wahr? Warum hast du dir das überhaupt geschaffen?

F: Um das Gefühl zu fühlen.

P'taah: Richtig. Um die Dichotomie von Trennung und Ein- heit zu erfahren. Wir haben zu euch von Vergebung gesprochen. Wenn es keine Schuldzuweisung gibt, wenn ihr die Verantwor- tung übernehmt im Wissen, daß ihr es um der Weisheit willen geschaffen habt, könnt ihr den Zorn, die Wut und den zugrun- deliegenden Schmerz akzeptieren und zulassen. Und ihr werdet erkennen, daß es das ist, was euch hierhergebracht hat. Verurteilt euch nicht dafür, daß ihr nicht alles auf einmal umwandeln könnt.

F: Was die Urteile über uns selbst angeht, so habe ich ein paar Affirmationen für meine Tochter entwickelt, die sich selbst stark verurteilt. In dem Gefühl, daß sie ihr helfen könnten, bat sie mich, diese Affirmationen auf ein Tonband zu sprechen. Ich möchte wirklich gerne, daß sie ihr von Nutzen sind. Ich empfinde immer noch Schmerz und große Schuldgefühle ihr gegenüber. Kannst du etwas über Affirmationen sagen und darüber, wie sie uns durch unsere Vorstellungen von uns selbst geleiten?

P'taah: Liebe, wir verstehen. Viele Menschen halten die Affirmationen für einen Zauberstab. Das können sie auch durchaus sein. Wenn du mit Affirmationen arbeiten möchtest, wirst du unter Umständen feststellen, daß dir die Wiederholungen den Weg zum Wissen bahnen, daß ein Gedanke, mit dem du dich mehr und mehr vertraut machst, Bestandteil deiner Glaubensstruktur wird. So gesehen können Affirmationen eine große Unterstützung sein. Und alles, was dir eine Stütze ist, ist wunderbar. Wenn du dich also wohl damit fühlst, mach es. Es ist in Ordnung.

F (M, *hustend*): Meine Frage bezieht sich auf dieses Husten, und wahrscheinlich ist sie ein bißchen albern. Ich glaube, daß sich das, was sich in unserem Geist abspielt, auch im Äußeren zeigt, in unserem Körper. Ich habe nun diesen hartnäckigen kleinen Husten seit Wochen und das Gefühl, daß er mich ein bißchen durchschütteln und sagen will: «He, schau dir was an, oder mach was, oder sag was», aber ich bin mir nicht sicher, woran ich es festmachen oder worauf ich reagieren soll.

P'taah: Es geht darum, daß du aussprichst, was dich stört und beunruhigt.

F: Alles, was mich stört?

P'taah: Wenn du es für angemessen hältst, Geliebter.

F: Der Husten wird also so lange andauern, bis ich mich damit befasse? Oder wird er andauern, wenn ich glaube, daß er das tut?

P'taah: Sehr wahrscheinlich. Du erschaffst dir deine Realität, Geliebter, nicht ich. Ich habe dir nur einen Vorschlag gemacht.

F: Wenn ich das Gefühl hätte, daß es gar nichts gibt, womit ich zu Rande kommen müßte oder das ich durchzuarbeiten hätte, dann würde sich die Notwendigkeit für diesen Husten erübrigen, oder?

P'taah: In der Tat. Nur ein bißchen damit rumspielen, wie? Du kannst dich fragen, welchen Lebensbereich du wirklich fördern möchtest.

F: Hat die Tatsache etwas zu besagen, daß ich fünf oder sechs Stunden lang nicht huste, wenn ich allein bin, daß der Husten aber sofort anfängt, wenn das Telefon klingelt oder jemand an die Tür klopft, ich also Kontakt mit einer anderen Person aufnehme?

P'taah: Was sagt sie dir?

F: Daß ich nicht kommunizieren will?

P'taah: Genau. Daß du dich verpflichtet fühlst, dich mit anderen Leuten abzugeben, zu kommunizieren, und daß du dann vielleicht nicht das sagst, was du eigentlich sagen möchtest, nämlich unter Umständen auch, daß sie «verdammt noch mal verschwinden sollen», nicht wahr?

F: Sollte ich mal eine Zeitlang für mich allein sein?

P'taah: Sehr wohl möglich, Geliebter.

F(M): Eine Freundin von mir ist Hellseherin. Sie weiß sehr interessante Dinge über die Zukunft zu sagen. Mir ist bewußt, daß sie ihre Gültigkeit haben, da sie an sie glaubt. Wenn ich ihnen Macht verleihe, werden sie auch für mich Gültigkeit haben; aber wieviel Macht kann man diesen Dingen geben?

P'taah: Soviel du willst, Geliebter. Siehst du, eine Hellseherin ist eine Person, die in eine wahrscheinliche Zukunft blickt. Nun, du kannst diese Zukunft verändern. Wenn du eine Hellseherin aufsuchst und sie dir etwas sehr Schönes erzählt, wirst du es meist nicht ändern wollen. Vielmehr wirst du beglückt diesem Gedanken Macht verleihen. Das ist in Ordnung, Lieber. Wenn es sich um eine schöne Sache handelt, magst du ihr Macht verleihen, aber es kann auch sein, daß die Vorhersage nicht exakt ist. Deshalb werden dir viele Wissenschaftler sagen, daß an der Sache nichts dran ist. Sie werden dir vorhalten, daß dies und dies nicht eintrat, obwohl es vorhergesagt wurde. Wir möchten nur, daß ihr euch darüber im klaren seid, daß es sich um eine *wahrscheinliche* Realität handelt, die ihr gemäß eurer Entscheidung an jedem Punkt der Wahl verändern könnt. Wenn du diese Hellseherin nicht aufgesucht und keine Ahnung hättest, was da für dich geplant ist, wärst du trotzdem derjenige, der jede Entscheidung trifft. Du würdest fragen: «Ist es immer noch eine wahrscheinliche Realität?» Verstehst du? Von Kindheit an, wenn du aufgrund von emotionalen Wünschen, Re-Aktionen und so weiter Entscheidungen zu fällen beginnst, triffst du bis an dein Lebensende ständig eine Wahl, entscheidest du dich für eine Situation im Gegensatz zu einer anderen. Und dadurch, daß du deine Gedankenkraft und Wunschvorstellung auf die andere Wahlmöglichkeit gerichtet hast, hast du ihr ihre eigene Realität verliehen, die nun ebenso wirklich und gültig ist wie die, auf die du dich schließlich konzentrierst. *Wenn du dann erwachsen geworden bist, existieren viele wahrscheinliche Realitäten, und jede davon ist so real wie diese hier.*

Es ist also nur so, daß sich jemand in eine künftige wahrscheinliche Realität einklinkt und du dann, wenn es sich um etwas Unheilvolles handelt, wählen kannst. Du brauchst dich nicht für diese angesprochene Realität zu entscheiden, du kannst dir etwas ganz anderes wünschen.

F: Es ist erstaunlich, daß sie Dinge aus der Vergangenheit sah, von denen sie keinerlei Kenntnis haben konnte.

P'taah: Lieber, das ist nichts anderes. Es geschieht alles zur gleichen Zeit. Es ist alles da.

F(M): Wenn ich dich richtig verstanden habe, haben wir uns dafür entschieden, zu einem bestimmten Zeitpunkt, oder viele Male, auf die Erde zu kommen, um unterschiedliche Erfahrungen zu machen.

P'taah: Das ist richtig.

F: Wir wählen also die Dinge, die uns im Leben passieren?

P'taah: Das tut ihr.

F: Wenn ich also die Wahl treffe, als Krüppel zur Welt zu kommen, werde ich als Krüppel geboren?

P'taah: Ganz recht. Um der Erfahrung willen.

F: Und wenn ich dann eine Erfahrung satt habe und sie verändern möchte, kann ich sie verändern, nicht wahr?

P'taah: Aber natürlich.

F: Wie? Indem ich es mir wünsche?

P'taah: Indem du weißt, daß du es kannst.

F: Wenn ich krank bin, kann ich es ändern, indem ich meinen Grips gebrauche und bestimmte Dinge tue?

P'taah: Als erstes mußt du wissen, was die Krankheit verursacht hat.

F: Die physischen oder emotionalen Ursachen?

P'taah: Lieber, *es sind ausschließlich emotionale Ursachen.* Wir sprechen hier nicht von einer Entscheidung, vor der Geburt, für einen behinderten Körper; wir sprechen vom Unwohl-Sein, das im Laufe des Lebens im Körper geschaffen wird. Es ist immer die Emotion, die es erschafft, weil *alles ein Spiegelbild ist.* Der Körper spiegelt nur den Energiezustand der Person wider.

F: Ich kann also durch eine Veränderung meiner Emotionen den Krankheitszustand ändern?

P'taah: Du mußt das akzeptieren, was den Schmerz schafft.

F: Es lieben.

P'taah: Aber natürlich. Und du mußt auch das Unwohl-Sein lieben. Und das kannst du tun, wenn du begreifst, daß du das alles erschaffen hast, um zum Nicht-Getrenntsein, um zur Erkenntnis zu gelangen, wer du bist. Erfahren, Lieben, Sein – so kannst du alles, was in deinem Leben unharmonisch ist, in Liebe, in Licht, in ein Leben im Gotteslicht verwandeln.

F: Es geht also um das Akzeptieren und Lieben, egal, was sonst ist.

P'taah: Ganz recht. Aber es geht darum, das Selbst zu lieben – *alles davon.* Unwohl-Sein entsteht aus einem Mangel an Selbst-Liebe, denn wenn du das Selbst liebtest, befände sich der Körper in wunderbarem Frieden und Harmonie.

Wir möchten euch bitten, für den Moment eure Fragen zurückzustellen, wir machen eine Pause. Wir danken euch, ihr Lieben, und kehren bald zu euch zurück.

Nach der Pause:

F(F): Wie komme ich aus dem Teufelskreis meines Lebens heraus? Ich fühle mich in der Falle. Ich habe keinerlei Motivation, fühle mich nur frustriert. Wie kann ich mich selbst finden?

P'taah: Nun gut, Liebe, wir wollen dir als erstes eine Übung mitgeben. Sie ist für alle von euch, die sich ebenso fühlen. Beim Aufwachen am Morgen stellt ihr euch die Frage: «Was wünsche ich mir für diesen Tag?» «Was bringt mir Freude?» Und erkennt euren Wunsch an, ihr Lieben, selbst wenn er euch völlig unmöglich erscheinen sollte. Ihr könnt euch sagen: «Ich will gehen und das tun, was mein Herz zum Singen bringt.» Versteht ihr? Damit erkennt ihr an, daß ihr die Macht habt, zu erschaffen, was immer ihr wollt. Nun, ihr mögt sagen: *«Ich wünsche, daß der Gott/die Göttin meines Seins Freude hervorbringt, Liebe hervorbringt, und ich verstehe, daß ich die zentrale Sonne meines Universums bin. Ich kann haben, was immer ich mir wünsche.»* Und, Liebe, du mußt wissen, daß du auf niemanden zu hören brauchst, außer auf dich, denn in deinem Innern kennst du alle Antworten; wenn du andere Leute fragst, so sind sie gewöhnlich ebenso verwirrt wie du. Du hast jede Antwort in deinem Innern, und, Liebe, Angst hat in der Tat ihre Gültigkeit. Du hast deine Realität gegenwärtig so erschaffen, daß du zu der Erkenntnis gelangen kannst, wie du die Polaritäten der Angst und Liebe annehmen, wie du das Nicht-Getrenntsein des Selbst vom SELBST erfahren kannst. Auf diese Weise wirst du dazu kommen, die, die du bist, zu lieben und zu ehren. Wenn du dir vor dem Spiegel das Haar bürstest, dann schau in deine Augen und wisse, daß du in die Augen des Gottes/der Göttin, des ALLES, WAS IST, blickst, die sich in der dritten Dichte ausdrücken. Liebe, du hast dich hier erschaffen. Du hast das um der Erfahrung willen getan, und du hast die Wahl, wie die Erfahrung aussehen soll. Du bist sehr machtvoll. Die Menschen verstehen ihre eigene Macht nicht. Du mußt wissen, daß du, wenn du dich machtlos fühlst, nur die Erfahrung einer Polarität machst. Wo das eine existiert, existiert auch das andere. *Es existiert nicht, um verurteilt zu werden. Es existiert, um bereitwillig angenommen zu werden.* Du mußt wissen, daß du dir, wenn du Angst hast, diese Angst gleichsam wie dein inneres Kind vorstellen kannst. Du kannst dieses Kind in den Armen halten, es beruhigen, es trösten und ihm sagen: «Es ist alles in Ordnung. Ich werde nie zulassen, daß du allein bist. Ich liebe dich.» Damit wird die Angst akzeptiert und in Liebe verwandelt. In dieser Liebe wirst du die Macht erkennen. Hilft dir das, Liebe? Gut so.

F(F): P'taah, hat die Aufnahme von chemisch behandelter und von Menschen fabrizierter synthetischer Nahrung ebenso ihre Gültigkeit wie die natürlicher Nahrungsmittel?

P'taah: Das hat sie, Liebe.

F: Ich begreife nicht, wie sie gleichwertig sein kann.

P'taah: Ich habe nicht «gleichwertig» gesagt. Ich sagte, sie hat ihre Gültigkeit. Nun willst du sicher vernünftigerweise darauf achten, was du deinem Körper zuführst, hm? Da gibt es das, was ihr mit eurer Mutter, der Erde, gemeinschaftlich erschaffen habt; die freigiebige Natur, die da ist, um euch zu unterstützen und zu ernähren. So sollt ihr tatsächlich aller Nahrung, die ihr aufnehmt, Liebe und Dankbarkeit entgegenbringen. Und ihr solltet, wo immer möglich, natürliche Nahrungsmittel und das, was euer Auge und eure Sinne erfreut, zu euch nehmen, aber in Wirklichkeit spielt es keine Rolle. Nun, das wollen wir euch etwas ausführlicher erklären. In Wahrheit *braucht ihr eigentlich für eure Existenz keine Nahrungsmittel*, aber ihr glaubt, daß ihr sie braucht, und deshalb sterbt ihr auch tatsächlich, wenn ihr nichts eßt. Aber wie wir euch bereits sagten, gibt es unter euch Menschen, die sich mit dem Wissen in Einklang gebracht haben, daß der Körper vom Gotteslicht aufrechterhalten wird. Von eurer Licht-Wesenheit. Und daher ist es tatsächlich nicht nötig, daß ihr materielle Substanzen zu euch nehmt. Den meisten Menschen bereitet das Essen großes Vergnügen. Das Essen, die Farben, der Geruch, der Geschmack, es ist eine Kunstform. Ist es nicht so, Liebe? Also genießt eure Kunstform. Genießt euer Essen. Es ist wundervoll. Du hast ganz sicher eine Glaubensstruktur in bezug auf das, was sich auf deinen Körper auf diese oder andere Weise auswirken wird und was nicht, und natürlich ist es so, wie du glaubst.

F: Würde man, wenn man ausgeglichen ist, sich in Balance befindet, die Auswirkungen von Drogen wie Haschisch oder Pilzen verspüren?

P'taah: Tatsächlich würden sie keine nachteiligen Auswirkungen haben. Nun haben sicher viele eurer chemischen Stoffe physische Konsequenzen. Vieles hängt vom Warum ab. Für viele Menschen sind Drogen ein Fluchtmittel. Manche würden alles tun, um ihrem Lebensschmerz zu entfliehen. Manche nehmen Drogen wegen des Nervenkitzels, aus Neugier, und das ist in Ordnung. Und dann gibt es Menschen, die Drogen zur vermeintlichen Bewußtseinserweiterung einsetzen, um auf dem «spirituellen Weg» zu sein. Nun, wir möchten sagen, daß es keine Wegabkürzung gibt. All das hat seine absolute Gültigkeit. Wir verurteilen nicht, aber wir möchten sagen, daß es vernünftig ist, Urteilskraft walten zu lassen. *Ihr werdet keine erleuchteten Meister dadurch, daß ihr Drogen nehmt.* Und wenn sie sich physisch nachteilig auswirken, ist es vernünftig, sie nicht zu nehmen.

F(M): In den letzten paar Monaten bin ich sehr lärmempfindlich geworden. Ist das normal?

P'taah: Es ist das, was du als ein Nebenprodukt der Feineinstimmung bezeichnen könntest. Wenn du zu einem erhöhten Wahrnehmungsvermögen gelangst, kannst du laute Geräusche als unharmonisch empfinden. Das ist in Ordnung. Wenn das für dich nicht in Ordnung sein soll, wirst du feststellen, daß du noch empfindlicher wirst, und dann kann die Sache für dich sehr ärgerlich werden. Du wirst oft merken, daß du sensible Bereiche in deinem Körper entwickelst, auch Allergien und so weiter. Und so wirst du, während du immer besser verstehst, wie du in diesem Universum agierst, dir nur immer schneller Situationen schaffen, die du akzeptieren sollst.

F: Klingt wundervoll.

P'taah: Du wirst es in solchen Momenten für nicht so wundervoll halten, aber ich kann dir versichern, daß es schließlich in Ordnung sein wird.

F: Existiert auf diesem Kontinent ein multidimensionales Tor*?

P'taah: Das gibt es in der Tat.

F: Wo befinden sich diese Tore?

P'taah: Es gibt neue Tore, die im Grunde eine Erweiterung der bereits existierenden Tore darstellen. Aber wie du weißt, verändern und verlagern sich die Energien, und sie haben keinen geographischen Ort, wie ihr es nennen würdet. In den nächsten Jahren eurer Zeit werden diese Tore immer breiter und breiter werden, und die Ausdehnung wird immer rascher vonstatten gehen. Dies ist Bestandteil der allgemeinen Veränderung. Die elektromagnetische Energie der Erde verändert sich, und damit verändern sich auch die Tore. In gewisser Weise handelt es sich um Wirbel elektromagnetischer Energie.

---

* Ein ätherisches Energietor oder eine Energiepforte.

F(F): Ich schaue auf eine Person, und äußerlich scheint alles ruhig zu bleiben, sogar meine Katze, aber innerlich stellen sich mir alle Stacheln auf. Mir scheint, daß ich kein negatives Urteil über die Person gefällt habe, wenn sich eine solche Reaktion einstellt.

P'taah: Bist du dir da ganz sicher, Liebe? Weißt du, es muß sich nicht unbedingt äußerlich zeigen, wenn du im Grunde innerlich ganz genau weißt, wie es sich verhält. Hm? Das sich im Äußeren darstellende Urteil ist ein Spiegelbild, um dir zu zeigen, was innerlich stattfindet. Wenn du es weißt, brauchst du das Spiegelbild nicht. Und ich denke, du weißt sehr gut, was in deinem Innern los ist.

F: Ja. Ich bin den Kompromiß des Zulassens eingegangen.

P'taah: Liebe, es geht nicht um den Kompromiß und das Zulassen im Äußeren. Es geht um das Zulassen im Innern. Und es muß kein Kompromiß sein, weißt du. Ein Kompromiß bedeutet immer, daß du deine Macht abgibst. Du mußt keinen Kompromiß eingehen. Doch wenn es dein Wunsch ist, «Frieden zu bewahren», dann ist das stets deine Wahl, wie du weißt. Gefällt es dir nicht, wie es ist, dann ändere es.

F: Sind die australischen Ureinwohner Sternensaat?

P'taah: Aber natürlich, Liebe. Die australischen Ureinwohner haben eine Mythologie, die sich auf ihre Verbindung mit den Sternenwesen bezieht. Doch wurde dies, wie die meisten Wahrheiten, die zur Mythologie wurden, so verhüllt, daß aus diesem Faktum nur eine weitere wunderschöne Geschichte wurde. Die Menschheit ist Sternensaat, und in den Äonen vor eurer Zeit wurde viel mit Gentechnik gearbeitet. Es gab Veränderungen und viel Kommen und Gehen, woraus dann eure schönen Geschichten von den Göttern und Göttinnen entstanden. Es ist auch so, daß noch keine Überbleibsel von den Zivilisationen vor eurer geschichtlichen Überlieferung gefunden wurden. Das wird sich jedoch ändern, denn künftig werden einige Artefakte dieser Zivilisationen ans Licht kommen. Dann werden eure Wissenschaftler ganz schnell ihre Meinung ändern.

F(M): Kannst du uns etwas über die Regenbogenschlange der australischen Ureinwohner sagen?

P'taah: Sie ist ein Symbol für das frühere Wissen der Ureinwohner, daß Energie etwas Greifbares ist. Sie erinnert noch daran, daß diese Rasse die Energie in einer Weise manipulieren konnte, die die Menschheit nun vergessen hat. Sie konnten Energie materialisieren und sie in eine greifbare Form bringen. Daraus ist diese wunderschöne Geschichte entstanden. Die Regenbogenschlange hat viele Bedeutungsebenen, und sie steht auch für die verschiedenfarbigen Schichten der Dichte. Sie besagt, daß die Menschen simultan in Multidimensionen leben. Dieses Verständnis von Energie, dieser schöpferische Umgang mit Energie heißt, sich in die Multidimensionalität des Menschen einklinken.

F(M): Wann ging diese Fähigkeit der Ureinwohner, Energie materialisieren zu können, verloren?

P'taah: Etwa zur selben Zeit, als sie auch dem Rest der Menschheit auf eurem Planeten abhanden kam. Aber es gibt natürlich auch heute Menschen, die von Natur aus diese Fähigkeit besitzen. Menschen, die man Meister nennt. Das ist ein wunderbares Lehrstück. Es zeigt den Menschen ihre Möglichkeiten auf. Das ist das innere Wissen, daß alles möglich ist, daß ihr wirklich alles erschaffen könnt und daß ihr durch bloße Gedankenkraft binnen eines Augenblicks Materie erschaffen und bewegen könnt. Viele von euch besitzen die Fähigkeit der Telekinese, wissen, wie man Gegenstände bewegt, ohne sie physisch zu berühren. Es gibt also viele Dinge, zu denen ihr befähigt seid. Bei unserer letzten Zusammenkunft sprachen wir über außersinnliche Wahrnehmung und das sogenannte Paranormale. Ihr sollt verstehen lernen, daß das alles ganz normal ist. Diese Fähigkeiten werden immer verbreiteter werden. Und in dem Maße, wie ihr euch eurer Möglichkeiten immer bewußter werdet, werdet ihr auch die entsprechenden Fähigkeiten entwickeln.

F: Ich sah in einer Fernsehdokumentation etwas, das wie Ruinen von verlassenen Städten im Norden Australiens aussah. Kannst du mir sagen, wann diese Städte bewohnt wurden?

P'taah: Wir sprechen von der Zeit Lemurias, Lieber.

F(M): Vor vielen Jahren wurde ich in eine balinesische Selbstverteidigungsmethode eingeführt. Wenn jemand mich anzugreifen versuchte, sprach ich bestimmte Worte und machte bestimmte Gesten, und der Angreifer, der mit einem Satz auf mich zusprang, schien gegen eine Energiewand zu prallen und fiel zu Boden, ohne mich berührt zu haben. Kannst du mir sagen, wie das funktioniert?

P'taah: Lieber, ganz genauso, wie Menschen über glühende Kohlen gehen können, ohne sich zu verbrennen. Es entsteht daraus, daß man weiß, daß es so ist.

F: Du meinst, aus dem Innern?

P'taah: Aber natürlich, Geliebter. *Es ist nur das Wissen.* So machst du alles. So schaffst du dir tagtäglich deine Existenz – durch das Wissen. Dein Körper hat dieses Wissen in jeder seiner Zellen, besitzt zellulare Integrität, und so verhält es sich auch in DIR.

F: Das verleiht uns wirklich in kurzer Zeit ein unglaubliches Potential.

P'taah: Geliebter Mann, *die Menschen von heute können sich euer Potential noch nicht einmal in ihren kühnsten Träumen vorstellen. Ihr seid eigentlich grenzenlose,* wunderbare, machtvolle Wesen. Durch diese Übungen, bei denen ihr das tut, was logisch gesehen unmöglich zu sein scheint, zeigt ihr euch immer und immer wieder selbst, daß ihr keine begrenzten Wesen seid.

(Ein Herr fragt P'taah nach bestimmten hieroglyphischen Zeichen, die in Australien gefunden wurden.)

P'taah: Es sind tatsächlich die gleichen, die ihr auch in den ägyptischen Pyramiden findet. Wißt ihr, in eurer Vorgeschichte fand ein reger Wissensaustausch von Kontinent zu Kontinent statt. Das damalige Australien lag dem Kontinent von Lemuria sehr nahe, und es gab Landbrücken, die alle Kontinente auf eurem Planeten miteinander verbanden. Man reiste auch mit Raumschiffen von einem Planeten zum anderen, eine Transportmethode, die es künftig wieder geben wird. Die Hieroglyphen stammen ursprünglich auch von den Sternenwesen. Diese Gegend eures Landes war tatsächlich ein Ort der Macht und eine große Ausbildungsstätte. Die Menschen kamen dorthin, so wie sie auch nach Ägypten gingen, um die großartigen Schulen zu besuchen. Es existieren ein paar Artefakte, die noch nicht entdeckt wurden, und wenn sie einmal gefunden werden, werden sie euren Wissenschaftlern große Rätsel aufgeben.

F: Um auf die australischen Ureinwohner zurückzukommen: Warum haben sie die Fähigkeit, zu materialisieren, verloren?

P'taah: Nicht nur sie konnten das, sondern die ganze Menschheit. Die Menschen haben es einfach vergessen. In gewisser Weise war es auch die Entscheidung für eine andere Erfahrung: *In die Trennung einzutreten, um die Nicht-Trennung zu verstehen.* Das Wissen war schon lange verschwunden, bevor die Europäer den Fuß auf euren Kontinent setzten. Das gleiche trifft auf die schamanische Magie und das Wissen der Indianer zu. Einst war es allgemeines Wissensgut. Es existiert nicht mehr, obgleich große Anstrengungen unternommen werden, dieses Wissen wiederherzustellen. Und dasselbe geschah mit den Druiden und dem Wissensgut vieler alter Orden. Es ist nicht mehr vorhanden. Seht ihr, dieses Wissen geht immer dann verloren, wenn es geheimgehalten, wenn es zurückgehalten und als Machtinstrument und Mittel der Versklavung eingesetzt wird. Das passiert nun auf eurem Planeten auch mit Regierungen. Dort, wo Macht und Wissen auf unangemessene Weise benutzt werden, werden sie aufhören zu existieren, weil es nicht im Sinne der Harmonie ist, nicht dem universellen Wohl dient. In vergangenen Zeiten ging das Wissen überall dort verloren, wo es geheimgehalten wurde, um andere zu versklaven, um Menschen in Knechtschaft zu halten, wo es zur Sache von Geheimgesellschaften wurde. Es bleiben noch Spuren, sehr verlockende Mosaiksteinchen von Wissen, die die Menschen zusammenzufügen versuchen. Gegenwärtig werden in Kreisen eurer Regierungen und Wissenschaftler Informationen in bezug auf technologische Fortschritte streng geheimgehalten. Doch das ist in Ordnung, ihr Lieben, denn *ihr werdet nie versklavt werden, wenn ihr im Innern frei seid.* Es spielt keine Rolle, was sie tun. Das Wissen wird nun nicht mehr zurückgehalten werden. Ihr werdet zu diesem Wissen gelangen. Die Macht der Menschen wird eine unaufhaltsame Kraft sein. Die Macht der in Liebe und im Wunsch nach Frieden und Harmonie vereinten Menschheit; vereint im

Wunsch nach technologischen Kenntnissen, die nicht der Kriegführung und Versklavung und der Ermächtigung kleiner Gruppen von Leuten dienen. Ihr seid nicht mehr aufzuhalten.

F(M): Worin besteht der Unterschied zwischen Tagträumen und nächtlichen Träumen?

P'taah: Der Unterschied ist nicht besonders groß. Das, was ihr für eure nächtlichen Träume haltet, ist ganz gewiß eine Realität. Diese Realitäten sind wirklich ganz phantastisch. Ihr erlebt Abenteuer und begebt euch auf Reisen und lernt auf vielen Ebenen und in vielen Dimensionen der Realität. Dagegen sind eure Tagträume ein gemächlicher Ausflug der Phantasie. Verstehst du?

F: Manchmal sind die Träume lächerlich, irreal.

P'taah: Von all diesen Träumen bringst du eigentlich nur Fragmente in dein Bewußtsein mit. Die Träume sind in Wirklichkeit überhaupt nicht lächerlich, sind nicht weit hergeholt. Wenn du dich in der Wirklichkeit der Traumzeit aufhältst, ist dies hier der Traum. Dieses Leben, das du als das reale Leben begreifst, ist viel eher ein Traum. Wenn du zu einem umfassenderen Verständnis gelangst, wird die Trennung zwischen Realität und Nicht-Realität allmählich aufgehoben. Dann wirst du wirklich begreifen, was es heißt, in vielen Dimensionen zugleich zu existieren. Das wird in der Tat ein großartiges Abenteuer werden.

F(M): P'taah, gestern befand ich mich in einer Situation, die mir das Gefühl gab, total übers Ohr gehauen worden zu sein. Ich bekam sofort eine gewaltige Wut, und dann habe ich es plötzlich akzeptiert. Was ist da passiert?

P'taah: Du hast die Verantwortung akzeptiert, Geliebter.

F: Ich habe einfach diese schreckliche Situation angenommen und gesagt: «Das ist alles meine eigene Schöpfung.»

P'taah: Ganz recht, und siehst du, was sich ereignet hat, seit du zum erstenmal von diesem Grundgedanken gehört hast? Du hast die Aussage «du erschaffst dir absolut deine eigene Realität» gehört und dir gesagt: «Was für ein ausgemachter Blödsinn!» Damit möchte ich sagen, daß ihr, wenn ihr euch diese Konzeption wirklich zu eigen gemacht habt, die einsetzende Veränderung gar nicht bemerkt, bis sich eine Situation wie diese ergibt, wo in früheren

Fällen Blut geflossen wäre, wie du sagst. Nun weißt du, was es heißt, die Verantwortung zu akzeptieren. Es ist deine Schöpfung. Es ist wunderbar. Ich gratuliere dir, Geliebter. Auf diese Weise hast du dir selbst gezeigt, wie weit du in einer, deinem Ermessen nach, sehr kurzen Zeit gekommen bist; du hast dir gezeigt, daß du zu einem neuen Verständnis gelangst, zu einer erweiterten Wahrnehmung, zu einem Bewußtseinswandel. So soll es sein, und es kann auf sanfte Art vonstatten gehen. Es brauchen keine harten Lektionen zu sein. Ihr alle mögt euch selbst sagen, daß ihr den Wunsch habt, eure Erfahrungen auf sanfte Weise zu machen. Es ist nicht nötig, daß Blut fließt. Ihr müßt euch nicht selbst in die Mangel nehmen und durch den Fleischwolf drehen.

Sehr gut, ihr Lieben. Das reicht für heute abend. Wir danken für diesen Austausch.

(P'taah dankt dem Gastgeberpaar.)

So, ihr Lieben, ganz allmählich stellt ihr die Veränderungen her. Wir wollen euch daran erinnern, daß es wirklich ganz einfach ist. Wenn ihr aus dem einen oder anderen Grund diese großartigen intellektuellen Übungen kreiert, so ist das in Ordnung, aber wir möchten euch daran erinnern, daß es in Wahrheit einfach ist.

Ich liebe euch. Guten Abend, ihr Lieben.

ACHTE ÜBERMITTLUNG
5. Februar 1992

P'taah: Seid willkommen. Wie geht es euch heute abend? Wir erklären das Forum für eröffnet, und ihr könnt eure Fragen stellen.

F(F): Zwei Jahre lang folgte ich dem Weg eines indischen Meisters, der sagte, daß man über das Verstandesbewußtsein hinausgelangen, das Ego auflösen muß. Ich habe an mir beobachtet, wie beherrschend und manipulativ mein Verstand ist und wie er alles Glück zerstört. Und auf die Liebe wirkt er sich ganz sicher zerstörerisch aus. Ich folgte also dem Weg des Loslassens, des Zulassens; ich bemühte mich, keine aktive Rolle zu spielen. Doch ein Aspekt in mir verurteilt diesen Weg und sagt, daß ich auf diese Weise nicht die volle Verantwortung übernehme. Wo ist die Linie zu ziehen zwischen dem bewußten Erschaffen der eigenen Realität und dem Verhindern, daß der Verstand dazwischentritt? Ich scheine nicht erfolgreich manifestieren zu können. Wenn ich zum Beispiel den Entschluß fasse, eine bestimmte Pizza essen zu wollen, ist garantiert die Kneipe geschlossen oder diese spezielle Pizza von der Speisekarte gestrichen. Warum ist das so?

P'taah: Liebe, was glaubst du, woran es liegt?

F: Meinem Gefühl nach liegt es am Verurteilen.

P'taah: Ganz recht. Nun, das Ich, das die Persönlichkeit ausmacht, muß nicht aufgelöst werden. Es soll angenommen werden, und durch dieses Annehmen und Nicht-Verurteilen kommt ein Ausgleich zustande, und dann gibt es auch keinen Kampf. Dein Verstand ist dein Diener. *Dein Ego ist dein Diener.* Wenn du nur passiv sein möchtest, dann soll es so sein, aber schau, in Wahrheit bist du ein großartiges kreatives Wesen. Wenn du glaubst, daß sich alles, was du zu manifestieren versuchst, in Asche verwandelt, dann, geliebte Frau, wird es auch so geschehen.

Doch soll auch gesagt werden, daß die Lektion für alle Menschen in der Erkenntnis besteht, daß sie Wesen des SEINS sind und nicht MENSCHLICHES TUN sein sollen. Trotzdem kannst du, wenn du einen Wunsch hast, deine Absicht bekunden. Das ist in Ordnung, aber du solltest dich nicht auf das Resultat «versteifen». Denn schau, Geliebte, wenn du dich auf das Resultat versteifst, gerätst du stark ins Verurteilen, wenn es nicht präzise so ausfällt, wie du es dir vorgestellt hast. Verstehst du? Das heißt nicht, daß du unbedingt nur ein re-agierendes Wesen sein sollst. Du bist in der Tat personifiziertes Handeln, selbst wenn du nur dasitzt und nichts tust. Dein Körper ist ein überaus wunderbarer, aktiver und kreativer Organismus, vergleichbar mit zahlreichen Galaxien, die in jeder Mikrosekunde schöpferisch tätig sind. Dasselbe gilt für das Gehirn. Es soll nie abgeschaltet werden, niemals. Ihr sollt diese Geschäft-ig-keit des Geistes *zulassen*. Wenn ihr sie verurteilt und euch angestrengt darum bemüht, sie abzustellen, wird damit nichts erreicht. Laßt los. Es ist ein rühriges Gehirn. Laßt das für euch okay sein. Euer wie auch immer beschaffenes Bewußtsein kann simultan mit der Geschäftigkeit des Verstandes existieren. Selbst wenn ihr schlaft, ist euer geistiges Bewußtsein nach wie vor beschäftigt. Der Zustand des Seins und der Zustand des Tuns sind Polaritäten. Das heißt nicht, daß das eine richtig und das andere falsch ist. Ihr sollt beides akzeptieren. Wir haben bemerkt, daß sich die Menschen sehr langweilen, wenn sie nicht irgend etwas tun. Also freut euch an dem, was ihr tut. Haben wir euch nicht gesagt, daß ihr das tun sollt, was euer Herz zum Singen bringt? Verurteilt das Tun also nicht. Und wenn ihr sozusagen am Tun seid, sollt ihr in der Freude des Augenblicks SEIN. So gibt es keine Vergangenheit und keine Zukunft, nur das *wesentliche Sein*. Es ist nicht erforderlich, daß ihr nur auf eurem Hintern sitzt und nichts tut. Geht los und tanzt! Ist die Sache für dich jetzt klarer, Geliebte?

F: Ich will eigentlich nicht irgend etwas TUN, aber ich stelle fest, daß ich stagniere. Ich habe kein Interesse an irgendeiner Aktivität.

P'taah: Dann ist das in Ordnung, wenn es dein Herz zum Singen bringt.

F: Das Problem ist, daß ich meinen Lebensunterhalt verdienen muß. Im Moment habe ich noch etwas Geld, aber das wird in drei Monaten verbraucht sein.

P'taah: Fels und hartes Gestein, wie?

F: Könntest du etwas über den kontrollierenden und manipulierenden Aspekt in uns sagen?

P'taah: Liebe, solange du den Aspekt in dir verurteilst, der kontrolliert und manipuliert, verstärkst du ihn immer noch mehr. Dein Kontrollieren und Manipulieren hat seine Gültigkeit, weißt du. Es ist ein göttlicher Aspekt, sonst gäbe es ihn nicht. Aber er braucht dein Leben nicht zu beherrschen. Durch deine Angst vor ihm, dadurch, daß du ihn ablehnst, ihn wegdrängst, gibst du ihm nur noch mehr Energie und ziehst ihn an.

F: Könntest du über Dualität sprechen? So wie ich das verstehe, gründet sich der Geist auf Dualität; deshalb ziehe ich, wenn ich sage, daß ich das Licht erfahren will, automatisch die Dunkelheit an.

P'taah: Liebe, euer ganzes Multiversum, so wie ihr es versteht, besteht aus Polarität. Das ist euer Universum. Ihr sollt beide Polaritäten annehmen, damit sie *ins* Licht gebracht werden können. Es ist nicht so, daß das eine richtig und das andere falsch ist. Beides hat seine Gültigkeit. Ohne das eine würde das andere nicht existieren. Ihr seid Polarität. Ihr seid männlich/weiblich, ihr seid positiv und negativ geladene Ionen. Ihr seid alle Dinge. Ihr seid Liebe, und ihr seid Angst.

F: Ich würde gerne wissen, warum ich zu neunzig Prozent Unglückseligkeit in meinem Leben manifestiert habe.

P'taah: Liebe, glaubst du, daß du die einzige bist? Würden die zehn Prozent bitte aufstehen? Siehst du, Liebe, jeder Mensch manifestiert Schmerz und Qual. Warum, glaubst du, sagen wir euch, daß die Menschen an gebrochenem Herzen sterben? Das muß nicht so sein. Wir geben euch ein Instrument an die Hand, damit ihr imstande seid, die von euch gewünschte Änderung in eurem Leben zu erschaffen. Wir sind das, was ihr einen Rezeptgeber nennen würdet. Wenn wir ein Kochbuch schreiben würden, würde es ein Bestseller werden. Wir geben euch das Rezept – wie ihr dann kocht, ist eure Sache. Das ist in der Tat das Wunderbarste an der Kreativität, über die ihr gegenwärtig verfügt. Darum seid ihr hier. Ihr habt euch an diesem Ort zu dieser Zeit erschaffen, damit ihr miterleben könnt, was die sogenannte Dualität, was Polarität, was Veränderung ist. Und so, wie es sich in eurem Innern ereignet, beobachtet ihr es im Außen, da alles, was ihr außerhalb eurer selbst beobachtet, nur ein Spiegel ist. Eine Widerspiegelung. Außerhalb dessen, was ihr als eure eigene Wesensnatur wahrnehmt, existiert nichts, was nicht ein Spiegel wäre. NICHTS. Und deshalb sagen wir dir, Liebe, daß du dir keine Sorgen über die Art und Weise deiner Wahrnehmung machen sollst. Es gibt zwei Ausdrucksformen: Liebe und Angst. Du hast in jedem Moment die Wahl, wie du es betrachten willst, wie du leben möchtest. Du kannst dich in Angst verkriechen, und du kannst ins Licht tanzen. Und ich will dir sagen: Die Zeit wird kommen, wo dich dieses Leben in Angst außerordentlich langweilen wird, diese Angst, die dich in Wahrheit so paralysiert, daß es «kein Leben» ist. Eines Tages, Geliebte, wirst du die Augen aufschlagen und sagen: «Heute trete ich ins Licht.»

F: Es scheint, daß ich das nicht durch einen Willensakt tun kann. Es scheint, daß es nur geschieht, wenn der richtige Moment da ist. Darin besteht die Verwirrung. Das ist die Verurteilung. Wie mach ich das also?

P'taah: Liebe, ich habe es dir schon gesagt. Es geht darum, daß du dieses Verurteilen in Ordnung sein läßt, gleichzeitig aber weißt, daß es ein Verurteilen ist; verdräng es nicht, sondern nimm es bereitwillig an. Darin besteht das Ausrichten, das Ausgleichen. Wir werden noch weiter mit dir darüber sprechen, wenn du es wünschst.

F(M): *Namaste*, P'taah. St. Germain hat über das Gen der Isis und die Stimulierung der Zirbel- und der Hirnanhangdrüse gesprochen. Wie machen wir das? Womit stimulieren wir sie? *(Großes Gelächter)*

P'taah: Mit dem Licht des Herzens, Geliebter. In Wirklichkeit wird der Kanal, die kristalline Struktur, die aktiviert werden muß, damit ihr ins Superbewußtsein eintreten könnt, durch das bereitwillige Annehmen stimuliert. Ihr habt also in jedem Moment die Wahl, ob ihr eine Stimulierung zulassen wollt oder nicht. So einfach ist das.

F: Die Stimulierung liegt also in dem, was ich jeweils denke?

P'taah: Lieber, du triffst in jedem Moment deines inneren Lebens eine Wahl, und was wählst du? Liebe oder Angst? Annehmen oder Ablehnung? Verstehst du?

F: Oh, ja. Es ist ganz einfach.

P'taah: Aber natürlich, Geliebter. Wir sagen euch das ständig.

F(M): Die junge Dame von vorhin sprach davon, daß sie bald kein Geld mehr hat. Ich möchte nur etwas für mich klären: Solange sie sich Sorgen macht, daß ihr das Geld ausgeht, so lange wird es ihr auch ausgehen. Ist das richtig?

P'taah: So ist es.

F: Weil sie ihre Energien...

P'taah: ...auf das «Nicht-Haben» richtet. Ganz recht.

F: Der andere Teil ihrer Frage betraf das Zulassen. Sollten wir unsere Energien nicht vielmehr darauf richten, daß die Dinge geschehen?

P'taah: So ist es, Lieber. Das ist es, was mit «die Absicht bekunden» gemeint ist. Wenn du dir etwas wünschst, kannst du deine Absicht zeigen, daß es bereits in deiner Realität existiert.

F: Für mich hörte sich das eher so an, daß die Dame erwartet, daß alles geschieht, ohne daß sie selbst etwas dazutut. Mir scheint, man kann es mit dem Zulassen auch ein bißchen übertreiben.

P'taah: Das ist nicht übertrieben, Geliebter, denn wenn unsere liebe Dame wirklich weiß, daß es nichts zu tun gibt und für *alles* gesorgt wird, und wenn sie sich in *Freude* hinsetzt und nichts tut, dann ist das in der Tat sehr kreativ. Was wir meinen, ist, daß es sich, wenn du wie paralysiert bist, im Grunde um eine Lähmung aus Angst handelt. Wenn du also sagst: «Ich wünsche eine Veränderung», mußt du bekunden, daß die Veränderung bereits geschehen ist. Das kann zum Beispiel heißen, daß du deinen Körper dem Sonnenlicht aussetzt und dem Gesang der Vögel lauschst, daß du hinausgehst und das Gras unter deinen Füßen spürst. Verstehst du? Damit bezeugst du die Absicht der Veränderung. Und mit diesem Bezeugen wird die Veränderung bereits erschaffen. Das ist die Dichotomie.

F: Letzte Woche stellte jemand eine Frage zum Absperren des

Fahrrads, zum Vertrauen ins Universum. Aber es ist ja nicht das Universum, in das wir kein Vertrauen setzen. Es geht um all die Diebe da draußen, die das Fahrrad stehlen.

P'taah: Aber schau, Lieber, so ist das nicht. Wenn du in dem Wissen verankert bist, daß alles sicher und geschützt ist, wird es eine Co-Kreation. Du bist in keiner Weise vom Rest deines Universums isoliert.

F: Aber wie krieg ich die Botschaft zu den Fahrraddieben rüber?

P'taah: Lieber, es ist so, daß das Fahrrad oder Fahrzeug sich nicht im Bereich des Bewußtseinsfeldes jener befindet, die stehlen wollen. So einfach ist das.

F *(die Dame, die nur schwer irgendein Interesse an äußerlichen Aktivitäten entwickeln kann)*: Dazu würde ich gern ein Erlebnis beisteuern, denn ich habe großes Vertrauen entwickelt. Am Abend des Tages, an dem wir den Workshop hatten, fuhr ich auf dem Rückweg den Berg von Kuranda hinunter und hatte das Gefühl, daß ich allem vertrauen kann und alles aus Liebe besteht. Das Auto, die Straße, die Bäume, alles bestand aus Liebe, und es gab wirklich überhaupt nichts, was ich hätte tun müssen. In diesem Moment nahm ich, ohne darüber nachzudenken, die Hände vom Lenkrad. Ich sah aus dem Autofenster und fuhr den Berg hinunter und näherte mich einer Kurve. In diesem Augenblick war ich bereit, lieber zu sterben, als in einem Zustand der Angst oder mit dem Gefühl zu leben, daß das Universum sich meiner nicht annähme. In gewisser Weise war es ein Test, aber ich unternahm ihn nicht bewußt. Es passierte einfach. Etwa fünf Sekunden lang war ich völlig unbekümmert. Ich sah aus dem Fenster und vertraute einfach darauf, daß sich der Wagen von allein um die Kurve steuern würde. Und genau das geschah auch. Ich fuhr etwa fünf Sekunden lang um die Kurve, und dann sah ich nach vorn. Ich kam wieder zur Besinnung und packte das Lenkrad. Irgendwie habe ich wirklich das Gefühl: Je weniger wir tun, um so besser ist es. Es ist tatsächlich möglich.

P'taah: Natürlich ist es möglich, Geliebte, und wenn du sagst, daß du lieber sterben würdest, dann im Wissen, daß der Tod die größte aller Illusionen ist. So etwas wie den Tod gibt es in Wahrheit nicht. Wir danken dir, daß du uns das mitgeteilt hast. Wenn ihr absolut wißt, daß ihr euch in einem sicheren Universum befindet, ist es auch so – immer.

F(M): Ich glaube, mir ist es nicht wirklich wichtig, daß ich zur Erleuchtung gelange. Ich will nur immer, oder wenigstens ab und zu, Vertrauen zu mir haben.

P'taah: Mach stetig den Versuch, Geliebter. Denk praktisch – plane ein Wunder. Du willst nicht erleuchtet werden? Was, glaubst du, bedeutet es, im Licht des Wissens, wer du bist, zu sein? Das ist doch gewiß das, was ihr höchstes SELBST-Vertrauen nennt, hm?

F: Nicht übel. Es ist also dasselbe?

P'taah: Weißt du, Erleuchtung, das, womit ihr alle auf die eine oder andere Weise so beschäftigt seid, ist das, *was ihr* bereits *seid*. In euch ist bereits Erleuchtung. In euch ist bereits totale Liebe. Daß ihr die Polarität, daß ihr alles andere mit einschließen könnt, ist wunderbar.

F: Es geht also darum, alles anzunehmen.

P'taah: Aber natürlich.

F: Ich sollte mich also nicht darum kümmern, was passiert und ob es gut oder schlecht ist. Im Grunde ist alles dasselbe.

P'taah: Aber ja, es ist im Grunde alles dasselbe. Nur durch eure Wahrnehmung, durch euer Urteilen wird es zu etwas Gutem oder Schlechtem, Richtigem oder Falschem.

F: Dann sollte ich ein besseres Urteilsvermögen entwickeln, nicht wahr?

P'taah: Warum nicht das Urteilen aus dem Fenster werfen und sich statt dessen im Unterscheidungsvermögen üben?

F: Unterscheidungsvermögen bedeutet, daß ich erkennen kann, was was ist?

P'taah: Richtig. Ohne Werturteil.

F(M): Um das Thema zu wechseln: Die gegenwärtige Theorie über die Entstehung des Universums besagt, daß es mit dem sogenannten «Urknall» begann. Mit anderen Worten, mit einer Energieexplosion, die in einer, anscheinend endlosen, Ausdehnung gipfelt. Dagegen erklärt eine andere Theorie, daß es sich dann wieder zusammenzieht. Kannst du dazu etwas sagen?

P'taah: Du könntest es den Atem der Urquelle nennen.
F: Philosophisch gesehen, ja. Und man sagt auch, daß der Atem die elementarste Analogie darstellt. Einströmen und Ausströmen. Auf der Mikroebene von uns menschlichen Geschöpfen symbolisiert der Atem das Einströmen und Ausströmen der Makroebene. Wie sich das Ganze auf der mathematischen Ebene darstellt, ist eine Sache. Etwas auf der Gefühlsebene einsehen ist etwas anderes.

P'taah: Natürlich, Geliebter. Denn schau, du kannst jede mathematische Gleichung nehmen und höchst elegante Entwürfe vom Anfang und Ende der Universen kreieren – das einzig Wichtige aber bist du. *Du bist die zentrale Sonne deines Universums, und das Gefühl ist es, das dich in jedem Moment erschafft.*

F: Was uns in jedem Moment erschafft, ist nicht nur universeller, sondern auch konstanter Natur. Es hält alle Manifestationen in jedem vorstellbaren Kontext aufrecht.

P'taah: Aber natürlich, Lieber. Doch schau, über all das andere weißt du nichts. Du weißt noch nicht einmal über dich selbst Bescheid. Und wir sprechen nicht nur von dir, Geliebter, wir sprechen von allen Menschen. *Wenn ihr wißt, wer ihr seid, wenn ihr fühlt und liebt, werdet ihr alles wissen.* Dann werdet ihr das Makrouniversum verstehen, weil ihr das Mikrouniversum versteht. Wahrlich, das eine kennen heißt das andere kennen.

F: Wie du oft gesagt hast, wir WISSEN es, aber nicht in seiner Relativität.

P'taah: Für dieses Wissen gibt es keine Worte, Geliebter, und wenn du wirklich wüßtest, wer du bist, säßest du nicht hier. Es ist das Wissen, daß ihr erleuchtete Meister seid, daß ihr alle Dinge wißt, aber ihr werdet euch in dieses Wissen nicht einklinken, solange ihr nicht total annehmt, was ihr seid.

F(F): Ich grüße dich, P'taah. Nachdem ich mir ein Leben lang etwas vorgemacht habe, muß ich mir nun schließlich eingestehen, daß ich mir am allermeisten eine Liebesbeziehung, so wie in einem wunderbaren Märchen, wünsche, aber ich scheine nicht imstande zu sein, sie zu erschaffen. Vielleicht kannst du mir da ein bißchen helfen.

P'taah: Ja, Liebe, wir würden dir mit größtem Vergnügen helfen. Nun, du kannst die wunderbarste Liebesaffäre erschaffen, die in der Tat die Grundlage aller Märchen bildet, aber schau, Geliebte, erst mußt du sie mit *dir* haben.

F: Und wie kann ich das erreichen?

P'taah: Wie du dich selbst lieben kannst?

F: Ich denke, ich habe angefangen, mich selbst zu lieben.

P'taah: Das hast du in der Tat.

F: Aber ich glaube, ich bin die einzige, die mich liebt.

(Die Zuhörerschaft ist amüsiert und angerührt zugleich.)

P'taah: Ah, Liebe, das ist nicht so. Du weißt, daß ich dich liebe, doch das nützt dir nicht viel. *(Großes Gelächter)* Das wärmt dein Bett ganz sicher nicht. Geliebte, die, die du bist, ist wunderschön, der Liebe zutiefst wert, aber schau, du begreifst noch nicht wirklich, daß du der Liebe wert bist.

F: Das dachte ich mir.

P'taah: Geliebte, du bist aller Dinge wert. Du bist der Liebe wert. Du bist es wert, geliebt zu werden, aber du mußt dir Tag für Tag zeigen, wie sehr du dich selbst liebst, wie sehr du die ehrst, die du bist; du mußt im Umgang mit dir selbst integer sein, dann kannst du die wunderbarste Romanze haben.

F: Ich will nicht nur eine Romanze, ich will alles.

P'taah: Und das kannst du haben. Wirklich. Haben wir je zu dir gesagt, Geliebte, daß du nur ein kleines bißchen haben kannst und nicht alles? Wir haben zu dir gesagt: «Du kannst alles haben.» Ja, darauf bestehe ich.

F(F): Ich grüße dich, P'taah. In Regressionen bin ich bis zum Anfang meiner spirituellen Reise zurückgegangen, um zu sehen, was ich gewesen bin, und ich stimme mit dir überein. Ich war eine Göttin, ich bin immer noch eine. Aber was hat mich dazu gebracht, mich davon abzuwenden und in einen so elenden Zustand zu geraten, in dem ich von meinem SELBST getrennt bin? War es ein Ego-Trip? Was hat mich abgeschnitten?

P'taah: Was hat alle von euch abgeschnitten? Denn alle von euch, ihr alle, wart und seid noch immer Götter und Göttinnen. *Nun, man könnte sagen, daß die Urquelle in ihrem Wunsch, sich selbst zu erfahren, die Trennung erschaffen hat.* Und das gilt auch für jeden einzelnen von euch. Es ist wirklich ein phantastisches Spiel. Du hast nur die Regeln vergessen. Du hast vergessen, daß es, wie wir schon sagten, nur eine Filmrolle ist. *Dein* Film, Geliebte. Du bist diejenige, die sagt, daß alles «Scheiße» ist. Das nennt man Verurteilung. Du könntest auch sagen, daß es die wunderbarste Art und Weise ist, sich mit den himmlischen Juwelen des Wissens der Göttin zu schmücken. Es hängt völlig davon ab, wie du es betrachten willst.

F: Ich möchte eine letzte Bemerkung dazu machen. Nachdem ich gesehen hatte, was ich gewesen war, weinte ich eineinhalb Stunden lang. Es war ein Trauern. Ich trauerte um meinen Verlust, und dann stieg aus der Tiefe meiner selbst das Wissen auf, daß ich wieder werde, was ich gewesen bin. Ich werde zurückkommen. Ich genieße jetzt das, was ich bin, aber zu sehen, was ich verloren hatte, war schrecklich.

P'taah: Ja, es ist ein Trauern, aber schau, es war ein Trauern um die ganze Menschheit. Das meinen wir, wenn wir sagen, daß die ganze Menschheit an gebrochenem Herzen stirbt, Geliebte.

F(M): P'taah, du hast über Angst gesprochen, aber ich habe eine so große Ekstase erlebt, daß ich fast darum bitten mußte, daß sie aufhört. Fürchten wir uns auch davor, unser ganzes Königreich in Empfang zu nehmen?

P'taah: Aber natürlich, Lieber. Auf diese Weise kommt es scheibchenweise daher. Weißt du, das aufzugeben, was ihr so gut kennt, ist in gewisser Hinsicht sehr schwierig. Es ist fast so, als könnten die Neuronen die Ladung nicht verkraften.

F: Ja, ich schien fast am Punkt der Auflösung zu sein, und doch war es so ekstatisch.

P'taah: Richtig, und wenn du dich darauf eingelassen hättest, wärest du ein aufgestiegener Meister.

Nun wollen wir eine Pause machen, ihr Lieben. Wir bitten euch, während des Übergangs still zu sein, und wir werden sehr bald zurückkehren.

Nach der Pause.

P'taah: Und nun, ihr Lieben, könnt ihr Fragen stellen.

F(M): P'taah, könntest du zu uns über die Erdveränderungen

sprechen, die in den kommenden zehn Jahren stattfinden werden, und uns sagen, ob es für die, die in den nächsten zehn Jahren in ihrem Körper bleiben möchten, günstig wäre, sich während dieser Zeit hier im Atherton-Tafelland aufzuhalten?

P'taah: Nun, Lieber, wir haben euch in diesen Monaten viele Informationen über die Erdveränderungen gegeben, und ich würde vorschlagen, daß du das, wenn dich die Details sehr interessieren, nachliest. Das Material ist dir zugänglich. Doch wir wollen folgendes sagen: Die künftigen Erdveränderungen sollen ganz gewiß nicht als Katastrophe betrachtet werden, obgleich sie sich für viele Menschen als solche ausnehmen werden. Wie wir schon sagten, gibt es immer den Moment der Wahl, wie ihr das künftige Geschehen wahrnehmen wollt. *Wenn ihr davor Angst habt, spielt es keine Rolle, wo ihr wohnt. Und wenn ihr euch nicht davor fürchtet, spielt es ebenfalls keine Rolle, wo ihr wohnt.* Doch dieser Ort, dieser Bereich eures Kontinents, ist tatsächlich wunderbar, und er strahlt, wie wir schon sagten, eine sanfte, heilende und nährende Energie aus. Und wir haben auch schon jene Menschen beglückwünscht, die aus einem Herzenswunsch heraus in dieser Gegend wohnen möchten, nicht nur im (Atherton-)Tafelland, sondern im ganzen nördlichen Bereich eures Landes.

F(M): Ebenfalls zu diesem Thema: Ich lebe nun seit über zwanzig Jahren in dieser Gegend und habe stets ein Gefühl, das ich im Grunde nicht beschreiben kann. Meist sage ich zu den Leuten: «Hier ist es» oder «hier wird es sein», doch eigentlich weiß ich nicht, was es ist, aber es ist es. Weißt du, wovon ich rede? Denn ich weiß es nicht. *(Gelächter)*

P'taah: Du sprichst die Worte, die auch unsere Frau äußert, und so ist es auch. Man könnte sagen: «Das ist es, wo es ist», nicht wahr?

Vieles hat auch damit zu tun, daß diese Gegend ständig von Sternenwesen besucht wird. Deshalb werden viele von euch – ich spreche nicht unbedingt von den hier Anwesenden – von dieser Gegend angezogen, ohne zu wissen, warum. Sie möchten sich in der Nähe der Sternenwesen aufhalten. Und man könnte sagen, daß dieser Ort mit seinen Energie-Leylinien seine eigenen Energiewirbel erzeugt. So kommen also Menschen hierher, die hier gar nicht zu leben beabsichtigten und dann feststellen, daß sie, ohne den Grund dafür zu kennen, nicht wieder wegwollen. Dieser Ort ist magisch, Lieber. Er strahlt einen Zauber aus. Die Energien in euren Regenwäldern, die Naturgeister, wie ihr sie nennt, sind in der Tat sehr rege. Es ist eine Gegend der Wachstumsfülle, voller Fruchtbarkeit, und die Menschen hegen eine große Liebe zu ihrem Land. Die Menschen, die in den riesigen Städten leben, lassen für sich keine enge Verbindung mit der Göttin zu. Gleiches zieht Gleiches an. Verstehst du?

F(M): P'taah, ich würde gern etwas erzählen. Als ich in Sydney lebte, fühlte ich mich sehr zur Sunshine Coast hingezogen, und ich wohnte dort auch eine Weile. Dann besuchte ich eines Tages den Norden hier und wußte, daß ich auf die eine oder andere Weise hier leben mußte. Letztes Jahr zog ich nach Tully, aber selbst dort fühlte ich mich nicht zu Hause. Ich wußte, ich mußte an irgendeinen Ort hinter Cairns ziehen. Und jetzt wohne ich in der Tat nördlich von Cairns und habe das Gefühl, das dies mein Platz ist, obwohl meine Freunde an der Sunshine Coast gerne möchten, daß ich dorthin zurückkehre.

P'taah: Ja, es ist sicherlich so, daß sich die Energie nördlich von eurer Stadt intensiviert. Obwohl man sagen kann, daß sie südlich von eurer Stadt in einer Gegend namens Tully ihren Anfang nimmt und nördlich davon immer stärker wird.

F(F): Ich nehme zum erstenmal an einer Zusammenkunft wie dieser teil. In den letzten paar Jahren begann ich mir einige Fragen zu stellen und fing an zu suchen. Nun werden die Dinge ein bißchen verwirrend für mich. Ist es vernünftig, jemanden um ein Zeichen zu bitten, das mir bestätigt, daß es irgend etwas nach dem Tod gibt oder ein Geistleben?

P'taah: Das ist absolut vernünftig, liebe Frau. Weißt du, du brauchst eigentlich nicht jemand anderen darum zu bitten, du kannst dich selbst fragen. Dein größeres Selbst wird sich glücklich schätzen, mit dir zu kommunizieren. Auf diese Weise kannst du dir der Antworten sicher sein.

F: Wie macht man das?

P'taah: Du kannst dich an einen Ort der inneren Stille begeben und einfach fragen. Das ist alles. Du sollst wissen, daß du ganz gewiß Antwort bekommst.

F: Was wäre, wenn ich dich fragen würde?

P'taah: Aber sicher, du kannst mich alles fragen, was du möchtest.

F: Gut, das Zeichen, das mir die Bestätigung dafür liefern würde, daß es noch eine andere Ebene oder Dimension gibt, wäre, daß du mir den Kosenamen nennst, den mir mein verstorbener Mann gab. Wenn mir jemand den sagen kann, würde ich glauben.

P'taah: Liebe, weißt du, wenn du eine genaue Erklärung abgibst, wie die Dinge zu sein haben, wirst du ein Nichts bekommen, weil du mit deiner vorgefertigten Erwartung eine Million Wahrscheinlichkeiten ausschließt. Du wünschst zu wissen, ob es wirklich etwas jenseits dieser dritten Realitätsdimension gibt. Aber schau, eigentlich weißt du, daß es so ist. Kannst du denn deiner Betrachtungsweise von deiner eigenen dreidimensionalen Realität nicht vertrauen?

F: Ich weiß nicht.

P'taah: Doch, du weißt es sehr wohl. Ihr alle wißt es. Denn wenn du ihr vertrauen könntest, wärst du nicht hier. Du wärst keine Suchende. Du würdest sagen: «Es existiert nichts außer dem, was ich berühren, riechen, hören und mit eigenen Augen sehen kann.»

F: Genau diese Ansicht habe ich bis vor kurzem vertreten.

P'taah: Es funktioniert nicht, weil dein größeres Selbst weiß, daß es mehr gibt. Du magst dies ableugnen, aber dann fragt sich, warum du dich, wenn es nicht so ist, auf die Suche begibst.

F: Ich weiß nicht.

P'taah: Nun, ich will es dir sagen. Das, was die Menschheit sucht, nennt man Erfüllung, und nichts außerhalb dessen, was ihr seid, wird dieses grauenhafte Loch in euch füllen. Ganz gleich, wie befriedigend eure Beziehungen sind, sie sind nie befriedigend genug. Großer Reichtum bringt es auch nicht. Auch nicht ein Investieren eures Lebens in eure Kinder und auch nicht ein euch beanspruchender Beruf. Da ist immer noch der Schmerz der inneren Leere. Die Leere, dieser Schmerz, ist die Trennung, und es ist die Trennung des Selbst vom größeren SELBST, von der Quelle. Es ist das Un-Verständnis davon, daß das, *was ihr seid, die Quelle IST, die sich in dieser Dimension der Realität zum Ausdruck bringt.* Ihr habt den Kontakt zu eurer Macht verloren. In dieser Leere der Trennung sitzen dieser intensive Schmerz und die Qual und die Sehnsucht, weil alle Menschen wissen, daß da mehr ist und immer noch mehr. Das Wissen, daß da mehr ist, nennt man Intuition. Ein tiefsitzendes Wissen – es belügt euch nicht. Es ist in Wahrheit das einzige, worauf ihr vertrauen könnt, denn auf eure äußeren Sinne könnt ihr euch gewiß nicht verlassen.

F: Ist dies ein Wissen oder eine Hoffnung?

P'taah: Da sind viele, die behaupten, daß die sogenannte spirituelle Suche Unsinn ist, und die euch glauben machen möchten, daß sie nur eine Hoffnung und die Spiritualität eine Krücke ist. Wie oft hast du das gehört?

F: Ziemlich oft.

P'taah: Ganz recht. Aber schau, Liebe, es gibt den «Beweis für den Pudding». Wenn du allmählich verstehst, was wir sagen – und nicht nur wir sagen es, es gibt viele, die gegenwärtig auf dem Planeten lehren –, und wenn du nach dieser Veränderung und nach dem Wissen verlangst und dir sehnlichst wünschst, in das Nicht-Getrenntsein einzutreten, geben wir dir ein Rezept. Wenn du das, was wir dir vorschlagen, zu üben und zu praktizieren anfängst, wirst du große Veränderungen in deinem Leben erfahren. *(P'taah wendet sich an einen Herrn im Publikum, der aufgrund einer tiefgreifenden Veränderung seines Verständnisses große Veränderungen in seinem Leben erfährt.)* Ist es nicht so, Lieber?

F: Sicher.

P'taah: Und wenn du diese Veränderung erlebst und merkst, daß sie mehr Freude, mehr Lachen, mehr Freiheit schafft, und wenn du langsam zur Liebe zum SELBST gelangst, wenn du den Grundgedanken erfaßt, daß alles außerhalb deiner selbst eine Widerspiegelung darstellt – wenn du zu der Einsicht gelangst, daß du in Wahrheit ein Mikrokosmos der Multiversen bist –, dann wirst du wissen, daß es nichts gibt, wovon du nicht Teil bist, daß du in der Tat der Atem des ALLES, WAS IST, daß du eine multidimensionale, machtvolle Frau bist. Du und alle Frauen der Menschheit machen sich tatsächlich auf den Weg zu einem großen Abenteuer, das das Erkennen der Göttin im Innern ist, die Verwirklichung der eigenen Macht und Souveränität. Und das, Geliebte, nennt man einen Beweis.

F *(wieder die Dame)*: Ich höre, was du sagst, bin mir aber nicht sicher, daß ich es ganz verstehe.

P'taah: Das ist in Ordnung, Geliebte. Es gibt viele neue Auffassungen und Vorstellungen, mit denen du dich vertraut machst, und wenn du weiter vorangehst, wirst du es in deinem Innern *wissen*. Und schau, wir sind keine Wahrsager. Der Menschheit gilt einzig das als Beweis, was sie sich selbst beweist. Weißt du, wir könnten paranormale Wunder bewirken, und die Menschen würden sagen: «Gib uns mehr – zeig's uns, zeig uns unsere Macht.» Aber schau, Liebe, *ich komme nicht, um meine Macht zu zeigen. Ich komme, um euch eure Macht zu zeigen. Ich komme, um euch zu zeigen, wer IHR seid. Ich komme in Hochachtung vor der Menschheit, in Liebe zu ihr – und wir lieben euch wirklich. Wir kommen, um euch zu zeigen, wie ihr zur Erkenntnis eures Gotteslichts gelangen könnt. Und ihr werdet in der Tat die Galaxien erleuchten.*

F: Ich habe noch eine weitere Frage: Ich habe seit ein paar Monaten Probleme mit meinem Hals. Wodurch wird dieser Reizzustand verursacht, und kannst du mir helfen?

P'taah: Der Hals hat mit Kommunikation zu tun. Du mußt dir gestatten, das mitzuteilen, was du wirklich mitzuteilen wünschst. Weißt du, diese Kommunikation betrifft nicht nur die Kommunikation im Außen oder nach außen hin. Du mußt dir auch erlauben, aufzumachen und den Mitteilungsprozeß zu akzeptieren. Hör auf die innere Stimme, Liebe, dann muß es dir nicht die Kehle zuschnüren. Du kannst dich entspannen und zu der Einsicht gelangen, daß du dich vor nichts zu fürchten brauchst; nicht vor dem Gedankenaustausch in deinem eigenen Innern, wie immer er deinem Wunsch nach ausfallen mag, und auch nicht vor dem, was du zu hören bekommst, ganz gleich, was es ist.

F(M): Die Aborigines in dieser Gegend bekommen im Moment eine Menge Publicity, und das scheint die Diskussion anzuheizen. Man redet immer von den letzten zweihundert Jahren, seit die Weißen diesen Kontinent entdeckt haben. Ich sprach mit Aborigines, die hundert Jahre alt waren und ein von der weißen Zivilisation abgesondertes Leben geführt haben. Diese alten reinrassigen Aborigines sind durchaus imstande, sich mit uns Weißen zusammenzuschließen und zu verständigen. Sie zeigen keine

Feindseligkeit. Da findet sich keine Aversion wie bei denen, die der weißen Bevölkerung ausgesetzt waren. Vor fünfundachtzig Jahren waren sie noch okay. Dann bekamen sie allmählich Probleme. Der Grund dafür ist derselbe wie bei allem anderen: Man kann keinen anderen lieben, solange man sich nicht selbst liebt. Meiner Ansicht nach ist dies am stärksten bei den Mischlingen der Fall, und nicht bei den reinrassigen Aborigines.

P'taah: Damit hat es nichts zu tun. Es handelt sich um eine Co-Kreation, und es bedeutet, daß die Verantwortung nicht übernommen wird. Es ist das Gefühl des Nichtwertseins.

F: Woher kommt es, daß die alten Menschen über genügend Selbstwertgefühl verfügen?

P'taah: Aber schau, sie sind noch mit ihrem Stammeserbe verwurzelt. Die jüngeren Ureinwohner haben kein Stammeserbe mehr. Sie gehören nirgendwohin. Von Geburt an sind sie mit dem Makel behaftet, nichts wert, nicht gut genug zu sein. Sie können nirgendwohin, sie haben keinen Ort, an dem sie sich verstecken können. So haben sie natürlich kein Selbst-Wertgefühl in dem Sinne, daß sie wüßten, wer sie sind. Auch begreifen sie gegenwärtig nicht, daß sie die Mitschöpfer ihrer Realität sind. Wenn sie die Verantwortung übernehmen, können sie die von ihnen erwünschten Veränderungen schaffen. Solange sie die Verantwortung nicht übernehmen und in den Europäern den Grund für all ihre Übel sehen, wird sich für sie nichts ändern. Die Probleme werden nur noch weiter zunehmen. Wenn sie die Verantwortung übernehmen und erkennen, daß sie in der Tat die Situation miterschaffen haben, können sie zum Wissen gelangen und eine Veränderung herbeiführen.

F(M): P'taah, können wir auf einen umfassenden und raschen Abbau des amerikanischen nuklearen Waffenarsenals hoffen, oder müssen unsere Raum-Brüder dem amerikanischen Militär erst einen ordentlichen Tritt in den Hintern verpassen?

P'taah: Es ist anzunehmen, daß die Regierungen zu der Einsicht gelangen werden, daß mit Waffen nichts zu gewinnen ist.

F(F): Guten Abend, P'taah. Ich möchte gerne deine Ansicht über Angst als dem Wunsch, einer Bedrohung zu entfliehen, hören.

Denn darum geht es meiner Meinung nach bei der Angst. Und das verbraucht viel Energie und verschleißt den Körper.

P'taah: Ganz recht. Du könntest sagen, daß alles, was nicht Liebe ist, Angst ist. Sie hat viele Ausdrucksformen. Doch die Emotion der Angst im Körper bringt diesen dazu, verschiedene Arten von Adrenalin auszuschütten. Wenn es keine physische Entlastung von der Flucht vor der Angst gibt, entstehen Krankheit und Leiden, wie man an dem klassischen Syndrom eures Krebses sehen kann, aber es manifestiert sich auch auf vielerlei andere Weise. Doch gleich, wie es sich manifestiert, es ist immer die Folge von Angst.

F: Das führt, so wie ich das sehe, zu einem Teufelskreis. Meine Form von Flucht besteht darin, daß ich ständig an die Zukunft denke und versuche, sie so zu planen, daß ich mich in Sicherheit wiegen kann. Das hindert mich an der Erfahrung der Gegenwart. Wenn mich diese Gedanken nicht beschäftigen, kann ich die Schönheit der Gegenwart wahrnehmen, aber ich werde mir auch meines Körpers und der physischen Manifestation meiner Fluchtversuche bewußt. Es scheint also ein Teufelskreis zu sein.

P'taah: Absolut, Liebe. Ich habe das mit großem Interesse viele Hunderte eurer Jahre beobachtet.

F: Wie kommen wir aus diesem Kreis heraus?

P'taah: Immer durch die Wahl im Moment des Jetzt. Du verstehst wenigstens, was da abläuft, und das kannst du als sehr positiven Schritt betrachten. Verurteile deinen Fluchtwunsch nicht, geliebte Frau. Die Angst muß angenommen werden, man darf nicht vor ihr wegrennen, sie nicht verdrängen, sie nicht für nichtig erklären. Es geht darum, zu sagen: «Es ist vollkommen in Ordnung, Angst zu haben.» Und wenn du es dahin bringst, daß sie «vollkommen in Ordnung» ist, hast du schon deine Wahl getroffen.

F: Aber die Angst ist nach wie vor der Wunsch zu entfliehen.

P'taah: Wenn du die Angst bereitwillig annimmst, hast du nicht den Wunsch zu entfliehen.

F(F): Die Angst bereitwillig anzunehmen heißt also, nicht den Versuch zu machen, sie zu besiegen?

P'taah: Schau, Geliebte, wenn du versuchst, etwas zu besiegen, dann, weil du Angst hast, besiegt zu werden. Wenn du also versuchst, die Angst zu besiegen, dann, weil du Angst hast, von der Angst überwältigt, von ihr gelähmt zu werden. Und so verhält es sich mit allen manipulativen Versuchen, mit allen Wünschen, Kontrolle auszuüben. Verstehst du?

F: Ja, weil ich mir erlaubt habe, die Angst stundenlang zu fühlen.

P'taah: Aber natürlich, und das ist in Ordnung. Wenn du verstehst, was du machst, kannst du dich das nächste Mal für etwas anderes entscheiden. Geliebte, habt nie Angst, daß ihr keine weitere Chance kriegen könntet. *(Gelächter)*

F(F): Wenn ich an meinem inneren stillen Ort bin, kann ich fühlen, wie sich meine Energie bewegt. Wie läßt sich das definieren?

P'taah *(sanft)*: Wir geben dir einen kleinen Tip, Liebe: Definiere es nicht. Kannst du mir nun sagen, warum?

F: Weil es einfach nur zugelassen werden sollte.

P'taah: Ganz recht. Und was geschieht, wenn du es definierst und mit einem Etikett versiehst?

F: Verurteilung.

P'taah: Einschränkung. Ihr Lieben, wir kommen Woche um Woche zu euch und sprechen Worte über Worte, und damit schränken wir euch ein. Die Worte sind eigentlich Beschwichtigungshäppchen für euren Intellekt. Ihr könnt euch das, was wir sagen, als kleine, am Rand eines Abgrunds herumtanzende Lichtfünkchen vorstellen – eine Leere des Nichts, die alles enthält. Ich versuche euch Grundgedanken zu übermitteln, die in Wahrheit nicht gelehrt werden können. Wir versuchen, in eurer Brust ein Gefühl zu aktivieren. Euch ein wenig zu dehnen, damit ihr allmählich verstehen könnt, daß ihr grenzenlos seid. Ihr müßt nicht notwendigerweise über jede eurer Erfahrungen sprechen. Ihr müßt nicht unbedingt jedes Gefühl definieren. Ihr könnt es gar nicht. Das geht über die Worte hinaus. Eure kurzen Erfahrungen von Einssein lassen sich nicht in Worte fassen. Worte können dieses Gefühl von Nicht-Getrenntsein nicht übermitteln. Es gibt keine Worte, um den Gott/die Göttin, die Urquelle, zu beschreiben. Und wenn wir zu euch über Energie sprechen, «bringt es das» im Grunde auch nicht. Wir möchten euch also nur ganz einfach daran erinnern, daß ihr wirklich grenzenlos seid. Gefühle sind Gefühle. Sie zu bewerten ist nicht nötig. Ich weiß, daß ihr, wenn ihr ein Meßgerät hättet, herumsausen und jeden eurer Gedanken und jedes eurer Gefühle messen würdet. *(P'taah blickt in ein amüsiertes Publikum.)* Nun, das ist ja alles ganz gut und schön, aber schaut, es bringt euch dem Gott/der Göttin nicht näher. Und laßt uns das schließlich nicht aus den Augen verlieren, Geliebte. Es ist der einzige Grund, warum ihr hier Woche um Woche auf eurem Hintern sitzt und unserem unentwegten Geplapper zuhört. Der Grund ist allein der, daß ihr der Quelle dessen, was ihr seid, näher sein, daß ihr in eurem eigenen Gotteslicht leben wollt. Ihr möchtet leidenschaftlich gern eure eigene Macht und Souveränität verstehen, und vor allem wollt ihr Liebe. Und das kann kein anderer für euch bewirken. Es spielt keine Rolle, wie sehr euch jemand liebt; es ist nie genug. Wenn ihr euch allein fühlt, kann dies keiner wirklich für euch ändern, einzig ihr habt die Macht dazu. Wißt ihr, ich bin wahrlich ein fabelhafter Zauberer, aber ich bin nicht machtvoller als ihr.

Das reicht für heute, ihr Lieben. Wir sind nicht weiter als euer nächster Gedanke von euch entfernt. Wir möchten nur, daß ihr euch daran erinnert, daß ich wirklich liebe, was ihr seid. Ich wünsche mir für euch, daß auch ihr liebt, was ihr seid. Und so, ihr Lieben, freut euch, laßt euer Gotteslicht zu. Wir erwarten, daß ihr tanzt. *(Scherzhaft:)* Wer es nicht tut, wird in die letzte Reihe verbannt.

Ich liebe euch. Guten Abend, Geliebte.

NEUNTE ÜBERMITTLUNG
4. März 1992

P'taah begrüßt das Publikum in seiner üblichen Weise, geht umher und macht sich mit jedem Gesicht vertraut. Dann beginnt er.

P'taah: Euer Universum besteht seiner Natur nach aus dem, was man Polaritäten nennt. Alles ist eine Polarität. Ihr, jeder von euch, die ganze Menschheit fällt ein Urteil über diese Polaritäten; verurteilt das, was ihr als negativ anseht. Und wir möchten euch daran erinnern, daß das, *was ihr als Erleuchtung betrachtet, nur das Annehmen beider Polaritäten bedeutet, um Licht zu erschaffen.* So einfach ist das. Und nun möchten wir euch sagen, daß es Zeit ist, Fragen zu stellen. Sollte es keine Fragen geben, freue ich mich sehr, und wir trinken eine Tasse Tee, und dann verabschiede ich mich.

F(M): In den letzten Tagen erlebte ich zwei Beispiele sofortiger Manifestierung. Von einem möchte ich gerne berichten. Vor kurzem unternahm ich eine Reise in die Vereinigten Staaten und stieß dort auf einen bestimmten Wein, einen Zinfandel*, um genau zu sein, von dem ich sehr angetan war. Als ich wieder in Australien war, versuchte ich diesen Wein zu bekommen, doch der Mann in der Weinhandlung hatte noch nie davon gehört. Wir standen in einem Gang zwischen Hunderten von Flaschen verschiedenster Weinsorten, und er versuchte, mir statt dessen einen anderen Wein zu verkaufen. Ich sah über die Schulter des Mannes und blickte direkt auf ein Etikett, auf dem «Zinfandel» zu lesen stand. Und siehe da, es war genau dieselbe Marke, die ich in den Vereinigten Staaten zu kosten bekommen hatte. Nun, ich weiß, daß diese Dinge passieren, wenn man mit sich in Frieden und Einklang ist, aber wie sie genau passieren, wie dieser Prozeß abläuft, ist mir schleierhaft.

---

* Als Zinfandel bezeichnet man in den Vereinigten Staaten Weine aus der ersten Traubenpressung.

P'taah: Nun ja, du weißt es doch sehr gut. Du weißt, daß es keine Zufälligkeiten gibt. *Deinem Wunsch entsprechend ordnet sich das ganze Universum neu, um deinen Wunsch zu erfüllen.* Ich hoffe, daß du auch eine Flasche für mich gekauft hast.

F: Sicher, unser größeres Selbst ist allwissend, aber technisch gesehen muß es auch über so winzige physische Details Bescheid wissen, daß es uns genau zu der Stelle führen kann, wo der Wein gelagert ist.

P'taah: Lieber, nur du bist es, der etwas als klein oder groß bewertet. Weißt du, in den Begriffen der Energie, in den Begriffen des Universums spielt das keine Rolle – es ist alles dasselbe. Dein größeres Selbst weiß alles; *es weiß alles.* Was du als den wichtigsten Faktor in deinem Leben betrachtest und worauf du viel Energie verwendest, um es deinem Wunsch entsprechend zu manifestieren, braucht nicht mehr Energie als das, was du für unbedeutend hältst und erschaffst, ohne auch nur darüber nachzudenken. Steckt da nicht eine kleine Lektion für dich drin?

F(M): P'taah, es wird gesagt: «Trachtet als erstes nach dem Reich Gottes im Innern, dann wird euch alles andere dazugegeben.» So steht es in der *Bhagavad-Gita**, und die Bergpredigt sagt dasselbe. Andererseits heißt es auch: «Bittet, und euch wird gegeben werden», und «Was immer ihr euch wünscht und glaubt, daß es das Eure sei, das sollt ihr haben.» Besteht da nicht irgendwo ein Widerspruch? Ist es in Ordnung, einen Wunsch zu haben?

P'taah: Aber natürlich, Lieber. Hast du nicht jeden Tag deines Lebens Wünsche? Glaubst du, daß das falsch ist?

F: Nein, ganz bestimmt nicht.

P'taah: Da besteht kein Widerspruch. *Erkenne dich selbst, und du erkennst Gott.* Das heißt, wenn du weißt, wer du bist, wenn es in deinem Leben keine dir unbekannten und von dir nicht akzeptierten Bereiche gibt, wenn alles von dir ohne Verurteilung anerkannt wird – in eine harmonische Beziehung gebracht wird –, dann bedeutet das, daß du das größere SELBST erkennst und

---

* *Bhagavad-Gita:* ein Hauptwerk hinduistischer religiöser Dichtung, das um 500 v. Chr. entstand.

verstehst. Auf diese Weise wird alles manifestiert. In der Zwischenzeit erschaffst und erschaffst und erschaffst du von Augenblick zu Augenblick. Du erschaffst deine Existenz in jeder Mikrosekunde. Du hältst deinen Körper zusammen und erneuerst jede Zelle. *Du erschaffst deine Realität.* Und dabei hast du die Wahl, wie du sie gestalten willst. Wenn du dir etwas wünschst, mußt du diesen Wunsch nur kundtun, und er wird sich noch in diesem Augenblick manifestieren; allerdings wirst du wahrscheinlich auf der Physikalitätsebene eine Zeitverzögerung erleben. Wenn du mit dieser Vorstellung von Kreativität vertrauter geworden bist, wirst du feststellen, daß diese Zeitverzögerungen immer seltener auftreten. Also besteht da faktisch kein Widerspruch.

F(M): P'taah, du sagst, daß, gleich, ob eine Person eine aus der Intuition oder dem Intellekt geborene Entscheidung trifft, das Universum ihr zu Hilfe kommt, sofern sie nur genügend Verlangen oder Wunschkraft ins Universum schickt. Wo hat denn da die Intuition ihren Platz? Ich dachte, es sei besser, seine Entscheidungen auf die Intuition zu gründen.

P'taah: Nun, das eine schließt das andere nicht aus. Du kannst in jedem Moment ausschließlich aus der Intuition heraus handeln. Es wäre sehr gut, wenn jeder Mensch das täte. Nichtsdestoweniger gibt es Zeiten, in denen du sagst: «Ich habe diesen Wunsch.» Es kann sehr gut sein, daß dein Wunsch, wenn er sich auf die Intuition gründet, rascher in Erfüllung geht, als wenn du dich anstrengst, nicht auf deine Intuition hörst und mit Hilfe der Willenskraft deinen Wunsch zu manifestieren versuchst. Wir wollen dir ein Beispiel geben: Sagen wir, du wünschst dir sehnlichst, im nächsten Monat eine Reise zu unternehmen. Dein Reiseziel ist sehr weit entfernt, und die Reise kostet viel Geld, das du im Augenblick nicht hast. Doch du hast diesen tiefen Wunsch und sagst: «Das ist mein Wunsch. Ich wünsche mir, daß diese Reise stattfindet.» Dann sagst du: «Nun muß ich viel arbeiten, um das nötige Geld zu verdienen.» Deine Intuition sagt dir hingegen: «Arbeite nicht. Sei unbesorgt.» Du sagst: «Ich kann nicht unbesorgt sein, denn dann werde ich das Geld nicht haben.» Also arbeitest du und arbeitest und arbeitest, und dann gibt es da diese nette Tante, die sagt: «Lieber, ich habe gehört, daß du gerne diese

Reise machen möchtest. Wir geben dir das Geld, hab eine schöne Zeit.» So hast du also das Geld auf diese Weise manifestiert, und deine Intuition sagte dir: «Arbeite nicht so hart. Du wirst das Geld manifestieren.»

F: Wenn mir nun meine Intuition sagen würde: «Nein, der nächste Monat ist nicht die richtige Zeit, um Urlaub zu machen», aber der Reiseprospekt sieht gut aus ...

P'taah: Lieber, wenn dir deine Intuition sagt, daß du nicht reisen sollst, dann reise nicht.

F: Aber wird das Universum es dahin bringen, daß die Reise zu einem Erfolg wird, auch wenn mir meine Intuition sagte, daß ich nicht reisen soll?

P'taah: Lieber, was glaubst du? Wenn dir deine Intuition sagt, daß die Zeit nicht reif für die Reise ist, und du reist trotzdem, wirst du in der Tat feststellen, daß die Zeit nicht reif war und du besser zu Hause geblieben wärst.

F: Aber wenn ich genügend Energie hineinstecken würde, dann ...

P'taah: Lieber, du hörst nicht zu. Das nennt man «Willensstärke». Es ist schön und gut, wenn du den Wunsch hast, aber du mußt unbedingt wissen, daß er sich auf eine Weise manifestieren wird, welche deinem höchsten Wohl dient. Wenn du einen Wunsch hast und dann der Gedanke in dir aufblitzt, dir deine Intuition sagt: «Nein, nein, nicht zu diesem Zeitpunkt», wer, glaubst du, sagt dir das? Man nennt es das größere SELBST. Das Selbst weiß, was dem höchsten Wohl dient. Nun gibt es in Wahrheit keine falsche Entscheidung. Doch du kannst die Dinge in deinem Leben auf die leichte Tour angehen oder die längere Route nehmen, hm? Ist das nun klarer?

F: Wenn sich etwas nicht gut anfühlt, dann wird es auch nicht funktionieren?

P'taah: Wir haben euch immer gesagt: «Geht in Übereinstimmung mit eurem Gefühl vor.» *Die Intuition irrt sich nie*, weißt du. In dem Moment, in dem ihr euch etwas wünscht und ein Zweifel entsteht, habt ihr einen Querschuß drin. In dem Moment, in dem ihr eine bestimmte Erwartung hegt, wie und wann etwas geschehen soll, habt ihr die Millionen von Wahrscheinlichkeiten eingeschränkt. Mit anderen Worten, ihr erstickt eure Kreativität.

F(M): P'taah, vor einiger Zeit sagtest du, daß die Ausbildung der Kinder künftig ganz anders aussehen wird als heute. Kannst du in groben Zügen darstellen, wie das sein wird?

P'taah: Nun gut. Die Menschen werden vermehrt in Gemeinschaften leben. Wir sprechen nicht von Kommunen, so wie ihr sie kanntet. Es wird Kindergruppen geben, die verstärkt in «kreativem Sein» unterwiesen werden. Auch wird das Bewußtsein der Eltern ein anderes sein, Lieber. Das heißt, daß es in der häuslichen Umgebung, in jedem Zuhause, einen sehr viel stärkeren Sinn für Harmonie geben wird. Die Eltern werden ihren Kindern mehr Kreativität im Alltagsleben einzuräumen wissen, ohne sie den Zwängen des Gesellschaftsbewußtseins mit seinen Verboten zu unterwerfen. Die Kommunikationszentren, die Computer sozusagen, die allerdings nicht ganz so aussehen werden, wie ihr sie heute kennt, werden über Informationen verfügen, die den Kindern in den frühen, formativen Jahren auf andere Weise zu lernen gestatten; sie werden nicht mehr von einem Lehrer in einem Klassenzimmer mit einer Tafel unterrichtet, wo sie nach «Papageienart» lernen. Mit anderen Worten, das Lernen wird ein breiteres Spektrum aufweisen. Die Kinder werden auf kreative Weise lernen, wer sie sind und wie ihre Beziehung zu ihrem Universum beschaffen ist. Es wird eine technologische Erweiterung geben, die das Ganze in einer Weise wachstumsförderlicher macht, als ihr im Moment verstehen könnt; der ganze Lernprozeß wird kein Schulunterricht im gegenwärtigen Sinn sein, sondern ein spielerisches Lernen. Es wird Kinder geben, die die Materie manipulieren können, und das Spielen mit Klang und Farbe wird zu einem höchst kreativen Prozeß werden. Auf diese Weise werden die Kinder lernen, daß zwischen den Menschen, zwischen der Menschheit und der Flora und Fauna eures Planeten und auch allen anderen Planeten eine Harmonie und grundlegende Gleichheit besteht. Das Lernen wird zur vertikalen statt zu einer horizontalen Angelegenheit.

F: P'taah, wie schützen wir uns vor den Mikrowellen, der Strahlung, der Elektrizität und den anderen Formen elektromagnetischer Energie, die sich auf unsere Zellen schädlich auswirken?

P'taah: Lieber, solange du Angst hast, daß sich all diese euch umgebende Energie bösartig auswirkt, wird es auch so sein. Du sollst wissen, daß es natürlich für deinen Körper, so wie er gegenwärtig beschaffen ist, besser ist, wenn du darauf achtest, daß er nicht überladen wird. Doch an sich möchten wir nicht so gern darüber sprechen, weil die Leute sonst losstürzen und total paranoid werden, wie ihr euch ausdrückt, und das ist unnötig. Ihr müßt nur wissen, daß ihr euch mit euren sogenannten Mikrowellen, Elektrizitätswellen, Radiowellen, Fernsehwellen und all den anderen zahllosen Wellen, von denen ihr gegenwärtig Kenntnis habt, in Harmonie befinden könnt. Euer Universum besteht aus Wellen, und so möchten wir euch sagen, daß ihr all eure wunderbaren Praktiken beibehalten könnt, das «Nutzen» von Energie, das «Bewahren» von Energie, das Kreisenlassen von Energie, das ist alles sehr gut. Tatsächlich ist dies alles von großem Nutzen, aber schaut, es ist nicht das, worum es letztlich geht. Letztlich geht es darum, daß ihr den Schmerz in eurem Leben verwandelt. *Letztlich geht es darum, daß ihr zur Anerkennung und Liebe zum SELBST gelangt.* Und wißt ihr, ihr Lieben, falls es euch allmählich langweilt, uns das ewig sagen zu hören, möchte ich euch darauf hinweisen, daß ihr sonst möglicherweise bei eurem Sturm auf die Erleuchtung pfuscht. Ihr könnt jeden Trick, wie er im Buche, ja, in Millionen von Büchern steht, ausprobieren, und das mag ein wunderbares Abenteuer werden und überaus unterhaltsam sein, und das ist sehr gut. Doch unterm Strich geht es darum, daß ihr die Verantwortung für *alles* übernehmt, was ihr euch in eurem Leben erschafft, daß ihr die Verurteilung ausgleicht, daß ihr das Gefühl fühlt, daß ihr in der Tat eine phantastische Liebesaffäre mit eurem eigentlichen Selbst habt.

F: Und daß wir die Präsenz der Liebe vertiefen.

P'taah: Lieber, das geschieht automatisch. Du *bist* Liebe. Du *bist* Licht. Du *bist* der Gott/die Göttin. Etwas anderes gibt es nicht.

F: Ja, ich weiß.

P'taah: Nun, wir würden uns wünschen, daß ihr alle das wirklich wißt. Wir verstehen, daß ihr alle wunderbare Momente der Einsicht habt. Und das *ist* phantastisch. Und ihr werdet feststellen, daß das durch ein offenes Herz erlangte Wissen, daß ihr ES seid, länger und länger anhalten wird. Und die schwarzen Löcher, in die ihr nach diesen Momenten der Erkenntnis fallt, werden immer seltener werden.

F: P'taah, in unserem gegenwärtigen Leben haben wir die Institution der Ehe und Gesetze und Systeme. Was wird, wenn die Veränderung eintritt, mit diesen Gesetzen geschehen? Kannst du uns das in groben Zügen schildern?

P'taah: Nun, Lieber, die Ehe ist eigentlich nur «eine Unterschrift auf einem Stück Papier» und gehört zum System eures Staatswesens und eurer Religion. *Die echte Ehe hat nichts mit einem Stück Papier zu tun.* Sie hat ausschließlich mit der Beziehung zu einer anderen Person in diesem Moment zu tun. Wenn diese Momente Jahr für Jahr fortdauern, ist das wunderbar. Wenn nicht, ist es auch wunderbar. Wenn man ausgeglichen ist und eine Ehe auseinanderbricht, trennt man sich nicht deshalb, weil die Liebe nicht mehr vorhanden ist oder man einen heftigen Streit hatte. Die Beziehung gründet sich auf die Liebe zum SELBST, und *wo die wahre Liebe zum SELBST existiert, gibt es keine Eifersucht, keinen Besitzanspruch, kein Kämpfen um Besitztümer oder gar den Besitz von Kindern.* Die Menschheit wird verstehen, daß jedes Kind im Universum euch allen gehört, da diese Zugehörigkeit eine Liebe ohne Besitzrecht bedeutet. Und somit wird kein Kind vernachlässigt werden, sondern alle Personen werden sich um alle Kinder kümmern; und ein Kind ist eine Person wie jede andere, ist nur eine andere Seele, wenn auch mit einem kleineren Körper. Und die Menschheit wird auf die barbarischen Umstände dieser gegenwärtigen Kultur zurückblicken und großes Mitleid mit euch allen haben. Wißt ihr, wenn ihr wirklich eine Liebesbeziehung zu eurem eigentlichen Selbst habt, habt ihr eine Liebesbeziehung zur ganzen Welt. Und wenn ihr nicht mehr mit einem Menschen beisammen seid, mit dem ihr zuvor zusammengelebt habt, dann vielleicht deshalb, weil ihr andere Straßen des Lebens erkunden wollt; doch die Trennung wird in Harmonie und nicht im Mißklang erfolgen.

F: P'taah, ich war mehr in Sorge, ob die Kinder noch wissen, wer ihre Eltern sind, und ob die Eltern und Kinder dieses neue System anerkennen.

P'taah: Glaubst du denn, die Kinder werden verloren sein und weder ihre Mutter noch ihren Vater kennen?

F: Nein. Das neue System wird aber so viele Veränderungen mit sich bringen.

P'taah: Lieber, das ist jetzt auch nicht anders. Wie hoch ist der Prozentsatz eurer Leute, die heiraten, Kinder haben und sich dann binnen sehr weniger Jahre unter großen Streitigkeiten scheiden lassen? Die Kinder sehen ihren Vater nicht, sehen unter Umständen ihre Mutter nicht, leben sehr oft weder beim Vater noch bei der Mutter, sondern bei Verwandten oder in einer Institution, die sich um die Seele des Kindes überhaupt nicht kümmert. Hältst du dieses System für besser? Findest du den Übergang zu einem System grauenhaft, in dem die Menschen in einer Gemeinschaft leben, in der alle Kinder absolut geliebt werden, ganz einfach nur deshalb, weil sie wunderbare Wesen sind? Wo es keine Mißklänge und keine Kämpfe zwischen Mutter und Vater gibt? Wir verstehen eigentlich deine Frage nicht, Geliebter.

F: Ich weiß, daß wir in unserem gegenwärtigen System Probleme haben, aber in dem neuen System werden sich so viele Dinge ändern.

P'taah: Lieber, die Kinder werden nach wie vor Eltern haben.

F: Wir werden Kinder in ähnlicher Weise haben wie jetzt?

P'taah: Die Kinder werden sich nicht verändern; sie werden nach wie vor kleine Wesen sein, die eine vollentwickelte Seele haben, die souverän sind, ganz genauso wie jetzt.

F(F): Auch wenn das ein bißchen zu vereinfacht und nach Schubladendenken klingt: Wenn sich alles auf diese Bewegung «hinauf» in die vierte Dimension konzentriert, und es scheint so, daß JEDERMANN da «hinauf»-kommt, dann möchte ich dich gerne sozusagen in fleischlicher Gestalt sehen.

P'taah: Das amüsiert uns sehr, und dazu wollen wir folgende Geschichte erzählen: Meine geliebten Freunde sprachen darüber, was sich ereignen wird, wenn die Realität der dritten Dichte in die vierte Dichte übergeht. Einer unserer geliebten Freunde fragte: «Glaubt ihr, daß jeder, P'taah eingeschlossen, um eins nach ‹oben› rückt?» Unsere Frau sagte: «Das ist ein sehr beunruhigender

Gedanke. Da denkst du, du langst endlich dort an, und dann, oh, Scheiße, sind sie auch eins nach ‹oben› gerückt, und wir sind wieder um eins hintendran.» *(Gelächter im Publikum)* Schau, Liebe, wenn diese Veränderung eintritt, wirst du zwischen den Dimensionen hin- und herflitzen können, also mach dir da keine Gedanken.

F(M): Die Leute reden so, als stünde dieser Übergang kurz bevor. Gibt es Menschen, die ihn bereits bewerkstelligt haben?

P'taah: So ist es.

F: Und sie treten nach wie vor in dieser Gestalt der dritten Dimension auf, und ich könnte ihnen auf der Straße begegnen?

P'taah: Manche tun das.

F: Ich vermag das nicht recht zu beurteilen – ich kann nicht in die Zukunft schauen –, aber ich sehe nicht, daß sich die Welt so rasch erweitern wird, daß wir diesen physischen Zustand ablegen. Ist das die vierte Dimension?

P'taah: Das ist sie nicht.

F: Vielleicht verstehe ich nicht, was mit diesen Begriffen gemeint ist.

P'taah: Das macht nichts, alle anderen verstehen es eigentlich auch nicht. Weitere Dimensionen im Zusammenhang mit den künftigen Veränderungen bedeuten nicht eine fehlende Physikalität. Sie bedeuten, daß eure physische Schwingung eine höhere Frequenz, eine geringere Dichte, aufweist.

F: Was heißt, daß wir nicht auf die dritte Dimension beschränkt sind?

P'taah: So ist es. Ihr werdet wissen, wie man Materie manipuliert. Ihr werdet Kenntnis von einer umfassenderen Technologie im Zusammenhang mit intergalaktischem Reisen haben. Ihr werdet nicht auf den Körper beschränkt sein. Das heißt, ihr werdet imstande sein, sowohl ohne euren Körper als auch, in einem großen Raumschiff, mit eurem Körper zu reisen. *(P'taah wirft einen Blick hinüber zum Gastgeber und fügt, da er dessen intimste Phantasievorstellung kennt, mit einem Augenzwinkern hinzu:)* Manche machen schon Pläne für ihr eigenes Raumschiff. Die vierrädrigen Vehikel werden durch kleine Raumfahrzeuge ersetzt werden.

Es ist also nicht so, Lieber, daß ihr in einer Rauchwolke verschwindet und alles hinter euch laßt. Es wird sich nur eure Wahrnehmung der Realität verändern, *weil sich die Schwingungsfrequenz, aus der ihr besteht, verändern wird.* Ihr werdet Zeit und Raum anders verstehen und erleben.

F: Wird das innerhalb der Gemeinschaft zu einer Spaltung führen?

P'taah: Es wird in der Tat eine ziemliche Spaltung entstehen, denn die sogenannte große Verlagerung, wenn ihr sie erreicht habt, bedeutet nicht, daß die dritte Dichte nicht mehr existiert. *Sie bedeutet nur, daß sie für euch nicht mehr existiert, obgleich ihr sie wahrnehmen könnt.* Weißt du, Lieber, wenn wir darüber sprechen, ist das in gewisser Weise so, als ob wir einem Fötus im Mutterleib das Leben nach seiner Geburt oder euch das Leben nach dem Tod beschreiben würden. Ich könnte auch, was den Sinn angeht, den es für euch ergibt, hier stehen und ein komplettes Kauderwelsch von mir geben, denn euch fehlt die Erfahrung. Das wirkliche Wissen wird nach der Erfahrung erworben, nicht davor.

Wir wollen nun eine Pause machen, ihr Lieben. Wir bitten euch um Stille während des Übergangs und werden euch sehr bald wiedersehen.

Nach der Pause.

F(F): P'taah, kommst du aus eigenem Antrieb, weil du das Gefühl hast, daß wir dringend etwas Beistand brauchen?

P'taah: Weißt du, in gewisser Hinsicht muß man sagen, daß die Menschheit gar nichts braucht. Und es ist auch so, daß alles, was wir sagen, schon viele, viele Male zuvor gesagt wurde. Sicher hat die Verständigung ihre Grenzen, da wir notwendigerweise innerhalb der Schranken eures Bewußtseins mit euch kommunizieren. Doch hat unser Beisammensein mit euch zwei Gründe: Es ist mir eine Herzensfreude. Und es ist auch nicht nur eine persönliche Entscheidung, sondern geht über das hinaus, was «ich» bin. Man könnte sagen, es war eine Entscheidung des «Aufsichtsrats», daß lediglich Hilfestellung gegeben werden soll. Ob ihr euch nach dem, was da übermittelt wird, richten wollt, ist die Entscheidung eures Herzens. Da ist in keiner Weise irgendein Zwang dabei. Wir zwingen euch zu nichts, denn damit würden wir euch eure Souveränität absprechen. Und wenn wir eure Souveränität in Abrede stellen würden, würden wir uns damit auch die unsere absprechen. Verstehst du? Man könnte also in gewisser Weise sagen, daß diese Kommunikation Freude, Spaß und das, was mein Herz zum Singen bringt, bedeutet. Ihr seid für mich ein Geschenk. Und indem ich euch kennenlerne, lerne ich auch das, was ich bin, in seiner ganzen Vielfalt kennen. Beantwortet das deine Frage, Geliebte?

F: Das tut es, und ich muß dir ein Kompliment machen. Du bist das einzige Wesen, bei dem ich, als du mir einmal ein paar Sekunden lang in die Augen schautest, erlebte, daß ich keine Fragen mehr hatte und gleichzeitig Wärme spürte, physische Wärme.

P'taah: Liebe, die Zeit kommt, in der du diese Erfahrung mit jedermann machen wirst. Und du wirst sie im besonderen dann machen, wenn du in den Spiegel blickst, in deine eigenen Augen, denn dort wirst du äußerste Schönheit widergespiegelt finden. Schaut, ihr Lieben, ihr *seid* absolute Schönheit. Ihr seid Göttlichkeit. Ihr seid unvergleichlich wunderbar. Ihr erkennt das bislang einfach noch nicht, aber ihr werdet es tun.

F(F): Ich habe kürzlich gelesen, daß die Erscheinungen in Fátima ein holographisches Insert waren und daß die Kirche der Menschheit die darin übermittelte Botschaft vorenthalten hat. Kannst du uns sagen, worin diese Botschaft bestand?

P'taah: Du hast diese Botschaft schon viele Male gehört, Geliebte. Und schaut, ihr Lieben, nichts wird auf Dauer verborgen bleiben. Dies ist die Zeit, in der alle Geheimnisse enthüllt werden. Es spielt keine Rolle, welche Versuche eure Regierungen unternehmen, was eure religiösen Führer vor euch zu verbergen suchen, es wird nichts im dunkeln bleiben. Ihr kennt bereits den Zeitrahmen der sich ereignenden Veränderungen, wißt, welche Veränderungen eintreten werden. Wir haben mit euch ausführlich darüber gesprochen. Nicht nur wir, sondern auch viele andere Wesenheiten. Tatsächlich wurde im Laufe des Jahrtausends diese Information wiederholte Male übermittelt. Es war nur so, daß diese Information, die von Sternenwesen in verschiedenster Gestalt übermittelt wurde, als für die «armen, gewöhnlichen Menschen», die nicht den Hierarchien angehören, ungesund erachtet wurde. Sei unbesorgt. Die Botschaft beinhaltet nichts, was du nicht wüßtest.

F: Eine andere Frage: Was ist der Zweck der ultravioletten Strahlen, die die Erde umgeben?

P'taah: Sprichst du vom violetten Strahl?

F: Vom ultravioletten Strahl.

P'taah: Ultraviolett ist etwas anderes. Da sind auch der Photonenring und andere wunderbare Phänomene, die alle die kommenden Veränderungen ankündigen. Aber schau, die Veränderungen der Erde und die Bewußtseinsveränderungen – und eines geschieht nicht ohne das andere – werden sich nicht binnen eines Augenblicks vollziehen. Die Dinge sind schon in Bewegung, diese letzte Phase hat bereits vor ein paar Jahren eurer Zeit begonnen. Und man könnte sagen, daß die Erde und die Menschheit nun Jahr für Jahr in eine «zunehmende Beschleunigung» eintreten. Versteht ihr? Einerseits habt ihr den Eindruck, daß alles sehr langsam geschieht, andererseits fällt es euch schwer, mit all den Veränderungen Schritt zu halten, allein schon was eure ganze Telekommunikation angeht. Es wird immer mehr Desorientierung in bezug auf das eigentliche Wesen von Zeit geben. Und in den Jahren vor und nach der Jahrtausendwende werdet ihr das Gefühl haben, still zu stehen und dabei sehr schnell zu rennen. Nichts passiert, und alles passiert so rasend schnell, daß ihr es im Grunde nicht begreifen könnt. Es wird also diese große Verzerrung geben, und das auch in vielen anderen Bereichen eures Bewußtseins; das Gefühl großer Hochstimmung, das Gefühl von Depression; das Gefühl, daß die Veränderungen in eurem eigenen Leben wie auch die, die sich für eure Institutionen, eure sozioökonomische Lage ergeben, außer Kontrolle geraten sind. Deshalb sagen wir, daß das alles für viele Menschen quälend und bedrückend sein wird, es sei denn, sie begreifen das Was, Warum und Wie des Ganzen. Es muß nicht chaotisch ablaufen, und wenn ihr wißt, wer und was ihr seid, und jeder einzelne von euch immer mehr in die ganze Weite eures Bewußtseins vordringt, dann seid ihr in dem verankert, was ihr seid. Ihr werdet nicht wie ein Blatt im Wind umhergetrieben werden, ihr werdet verstehen, daß ihr selbst eure eigene Realität erschafft. Ihr Lieben, es werden viele Ereignisse auf eurem Planeten stattfinden, derer ihr erst hinterher gewahr werdet. Sie werden ganz einfach eurem Bewußtseinsbereich entzogen sein. Und tatsächlich wird es viele Situationen geben, die ihr überhaupt nicht wahrnehmt, nicht währenddessen, und auch nicht hinterher. Das wird also für euch sehr kurios sein, und tatsächlich geschieht es bereits. Wir wissen, daß sich viele von euch insofern selbst überraschen, als ihnen das, was sich für andere Leute als entsetzliche Katastrophe ausnimmt, gar nicht so wichtig erscheint. *Ihr sollt nie das Mitgefühl für andere Menschen verlieren, die nicht über euer Verständnis verfügen.* Dies hat seine absolute Gültigkeit. Es hat seine absolute Gültigkeit, daß Menschen die Wahl treffen, *nicht* weiterzugehen. Ihr Lieben, es hat seine absolute Gültigkeit, wenn *ihr* die Wahl trefft, nicht voranzuschreiten. Es gibt keine Verurteilung. Eure Gelegenheiten werden euch von Moment zu Moment präsentiert. Was ihr daraus macht, ist eure Entscheidung. Und bei keiner Entscheidung gibt es ein Richtig oder Falsch.

F(F): P'taah, ich habe mich entschieden, weiterzugehen, und mein Schmerz gilt einigen meiner Kinder, die vielleicht nicht diese Wahl treffen, obwohl das momentan eine Verurteilung bedeutet, aber die Möglichkeit, daß sie nicht...

P'taah: Ja, Liebe. Nun, bei euch allen besteht eine gewisse Furcht, daß die, die ihr liebt, zurückgelassen werden könnten. Aber wir sagen euch, daß keine der von euch geliebten Personen zurückgelassen werden. Liebe, auf manche eurer Kinder kommen bestimmte Lernerfahrungen und damit einhergehend ein Wissen zu, denn sie tragen eigentlich dieses Wissen schon in sich. Weißt du, Menschen sind äußerst eigensinnige Wesen. Es ist sehr leicht, beim bereits Bekannten zu bleiben, selbst wenn dieses Bekannte und Gewohnheitsmäßige Schmerz und Angst und Mißklänge schafft. Aber all das ist euch bestens vertraut, und manchmal fallt ihr wieder in äonenalte Gewohnheiten zurück, und das ist in Ordnung. Wenn ihr das einmal macht, heißt das doch nicht, daß ihr es immer machen müßt. Und wenn ihr das mehr oder weniger ständig macht und abgleitet, ist das auch in Ordnung. Es war ja nur eine weitere Gelegenheit. Die Gelegenheiten werden sich euch endlos weiter bieten. Verurteilt euch also nicht, wenn ihr wieder in eure alten Muster verfallt. Es ist in Ordnung. Auf diese

Weise lernt ihr. *Wenn ihr merkt, daß ihr in ein altes Muster verfallt und euch nicht verurteilt, habt ihr das Muster bereits verändert.* Seht ihr, ihr Lieben, die Dichotomie funktioniert nach beiden Seiten hin.

F(M): Du hast vorhin gesagt, daß die Intuition immer richtig liegt. Nun, ich glaube, daß ich die Dinge auf intuitive Weise mache, aber gelegentlich klappt das nicht. Was geht da schief?

P'taah: Das ist keine Intuition. Das klingt zwar wie eine platte Feststellung, ist aber tatsächlich so. Sehr oft sagt dir deine Intuition, daß du irgend etwas tun sollst, aber bei der Durchführung setzt du dann den Willen ein. Du hast das ganz bestimmte intuitive Gefühl, auf etwas «losgehen» zu sollen, und während du darauf «losgehst», veränderst du es. Wenn du intuitiv handelst, passiert es leicht, daß du den Intellekt die Sache in die Hand nehmen läßt.

F: Du meinst, ich lasse zu, daß der Intellekt mir die Sache ausredet?

P'taah: Manchmal läßt du zu, daß dir der Intellekt die Sache ausredet. Manchmal läßt du aber auch zu, daß er sich der anfänglichen Antriebskraft bemächtigt. Sehr oft lenkt der Intellekt, der logische Verstand, den Kanal in eine andere Richtung, oder du setzt, statt es einfach fließen zu lassen, den Intellekt ein, um die Sache in eine andere Richtung oder einen festgelegten Kanal zu drängen. Verstehst du? Denk an die Situationen in deinem Leben, in denen es um dein Geschäft ging, denn in diesem Bereich warst du sehr intuitiv. Nun, du brauchst es nicht jetzt gleich zu tun, aber blick mal in den nächsten Tagen auf die Momente zurück, in denen du eine «Eingebung» hattest, etwas Bestimmtes zu tun. Und schau, ob du den Punkt ausmachen kannst, an dem du den Intellekt die Führung übernehmen ließest und die ganze Sache dadurch sozusagen «vermasselt» wurde. Du wirst überrascht sein. Schreib auf, wie sich das Ganze abgespielt hat, und du wirst sehr genau erkennen, wie du vorgehen und die Dinge zu deinem Vorteil verändern kannst.

F: Ich glaube, ich weiß das, denn es passiert in der Tat, daß ich intuitiv Entscheidungen treffe, die zur Erschaffung von Fülle führen, und dann der Intellekt dazwischentritt und ich bei der Armut lande.

P'taah: Ganz recht, und wir wollen dir auch sagen, Lieber, daß *Armut zur Gewohnheit werden kann.*

F: Sie hat aber auch ihr Gutes.

P'taah: Alles hat sein Gutes. Das, was ihr Armut nennt, beinhaltet eine großartige Lektion für die Menschheit, vor allem deshalb, weil sie niemand von euch wirklich will und dazu viele von euch den Gedanken hegen, daß materieller Reichtum nichts Spirituelles ist. Dieses Thema hat viele Variationen, über die wir schon mit euch gesprochen haben. Wir wollen euch noch einmal sagen, daß Armut, Mangel an Fülle von was auch immer, zur Gewohnheit wird und ihr sie euch Tag für Tag selbst einredet. Tag für Tag bestätigt ihr euch, daß ihr arm seid, und so wird daraus natürlich ein Kontinuum. Wir wollen uns gar nicht erst auf den Punkt des «Verdienens von Reichtum» einlassen, da die meisten von euch ohnehin nicht glauben, daß sie irgend etwas verdienen.

F(F): P'taah, was kann ich tun, um aus der Stagnation herauszukommen? Ich versuche, ein sinnvolleres Leben zu führen, stelle aber fest, daß ich irgendwo blockiert bin und da nicht herauskomme.

P'taah: Ja, Liebe. Das nennt man nicht «fähig sein» oder es nicht «wert sein». Nun, geliebte Frau, was würdest du tun, wenn ich dir sagte, daß ich dir ermögliche, alles zu tun, was du willst? Worum würdest du mich bitten?

F: Vielleicht darum, daß du diesen Block wegräumst. Daß ich mehr Selbstvertrauen bekomme.

P'taah: Nein, Liebe. Wenn ich zu dir sagen würde: «Du kannst haben, was immer du dir in diesem Leben wünschst. Du kannst gehen, wohin du willst. Ich werde es dir ermöglichen. Du brauchst nichts zu tun. Ich mache es möglich.» Was würdest du gerne tun, wenn du dieses Vertrauen, das wir dir natürlich geben würden, hättest?

(Die Dame hält inne und denkt über P'taahs Frage nach.)

P'taah: Welche Veränderung soll ich in deinem Alltagsleben schaffen? Du kannst alles haben. Was möchtest du?

F: Mehr Mut. Ich kann es irgendwie nicht beschreiben.

P'taah: Sehr gut. Aber wenn du mehr Mut hättest, was würdest du damit anfangen? Wohin würdest du gehen? Was würdest du in dein Leben einbringen, was du jetzt nicht hast? Sag es mir. *(P'taahs Beharrlichkeit in bezug auf diese Dame fasziniert das ganze Publikum.)*

F: Mehr Wissen.

P'taah: Gut. Was noch würde dein Herz zum Singen bringen?

F: Daß ich mein Wissen für die Menschheit einsetze.

P'taah: Bekümmere dich nicht um die Menschheit, Geliebte. Was ist mit *dir?* Was könnte ich tun, damit sich dein ganzes Leben ändert? Was könnte ich dir geben, das du dir von Herzen wünschst? Es geht um deine Person.

F: Vielleicht, daß ich mich selbst akzeptiere.

P'taah: Nun gut. Was ist mit den «äußerlichen» Dingen? Willst du Reisen unternehmen? Willst du deinen Lebensstil ändern? Willst du einen Geliebten? Mehr Freude? Was ist es? Ich gebe dir alles. Willst du alles davon?

F: Nun, ich will etwas bescheidener sein. Vielleicht ein bißchen mehr Geld.

P'taah: Mehr Geld?

F: Ja. Und vielleicht die richtige Person, um es mit ihr zu teilen.

P'taah: Gut. Einen wunderbaren Geliebten.

F: Ja. Einen Geliebten. Eine Person, mit der ich in Harmonie leben kann. Jemanden, der mich versteht.

P'taah: Gut, und viel Freude und Lachen?

F: Ja.

P'taah *(sanft)*: Nun, geliebte Frau. *Ich gebe dir das alles. – Es gehört dir.* Wenn das dein Wunsch ist, kannst du das alles haben. *In diesem Wissen wirst du es erschaffen, und du brauchst nichts dazu zu tun.*

F: Ich danke dir. Das bringt mein Herz zum Singen – daß ich nichts zu tun brauche. Ich bin ungeduldig. Danke.

P'taah: Ich bin das, was man eine gute Fee nennt, Liebe. *(Gelächter im Publikum)* Es ist wahr.

(P'taah, noch immer sehr sanft:) Aber du, geliebte Frau, bist eine Göttin. Wer ist mächtiger? Du bist es. Also mach dich auf in Freude. Es ist alles deins, so ist es.

F(M): P'taah, du sprachst davon, daß Armut zur Gewohnheit wird. Ist irgend etwas falsch daran, wenn man sie genießt?

P'taah: Lieber, was immer dir Freude macht, ist wunderbar. Wenn Leute ihr Leben mit oder ohne Geld genießen, ist das wundervoll. Und es kommt selten vor.

F: Noch vor einiger Zeit wäre ich mit einem Mangel an Geld nicht zurechtgekommen.

P'taah: Kein Geld zu haben war für dich eine großartige Lektion. Da hattest du dann auch keine Verantwortung. Wie immer die Situation auch aussehen mag, sie ist in Ordnung, Geliebter, solange sie dir Freude macht. Und wenn du es dir anders überlegst und sie dir keine Freude mehr macht, kannst du sie ändern.

F: Im Grunde sind das ganz gute Umstände, weil dich die Leute dann nicht «ausnehmen» können. Sie können dir nicht wegnehmen, was du nicht hast, und im Moment genieße ich diese Situation.

P'taah: Lieber, die Angst, daß du «ausgenommen» oder «dir das Fell über die Ohren gezogen» werden könnte, zeugt nicht gerade von Harmonie. Dir kann, was Geld angeht, im Moment nicht «das Fell über die Ohren gezogen» werden, aber in anderer Hinsicht schon, nicht wahr?

F: Wie?

P'taah: Sag du es mir, Lieber. Es ist dein Leben. Wir würden meinen, daß du in letzter Zeit genau dieses Gefühl hattest, und es hatte nichts mit Geld zu tun.

F: Ja, ich verstehe.

P'taah: Geld ist nur ein Etikett für Bewußtsein, Lieber. Es ist nur ein Etikett für Energie. Es ist ein Ausdruck für etwas. Es drückt aus, wie du dich in deinem Leben *fühlst*. So ist es. Wenn du Angst hast, «ausgenommen» zu werden, dann wird es so kommen, und wenn es nicht Geld ist, dann etwas anderes. Es geht um das gleiche wie bei der Frage zu den Dieben und dem Fahrrad. Wenn du Angst davor hast, wird es ganz bestimmt passieren. Wenn du absolut weißt, daß es sicher ist, daß dir niemand wirklich etwas wegnehmen kann, wird es nicht geschehen. Verstehst du? Dasselbe Prinzip, nur ein anderes Etikett.

F: Das heißt nicht, daß wir alles leicht zugänglich machen müssen, oder?

P'taah: Lieber, laß uns die Sache nicht ins Lächerliche ziehen. Du tust, was immer dich in den Zustand der Harmonie bringt, und wenn du jemandem etwas anbieten möchtest, und sei es dein Herz, wirst du, wenn du es nicht befürchtest, auch nicht «ausgenommen» werden. Wenn du es aber befürchtest, dann wird dir dein Herz herausgerissen werden, Geliebter. Es ist immer deine Wahl.

Ihr Lieben, das reicht für heute. Guten Abend.

Zehnte Übermittlung
11. März 1992

P'taah: Guten Abend, ihr Lieben. Nun gut, bei einer so geringen Anzahl gibt es kein Entkommen. *(Es haben sich an diesem Abend achtzehn Leute versammelt. P'taah geht herum und begrüßt jede Person.)* Und nun könnt ihr eure Fragen stellen. Wir werden euch wie immer mit größtem Vergnügen das zurückspiegeln, was ihr bereits wißt. Wenn es keine Fragen gibt, bleibe ich hier sitzen, und ihr könnt ein kluges Gespräch miteinander führen.

F(M): P'taah, kann sich eine Seele, wenn sie sich zum erstenmal inkarniert, sofort in eine entwickelte Zivilisation begeben, oder muß sie in einer «primitiven» Gesellschaft anfangen?

P'taah: Was ist das erste Mal, Lieber?

F: Na, sie muß ja irgendwo anfangen.

P'taah: In der Tat, aber so etwas wie eine neue Seele gibt es im Grunde nicht. Eine Energie kann um der Erfahrung willen im vollen Wissen ihrer eigenen Göttlichkeit in die Physikalität eintreten. Manche Energien wünschen sich nur eine einmalige Erfahrung. Seid allerdings versichert, daß ihre Anzahl nicht groß ist. Wir möchten euch daran erinnern, daß sich viele überhaupt nicht auf der physischen Ebene inkarnieren. Wir möchten euch auch ins Gedächtnis rufen, daß die, die ihr seid, in vielen Realitätsdimensionen zugleich leben; daß ihr in gewisser Weise volle Kenntnis von eurer eigenen Göttlichkeit habt. Die Seele, wie ihr sie versteht, ist keine begrenzte Wesenheit, die sich nur in einer Dimension oder innerhalb eines Zeitsystems zum Ausdruck bringen kann. Wie wir schon sagten, findet alles, was ihr als lineare Zeit und als Inkarnation anseht, gleichzeitig statt. Schon allein das vermittelt euch eine gewisse Vorstellung von eurer Größe.

Ihr besitzt in eurem Innern alles Wissen, und wenn ihr bewußt erkennt, wer ihr seid, wenn ihr euch total akzeptiert, wenn ihr zur Liebe zu euch selbst findet, wird sich euch dieses ganze Wissen offenbaren. Und damit werdet ihr euch nie wieder einsam oder isoliert fühlen. Ihr erlebt eure Einsamkeit, den Trennungsschmerz, nur in einer Dimension der Realität, nämlich dort, wo ihr von eurer eigenen Größe abgeschnitten seid.

F(M): Ist es möglich, daß eine in einer anderen Dimension gemachte Erfahrung das Erleben in dieser Dimension beeinflußt? P'taah: Natürlich, da ihr nicht wirklich getrennt seid. Ihr glaubt nur, daß ihr es seid.

F: Es könnte also sein, daß gewisse Impulse und ein bestimmtes Verlangen einer anderen Realität entstammen? P'taah: In gewisser Weise ist es so. Man könnte sagen, daß es sich auch um die latente Möglichkeit der Kreativitätsentfaltung handelt, die sich in deiner Erfahrung wie ein Faden von einem Leben zum anderen durchzieht.

F: Ist es, wenn ich eine bestimmte Angst oder ein bestimmtes Problem habe, die möglicherweise aus einem vorherigen Leben herrühren, sinnvoll, zu versuchen, der Sache auf den Grund zu gehen? P'taah: Es ist ein Abenteuer, nicht wahr? Eigentlich ist das nicht unbedingt nötig, weil ihr alles, was ungelöst ist, was ihr nicht bereitwillig angenommen habt, was immer noch Angst und nicht Liebe bedeutet, immer und immer wiedererschaffen werdet, bis ihr schließlich gezwungen seid, es euch anzusehen. Das ist in Ordnung. Wißt ihr, die Menschen sind sehr, sehr eigensinnig und schauen sich im allgemeinen nicht gern die Bereiche an, die sich nicht im Licht befinden. Ihr habt ganz wunderbare Ausreden, um es nicht zu tun. Ihr sagt: «Ich brauche es nicht zu tun, denn da ist nichts.» Ihr sagt: «Wir konzentrieren uns nicht auf das Negative, wir konzentrieren uns auf das Positive.» Ihr sagt: «Nun, ich habe diesen ganzen Scheiß gelöst.» Und auch: «Da, wo ich bin, ist die Mitte, und ich sehe alles, was außerhalb ist.» Ihr verfügt alle über zahlreiche Vermeidungstaktiken, um euch das, was schmerzlich ist, das, was ihr wirklich nicht ans Licht bringen wollt, nicht anzuschauen. Auf diese Weise wird das Eintauchen in ein früheres Leben und vorherige Inkarnationen zum Abenteuer, zu einer Entdeckungsreise, zur Möglichkeit, bewußt mit diesem inneren Faden in Berührung zu kommen. Ihr Lieben, wie wir euch schon sagten, müßt ihr wissen, daß es jedesmal, wenn ihr eine Rechtfertigung, ein «aber» zur Verteidigung eures Tuns vorbringt, etwas zu erforschen gilt. Da gibt es wirklich kein Entkommen. Seid ihr entschlossen, die zu werden, die ihr seid, so müßt ihr wissen, daß alles vor euch selbst Verborgene euch von eurer eigenen Göttlichkeit, von eurem eigenen Gotteslicht abhält. Ihr mögt alle anderen zum Narren halten, doch euch selbst könnt ihr nichts vormachen. Wir haben diese Dichotomie der Seele beobachtet, dieses Wesen, das so verzweifelt gerne «wissen» möchte, und je größer die Verzweiflung, desto stärker der Abwehrmechanismus. In diesem Sinne sagen wir: «Ergebt euch.» Ihr sollt euch nicht einem anderen ergeben. *Ihr sollt euch dem ergeben, wer und was ihr seid.* Bei eurer Geburt, wenn ihr in die Physikalität gebracht werdet, wenn ihr euch in dieser dreidimensionalen Realität erschafft, besitzt ihr bereits das ganze Potential dessen, was ihr werden könnt. Es ist alles in euch enthalten. Es ist nichts außerhalb von euch. Eure Glaubensstrukturen formen eure physische Realität, und wenn ihr erst einmal erkennt, daß sie nur eure Glaubensvorstellungen *über* die Realität sind und daß alles außerhalb eurer selbst ein Spiegelbild ist, ein Geschenk, damit ihr erkennen könnt, wer ihr seid, dann werdet ihr feststellen, daß sich eure Glaubensstrukturen verändern und ihr aufblüht.

F(M): P'taah, ich habe eine Frage zu den Glaubensstrukturen und der Realität. Wenn Leute glauben, daß es keine Reinkarnation gibt, und daß sie, wenn sie erst einmal tot sind, tot sind, und das war's ...

P'taah: Sie werden bestimmt eine gewaltige Überraschung erleben.

F: Wie können sie einem Glauben anhängen, der so weit von der Realität entfernt ist?

P'taah: Geliebter, seit wann glaubst du, daß es so etwas wie Reinkarnation gibt?

F: Seit zwei oder drei Jahren.

P'taah: Da du deine Überzeugung geändert hast, hast du dir in dem Wissen, daß du bei weitem großartiger bist, als du bislang angenommen hast, unzählige Möglichkeiten eröffnet, um zu erkunden, wer du bist. Was die Menschen angeht, die nicht an so etwas wie Reinkarnation glauben, so werden sie, falls sie der

Überzeugung anhängen, daß es nach dem Tod nichts mehr gibt, ein Weilchen eben genau das vorfinden, da das Bewußtsein nach dem Übergang, nachdem ihr den Körper abgestreift habt, weitergetragen wird. Sie werden sich für kurze Zeit in einem «Nirgendwo», in einem «Nichts» wiederfinden. Dann werden sie den Wunsch haben, etwas anderes zu erleben. In dem Moment, in dem dieser Wunsch im Bewußtsein Ausdruck findet, haben sie bereits die Veränderung bewirkt. Diejenigen, die an den Himmel glauben, werden genau das vorfinden: einen Himmel mit Engeln oder ein irdisches Paradies. Dann werden sie zu der Erkenntnis gelangen, daß es noch sehr viel mehr gibt.

F(M): P'taah, wie wissen wir, wann wir bereit sind, die Toten auferstehen zu lassen?

P'taah: Lieber, wenn du die Möglichkeit dazu hast, wirst du es wissen.

F: Sie wurde mir ganz entschieden bei der Reintegration eines Krebspatienten präsentiert, der vor seinem Verscheiden sein ganzes Leben zu integrieren vermochte. Er gab seinen Körper in meine Hände. Reicht es, an diesem Punkt zu sagen: «Wir haben das getan»?

P'taah: Unter anderen Umständen wäre es so gewesen, Geliebter. Wenn du weißt, wer du bist, kannst du mit jemandem arbeiten, der sich dasselbe wünscht. Wir möchten vorschlagen, daß du dir gegenwärtig nicht allzu viele Gedanken über das Auferstehenlassen von Toten machst. Wie wir bereits sagten, Geliebter, ist es wichtiger, daß du dein eigenes Wesen zuläßt.

F: Das verstehe ich, aber in solchen Situationen fragt man sich doch, ob man genug getan hat.

P'taah: Warum hältst du das für deine Verpflichtung, Geliebter? *Du kannst niemanden heilen.* Das ist die Entscheidung der betreffenden Person. Das hat wirklich nichts mit dir zu tun. Wenn sich jemand im Bewußtsein seines Seins wahrhaftig wünscht, seine physische Situation zu verändern, sich nicht von der Physikalität zu verabschieden, dann braucht er keinen anderen dazu. Wenn nun jemand um Beistand bittet, ist das wunderbar, aber es liegt nicht in deiner Verantwortlichkeit. Du kannst nur aus deinem eigenen Wissen heraus «handeln», Geliebter. Und dein eigenes

Wissen besteht darin, daß du nicht weißt, wer du bist. Du hast eine Vorstellung, wie es sein könnte, richtig? Du sollst also kein Schuldgefühl haben, sollst nicht meinen, versagt zu haben. Es ist nicht an dir, die Verantwortung für das Leben oder Sterben eines anderen zu übernehmen. Verstehst du? Der Körper ist nur ein Spiegelbild. Krankheit, Unwohl-Sein spiegeln nur das Innere der Persönlichkeit wider. Krankheit bietet dir lediglich die Gelegenheit, nachzuschauen, was in dir los ist. Das ist alles. Der Körper wird dir, zunächst ganz sanft, sagen, daß nicht alles zum besten steht. Wenn du dich weigerst hinzuschauen, wird er dir immer größere Lektionen erteilen, und die letzte Lektion ist die, die man den Tod nennt. Weißt du, Lieber, der Tod ist keine große Sache. Er ist eine Illusion.

F: Für mich existiert der Tod gar nicht.

P'taah: Warum sprichst du davon, die Toten auferstehen zu lassen, wenn er für dich gar nicht existiert?

F: Weil andere Menschen in diesen Begriffen reden. Wie kann ich, wenn ein Krebspatient eingesehen hat, daß der Körper ihm Lektionen erteilt, die er zu lernen hat, ihm dann seine Schmerzen so weit nehmen, daß er die Lektion aufnehmen kann?

P'taah: Lieber, wir vermitteln euch jede Woche Methoden zur Verwandlung von emotionalem oder physischem Schmerz.

F: Willst du damit sagen, daß wir nichts unternehmen sollten, wenn sich ein Patient nicht selbst von seinen ständigen Schmerzen befreien kann? Das möchte ich von dir hören.

P'taah: Lieber, wir sprechen Woche um Woche, Monat für Monat über Transmutation zu euch.

F: Das geht für mich in Ordnung, aber was ist mit denen, die nichts über Transmutation wissen?

P'taah: Lieber, das geht für dich NICHT in Ordnung, denn wenn es so wäre, würdest du sie sich in deinem eigenen Leben ereignen lassen. Dann würdest du zu einem leuchtenden Beispiel, und dein Gotteslicht würde sich auf alle deine Mitmenschen auswirken. Wie wir schon sagten, *ist ein «Heiler» eine Person, die sich verzweifelt gerne selbst heilen möchte.* Nun kommt dazu, daß du Krankheit als etwas Negatives betrachtest. Und solange du Krankheit als etwas Negatives ansiehst – als nichts Gutes –, wirst du nicht heilen.

F: Und was tue ich sonst alles nicht?

P'taah *(sanft)*: Weißt du, wenn du wirklich verstehen würdest, wärest du vielleicht kein «Heiler». Wir sprechen zu *dir*. Wir sagen nicht, daß am Heilen etwas falsch ist. Wir sprechen zu *dir*, geliebter Mann, zu deinem höchsten Wohl.

F *(ein Neuankömmling)*: Du hast heute abend darüber gesprochen, daß wir uns selbst erkennen müssen. Ich würde mich gerne selbst besser kennenlernen. Kannst du mir einen Rat geben, wie das möglich wäre?

P'taah: Nun, wir haben dir heute abend schon einen Hinweis gegeben, als wir von der Abwehrhaltung sprachen.

F: Dann habe ich wohl den Kern der Sache nicht mitgekriegt.

P'taah: Sehr gut, wir werden es wiederholen. Ich muß sagen, daß es hier niemanden gibt, der nicht davon profitieren würde. Die Menschheit lebt in einem Universum der Dualität, der Polarität von positiv/negativ, was von euch als gut/schlecht, richtig/falsch, männlich/weiblich, schwarz/weiß und so weiter beurteilt wird. Nun, *die Ursache für all den Schmerz, all die Angst ist in eurem Verurteilen zu suchen, darin, wie ihr euch selbst bewertet.* Seit Äonen erschafft ihr euch selbst, Leben um Leben, und jedesmal gibt es Bereiche in eurem Leben, die ihr weiterführt – die nicht nur diesem Leben entspringen –, und gewisse Aspekte des Selbst verurteilt ihr als «nicht gut». Ihr lebt in Angst vor Entdeckung, fürchtet, daß man euch «ertappen» könnte. Warum fürchtet ihr euch, ihr Lieben? Ihr fürchtet euch, weil ihr glaubt, nicht mehr geliebt zu werden, sobald jemand herausfindet, wer ihr wirklich seid. *Eure Grundangst besteht darin, nicht gut genug, nicht der Liebe und des Lebens wert zu sein.* Und so kehrt ihr von Anfang an alles sorgsam unter den Teppich, was eurem Urteil nach «nicht so gut» ist. Und so werden im Laufe eures Lebens, in dem ihr Herabwürdigung, Zurückweisung, Verrat, Demütigung und Verlassenwerden erlebt, die von euch aufgebauten Mauern, hinter denen ihr euch versteckt, immer höher und höher. Und eure Abwehr nimmt immer mehr zu.

Da gibt es nun die, die viel gelesen und viele Workshops besucht haben und allmählich begreifen, wie wohltuend es ist, die

Verteidigungsmechanismen aufzugeben und zu sagen: «So bin ich.» Auf diese Weise bringen sie ans Licht, was sie als die «ungeliebten Aspekte», die «verängstigten Aspekte» verurteilen, um sie anzunehmen, anzuerkennen, damit sie Teil des Gotteslichts werden können. Sie sollen nicht mehr verleugnet, verdrängt, unterdrückt, unter den Teppich gekehrt werden. Vielen fällt es sehr schwer, in diese so überaus verborgenen Bereiche vorzudringen. Da waren so viele Jahre des Versteckens. Und so geben wir euch einen kleinen Hinweis: Wovor fürchtet ihr euch, wenn euch jemand angreift und ihr euch verteidigt? Was verteidigt ihr? Was versteckt ihr? Hm? Versteht ihr? Auf diese Weise könnt ihr ausbuddeln, wovor ihr euch versteckt habt. Ihr habt es irgendwo in einer verborgenen Nische eures Bewußtseins vergraben, aber es bettelt um Licht. Wir möchten euch allen in Erinnerung rufen: *Ihr erschafft euch eure eigene Realität, ABSOLUT. Ihr erschafft persönlich euer ganzes Universum – es gibt innerhalb eures Wahrnehmungsbereichs nichts, was ihr nicht erschafft. Ihr seid verantwortlich.* Eine Situation, für die ihr euch nicht bewußt entscheidet, die ihr ablehnen würdet, bietet einen weiteren Hinweis. *Es gibt keinen Zufall.* Wenn ihr euch eine Situation erschaffen habt, die euch Schmerzen bereitet, habt *ihr* sie geschaffen, um etwas zu lernen, zu *eurem* Wohl, nicht zu dem eines anderen, obwohl sie in Wahrheit immer dem Wohle aller dient, da es sich um eine Co-Kreation handelt. Im Grunde ist es für alle Beteiligten stets eine Situation, in der es nur Gewinner gibt, wenn ihr es nur erkennen und zulassen könntet. Geliebte, unterm Strich bedeutet das: IHR HABT DAS ALLES GETAN.

F(M): P'taah, vorhin hast du von den Verteidigungssystemen gesprochen und das Wort «ergeben» gebraucht. Heißt dieses «Sichergeben» in einer Situation, die man nicht mag, daß man sozusagen «das Handtuch wirft»?

P'taah: Lieber, wir sagten euch, daß es nicht bedeutet, daß ihr euch einem anderen ergebt, sondern daß ihr euch dem ergebt, was ihr seid.

F: Heißt das, daß man eine Situation nicht so akzeptieren muß, wie sie ist?

P'taah: Wenn dir eine Situation absolut nicht schmeckt, bedeutet das einfach, daß du etwas auf die Reihe bringen, daß du etwas ausgleichen mußt. Jedwelches Geschehen befindet sich entweder in Übereinstimmung mit dem universellen Gesetz oder der universellen Wahrheit, oder aber nicht. Wenn es sich in Übereinstimmung mit der universellen Wahrheit befindet, schwingst du in Resonanz mit deinem Universum, und dann nimmst du ein Strahlen, Freude und Lachen wahr. Wenn du Mißklang, Kummer und Schmerz registrierst, dann, weil du dich in einem Zustand des Nicht-Zulassens, des Verurteilens befindest. Wenn wir also vom Ergeben sprechen, meinen wir eigentlich das Zulassen, damit ihr die Verurteilung ausgleichen und in Einklang mit eurer eigenen universellen Wahrheit bringen könnt. *Es bedeutet nicht, daß ihr euch einem anderen ergeben sollt. Es bedeutet, daß ihr euch euch selbst ergeben sollt.* Schaut, Geliebte, wenn ihr euch wirklich in Einklang befändet, entstünde die Frage, ob ihr euch einem anderen ergeben sollt, gar nicht. Eine solche Situation würde einfach nicht eintreten. Wie könnt ihr etwas Gegebenes aufgeben?

F: Hängt davon ab, was gegeben wird. Wenn einem eine harte Zeit beschert wird...

P'taah: Lieber, das ist deine Wahrnehmung. Warum ist es eine harte Zeit? Weil du Angst hast; weil du dich nicht in Einklang befindest. Du verurteilst sie als «schlecht». *Verurteilung bedeutet Nicht-Zulassen.*

F: Aber sie kann doch schlecht sein, oder?

P'taah: Lieber, hör mir zu. *Hör mit deinem Herzen.* Wenn du dich in einer «schlechten» Situation befindest, dann, weil du sie aus Angst verurteilst. Wenn du keine Angst hast, gibt es kein Gut oder Schlecht, es IST einfach, und in diesem ISTSEIN kannst du die Freude entdecken.

Gut, ihr Lieben, wir machen eine Pause zur Erfrischung des Körpers.

(Nach der Pause.)

P'taah: Machen wir also weiter, ihr Lieben.

F(M): P'taah, ich habe eine Frage. Kannst du uns kurz erläutern, wie das Leben auf den Pleiaden aussieht?

P'taah: Ich werde mich sehr kurz fassen, Lieber. Hm?... Harmonisch.

F: Ich dachte mir schon, daß du dich so kurz fassen würdest.

F(M): P'taah, wie kann ich auf mitfühlende Art einer anderen Person helfen, die mentale Ängste hat?

P'taah: Zeig ihr, daß du sie liebst.

F: Ich habe das Gefühl, daß sich eine solche Person fast wünscht, daß man sich in ihre Angst hineinbegibt, um ihr zu zeigen, daß man sie liebt. Müssen wir das tun? Oder wäre es, wenn man ihr wirklich helfen will, besser, ihr ganz kurz die eigene Meinung zu ihrer Situation mitzuteilen und dann zu gehen?

P'taah: Lieber, du solltest nur aus deinem Herzenswissen heraus sprechen. Du kannst in Liebe und Mitgefühl und im Rahmen deines eigenen Wissens sprechen. Da man sicherlich wissen muß, daß jeder absolut seine eigene Realität erschafft, und da du dies weißt, kannst du es auch sagen. Doch muß man auch dazusagen, wie sie sich verändern läßt. Das bedeutet nicht, daß du dich in die Geschichte einer anderen Person «einhaken» mußt; du brauchst nur Liebe und Mitgefühl zu zeigen, ihr Unterstützung zukommen zu lassen. Wenn jemand verwirrt ist, kannst du sagen: «Geliebte, du hast diese Situation erschaffen, um davon zu profitieren, und du weißt, wie.» Wie wir schon sagten, werden Schmerz und Angst durch Verurteilung verursacht.

F: Mit «Unterstützung zukommen lassen» meinst du, für sie dazusein?

P'taah: Wenn das dein Wunsch ist. Wir wollen sagen, daß es weder dir noch der anderen Person nützt, wenn du dich in ihre Geschichte verhakst.

F: Ich erkenne nun, daß ich die Sache nicht aus der Perspektive des Ego betrachten darf, sondern sagen soll, was ich fühle; daß ich mich nicht darum kümmern soll, was ich für einen Eindruck mache; daß ich mir keine Sorgen darüber machen soll, daß ich, falls ich nicht in einer bestimmten Weise auftrete, als nicht liebevoll oder gleichgültig verurteilt werden könnte. Damit lande ich wieder bei meinen Verlustängsten.

P'taah: Glückwunsch, Glückwunsch, mein Lieber. Es ist wunderbar, daß du zu dieser Erkenntnis gelangt bist, denn sehr oft orientieren sich die Menschen in ihrem Denken und Handeln an der öffentlichen Meinung. Sie haben Angst, daß sie nicht geliebt werden, wenn sie sich nicht in einem guten Licht darstellen, wenn sie nicht gut angesehen sind. Wenn du den liebst, der du bist, ist eine solche Betrachtungsweise null und nichtig. Es geht darum, daß du dem Herzen folgst, und wenn du wirklich von Herzen Beistand leisten möchtest, kannst du das dadurch tun, daß du zeigst, daß du wirklich liebst und dich bekümmerst, daß du Mitgefühl hast.

F: Jede Situation kann anders aussehen.

P'taah: Lieber, es spielt keine Rolle, um welche Geschichte es sich handelt. Die Menschen befinden sich in einem Getrenntsein des Selbst vom SELBST und voneinander, und in Zeiten des Stresses, des Schmerzes und der Angst fühlen sie sich noch mehr isoliert. Dann ist es wunderbar, wenn du hingehst und sagst: «Du bist wirklich nicht allein. Du liegst mir aufrichtig am Herzen, und ich liebe dich.» Das bedeutet nicht, daß du dich «vereinnahmen» läßt. Wenn du dich vereinnahmen läßt, läßt du dich auf die Unverantwortlichkeit ein. Nur wenn die Menschen die Verantwortung übernehmen, werden sie allmählich verstehen, wie das Universum funktioniert und wie sie problemlos darin agieren können. Wenn du dich anderen Leuten bei ihren Schuldzuweisungen, in der Bestätigung der Opferhaltung, anschließt, erweist du ihnen keinen Dienst. Und du erweist ihnen auch einen schlechten Dienst, wenn du nur handelst, um das Ego eines anderen zu befriedigen oder um die Bedürfnisse deines eigenen Ego zu befriedigen oder um der öffentlichen Meinung zu entsprechen. Es spielt keine Rolle, welche Worte du verwendest, *das Herzenswissen ist größer als das Verstandeswissen*. Wenn man etwas aus Pflichtgefühl tut oder zur Besänftigung des eigenen Ego, merkt der andere das ganz bestimmt auf einer tieferen Wissensebene.

F *(ein Neuankömmling)*: Ich habe ein paar Fragen. Erstens: Habt ihr auf eurem Planeten eine physische Gestalt?

P'taah: Ja.

F: Kannst du beschreiben, wie ihr ausseht?

P'taah: Hm... Wir sind sehr schön. Man könnte sagen, wir haben eine humanoide Gestalt, aber eine andere Schwingung, weshalb unsere Körper, aus eurer Perspektive betrachtet, nicht so dicht, so solide wirken wie die menschlichen Körper auf diesem Planeten. Aber... sehr schön... wie ihr auch. Nächste Frage.

F: Okay. Ich habe eine Frage zur Vorstellungskraft. Ich frage mich, wieviel Gültigkeit sie hat. Kann ich dir ein Beispiel geben? Wenn ich zu George hier sage: «Stell dir vor, du befindest dich auf dem Mars und blickst in eine bestimmte Richtung. Sag mir, was du siehst.» Und ich mache gleichzeitig dieselbe Übung. Würden wir dann beide vor unserem geistigen Auge dieselbe Szene sehen?

P'taah: Das ist sehr gut möglich. Die Vorstellungskraft besitzt Gültigkeit. Euer ganzes Universum wird aus der Imagination heraus erschaffen. In eurer physischen Realität kann nichts geschaffen werden, ohne daß es zuerst ein Gedanke war. Und Imagination ist ein Gedanke ohne Materie. Sogar ein Krieg muß erst in Gedankenform existieren, bevor er in der physischen Realität manifestiert wird. Die Vorstellungskraft ist also mit Sicherheit «real». In ihr kann es nichts geben, was «nicht» ist.

F: Ich verstehe, daß etwas, das ich mir vorstelle, in Gedankenform existiert, aber bedeutet das, daß es auch irgendwo eine physische Realität hat?

P'taah: Das kann so sein, aber die Tatsache, daß es nicht physisch existent ist, bedeutet nicht, daß es nicht real ist. Glaubst du, daß zwei Menschen, die dieselbe Szene betrachten, dasselbe sehen?

F: Physikalisch gesehen, ja, aber die Deutung würde unterschiedlich ausfallen.

P'taah: Aber wo ist der Unterschied? *Sie sehen unterschiedlich.* Und so verhält es sich auch, wenn ihr mit der Vorstellungskraft arbeitet. Wenn ihr eine imaginierte Szene vorgebt und jede Person sie anders sieht, kann es sein, daß die eine ein anderes Zeitsystem oder eine andere Realitätsdimension vor sich sieht, und das bewirkt den Unterschied. Es kommt häufig vor, daß sich Menschen praktisch «dasselbe» vorstellen. Die Menschen klinken sich sehr oft ins Kollektivbewußtsein ein. Weißt du, *es gibt «da draußen» nichts zu entdecken, was nicht bereits existieren würde.* Es IST schon, ihr habt es nur noch nicht gesehen. Richtig? Und allein schon dadurch, daß ihr darüber nachdenkt, vertieft und erweitert ihr euer Vorstellungsvermögen über die normalen Grenzen hinaus. Das sogenannte Denken ist nicht auf euer Kopfinneres beschränkt. Sobald eine Gedankenform entstanden ist, wird sie ins Universum ausgesandt. Deshalb gibt es in Wahrheit auch keine Geheimnisse, auch nicht eure «tiefen, dunklen Geheimnisse». Ich versichere euch, sie sind gar nicht so geheim.

F: Ich danke dir. Ich habe noch eine weitere Frage. Sie hat mit Karma zu tun. Ich weiß eigentlich nicht, wie es funktioniert.

P'taah: Was stellst du dir denn unter Karma vor?

F: Eine ausgleichende, ausbalancierende, erzieherische Kraft. Wenn ich etwas Schlechtes austeile, kriege ich irgendwann einmal etwas Schlechtes zurück, wenn es meiner Entscheidung nach etwas Schlechtes sein soll.

P'taah: In der Tat, so ist es. Du verstehst, daß im Universum nichts als gut oder schlecht bewertet wird. Wir wollen also folgendes sagen: Wie bei der Inkarnation triffst du auch hier nur die Wahl, etwas anderes zu erfahren als das, was du bereits erlebt hast. Karma ist in keiner Weise als Bestrafung zu betrachten, sondern du machst nur die Erfahrung der Polaritäten, um sie bereitwillig anzunehmen. Wenn du also in einer früheren Inkarnation ein Mörder warst – und das warst du –, wirst du auch erleben, was es heißt, ermordet zu werden, weil das die Polarität ist. *Es geht darum, beides anzunehmen.* Das ist die Lektion, aber es ist keine Lektion im Sinne einer Strafe; und es gibt thematische Stränge, die du in dieser Weise von einem Leben ins andere mitnimmst. Das ist alles.

F(F): P'taah, ich war bislang mit meinem Intellekt sehr zufrieden, merke aber in letzter Zeit, daß ich mich nicht mehr auf ihn verlassen kann. An dem Tag, als ich eine neue berufliche Laufbahn einschlug, bekam ich schreckliche Nackenschmerzen. Mein Verstand lieferte mir alle möglichen Erklärungen für diesen Schmerz, was aber nichts half. Nach Behandlungen beim Chiropraktiker und Massagen legte ich mich schließlich hin, atmete in den Schmerz hinein, kam bis auf den Grund, und dann verging er. Da scheint in mir eine außerordentliche Abgetrenntheit zu bestehen.

P'taah: Sie besteht immer. Wenn diese Abgetrenntheit nicht existieren würde, wäre da kein Schmerz. Schmerz ist Widerstand. Du legst dich hin und atmest, andere machen vielleicht einen Spaziergang in der Natur oder tauchen ihren Körper ins Wasser oder *lassen einfach nur die Stille zu,* um den Widerstand zu segnen. Wenn du ihn segnest, kommt alles in Einklang.

F: Ich kann das nie über den Verstand tun.

P'taah: Das kann niemand. Wir sprechen hier von Transmutation, egal, ob auf emotionaler oder physischer Ebene. Wir haben euch schon gesagt: Übernehmt die Verantwortung für die Erschaffung des Schmerzes, gleicht die Verurteilung aus, setzt euren Kopf ab und nehmt ihn unter den Arm, und *fühlt das Gefühl*. Vergeßt nicht, daß euer Intellekt euer Diener ist. Er ist da, um euch zu Diensten zu sein. Er ist nicht da, um euch zu beherrschen. *Auch das Ego ist euer Diener; es soll nicht verprügelt, nicht unterjocht oder abgelehnt, sondern bereitwillig angenommen werden, damit es euch dienen kann.*

F: Darf ich dich fragen: Du hast vorhin gesagt, daß ich nach etwas suche, das mir entgeht. Was ist dieses mir nicht Greifbare?

P'taah: Was möchtest du in dein Leben einbringen, Liebe?

F: Ich bin gegenwärtig mit vielen meiner Lebensbereiche völlig zufrieden, aber ich sehne mich nach einem Geliebten.

P'taah: In der Tat. Und was haben wir dir gesagt, Geliebte? Solange du angestrengt nach ihm suchst, du ganz bedürftig und verzweifelt bist, wird sich dir dieser Geliebte entziehen. Wenn du dich in den Zustand der Einwilligung, der Nicht-Erwartung, der Nicht-Bedürftigkeit versetzt, kannst du haben, was immer du dir wünschst. Das gilt nicht nur für einen Geliebten. Das gilt für alles.

F: Eine letzte Frage zu den Geliebten: Was bringt uns dazu, uns in eine bestimmte Person zu verlieben? Welche Chemie ist im Spiel, wenn da tausend Männer in allen möglichen Gestalten und Größen und mit den mannigfaltigsten Charakteren herumlaufen? Was ist der Grund dafür, daß der Puls rast, die Knie weich werden und du das Gefühl hast, gleich ohnmächtig umzusinken? Das geschieht nicht willentlich. Da scheint dann alles außer Kontrolle geraten zu sein.

P'taah: Und es macht ja so großen Spaß, wie? *(Brüllendes Gelächter im Publikum)*

F: Kannst du dann verstehen, wie schwierig es ist, nicht nach dieser Erfahrung zu streben? Natürlich will ich wieder einmal dieses Gefühl haben.

P'taah: Der göttliche Wahnsinn.

F: Was du Anstreben nennst – ich genieße es. Darüber nachzudenken, es mir vorzustellen. Aber ich möchte es auch auf physischer Ebene erleben.

P'taah: Geliebte, wir haben nicht gesagt, daß du dir nichts
vorstellen sollst. Wir haben nicht gesagt, daß du nicht fühlen sollst.
(Auf die Dame zugehend, fügt P'taah sehr sanft hinzu:) Oder?
F: Komm mir nicht zu nahe. Du bist ein solches Kraftwerk.
(Das Publikum lacht.) Wenn du mir nahe kommst und mir in die
Augen schaust, ist da eine solche Kraft, daß es mich fast um-
haut.
P'taah: Wir werden sachte mit dir umgehen. *(Inzwischen ist der
ganze Raum von Gelächter erfüllt.)* Ihr alle kennt diesen göttlichen
Wahnsinn, wie? Diese Sehnsucht des Herzens, aus sich herauszu-
gehen und sich zu vereinen – es ist wunderbar. Man nennt es auch
die Suche nach der Einheit und der Erregung, die du in dir selbst
nicht gefunden hast. Wenn du mit einer solchen Erregung auf dich
selbst blicken kannst, Geliebte, werden wir uns vor dir verbeugen.
Verurteile es nicht. Es ist wundervoll – geh in Freude, aber laß die
Worte ab und zu deinen Hinterkopf kitzeln; dann kannst du dich
vielleicht in bezug auf das Wie und Wann des Geschehens in den
Zustand der Einwilligung und der Nicht-Erwartung verset-
zen. Dann wirst du in der Tat das manifestieren, was du dir
wünschst.

F(F): P'taah, es wurde gesagt, daß Liebe eine konvertierbare Energie ist. Kannst du erklären, warum es einem Menschen, der
Schmerzen hat, tatsächlich hilft, wenn man ihm Liebe zuteil wer-
den läßt? Kannst du ein bißchen ausführlicher darauf eingehen?
P'taah: Nun gut. Wir haben euch gesagt, daß Gedankenformen
sich nicht auf eurer Kopfinneres beschränken. Die machtvollste
Energie im Universum, die, die uns alle «ticken» läßt, ist Liebe.
Liebe ist das, worauf alle Menschen und auch alle Dinge reagieren
– sogar die, die ihr für unbelebte Gegenstände haltet, und auch die
Flora und Fauna. Alles antwortet auf Liebe. Ohne sie gibt es kein
Wachstum. Ohne sie gibt es keine Heilung. Wenn ihr also Liebe,
in einer Gedankenform, aussendet, gleicht sie einem Projektil.
Niemand kann ihr widerstehen. Und so wird sie assimiliert. Gegen
die Liebe lassen sich keine Barrieren aufbauen. In dieser Weise

kann sie das Gotteslicht in einer Person bestärken, kann sie dieser helfen, ihr eigenes Wissen, das Liebe ist, zu integrieren, um die Heilung zu bewirken.

F(M): P'taah, Menschen können sich doch aber bestimmt der Liebe verweigern?

P'taah: Lieber, du sprichst vom Bewußtsein. Das Gotteslicht der Menschen und aller Dinge übersteigt das Bewußtsein. Es existiert jenseits aller Dinge. Es kann nicht verweigert werden.

F: Also gelangt die Liebe in die Aura und wartet auf ihre Realisierung?

P'taah: Es ist nicht notwendigerweise ein bewußter Prozeß. Wenn jemand auf der anderen Seite des Globus krank ist und *du diese Person visualisierst und ihr Liebe schickst, geschieht dies augenblicklich. Liebe wird in dem Moment empfangen, in dem sie zur Gedankenform wird. Das SELBST empfängt sie, gleich, ob dies nun bewußt wahrgenommen wird oder nicht.*

F(M): Was nützt es einer Person, wenn das Bewußtsein die Liebe nicht registriert?

P'taah: Nun, es ist nicht unbedingt das Bewußtsein, das die Krankheit überhaupt erschaffen hat. Es ist so, daß das Bewußtsein nicht bemerkt hat, was sich unterhalb seiner Schwelle oder außerhalb des Bewußtseins ereignet hat. Wenn du das, was die Störung in deinem Körper bewirkt, versteckst, mag dein Verstand sagen: «Ich begreife nicht, warum ich mich so unwohl fühle. Es muß das Wetter sein.» Hm? Doch außerhalb des Bewußtseinsbereichs ist da das SELBST, das sagt: «Wach auf und hör zu.» Das größere SELBST weiß um die Liebe. Verstehst du?

F: Wenn das größere SELBST ganz Liebe ist...

P'taah: Wir sprechen hier von Ebenen. Das größere SELBST weiß alle Dinge, kennt auch alle Dinge aller Universen. Und da gibt es diesen geschichteten Energiefokus, den ihr in Bewußtsein, Unterbewußtsein und das Unbewußte unterteilt habt. Aber in Wahrheit gibt es keine Trennung, und wir spiegeln euch in gewisser Weise das Wissen zurück, daß es keine Trennung gibt, wenn ihr nur darin einwilligen wollt. Das sogenannte Unterbewußtsein ist mit Sicherheit der Dinge gewahr, die jenseits dessen liegen, was ihr auf bewußter Ebene zulaßt.

Lieber, wenn du ein Zimmer betrittst und jemanden zum erstenmal triffst, hast du ein sofortiges Wissen. Manchmal sagst du dann: «Ich fühle mich von dieser Person äußerst angezogen und weiß gar nicht, warum.» Oder du hast das Gefühl, daß du diese Person nicht magst. Mit anderen Worten, dein Unterbewußtsein hat schon sein Urteil gefällt und entschieden, wie es laufen soll, gut oder schlecht. Wenn dich jemand mit Liebe im Herzen anschaut, hast du ein Wissen davon. Manchmal sickert es ins Bewußtsein ein. Manchmal auch nicht, und dennoch wird dir warm ums Herz werden, ohne daß du weißt, warum du dich so gut fühlst.

F(F): Wenn ich jemandem Liebe schicke, der verletzt ist – ich muß zugeben, daß ich immer noch daran festhalte, diesem Verletztsein ein Ende bereiten zu wollen; inwieweit befördert das Senden von Liebe die Person in ihrer Fähigkeit, ihr Gewahrsein zu öffnen und sich zu heilen?

P'taah: Es ist eine Art Bestärkung. Wenn da ein kleines Kind ist, das vernachlässigt wird, das keine Liebe erfährt, dann wird es nicht gedeihen, ungeachtet der Tatsache, daß es drei Mahlzeiten am Tag erhält, im Winter warme Kleider bekommt und so weiter; wo einem Kind aller physischer Komfort geboten wird, es aber keine Herzensliebe bekommt, welkt es dahin – es kann nicht gedeihen. Das ist nichts, was man mit der Hand berühren könnte, aber man sieht mit Sicherheit die Auswirkungen. Wo Liebe im Menschen ist, schafft sie Stärke; du übernimmst also nicht die Verantwortung für das Wohlsein eines anderen Menschen, sondern bestärkst nur das Ideen-Konstrukt von physischer oder emotionaler Gesundheit. Die Tatsache, daß du dich da eingehakt hast, hat nichts mit der Liebe zu tun. Die Liebe bringt es zuwege. Deine Verhakung ist *deine* Angelegenheit. Du weißt, daß du Gotteslicht bist. Wenn du Liebe schickst, kommuniziert Gotteslicht mit Gotteslicht. Und so kannst du alles und jedes manifestieren, was du dir in dieser Realität wünschst.

Wir haben euch gesagt, daß ihr auf der Ebene der physischen Realität durch den Gedanken im Verein mit dem Wunsch und dem Wissen, daß es bereits IST, manifestiert. So kommuniziert ihr im Grunde mit dem Gotteslicht. Wenn ihr euch etwas wünscht, das euch zukommen soll, zieht ihr das Gotteslicht zu euch heran. Wenn ihr einen Wunsch habt, gleich, ob es sich nun um etwas

Materielles handelt oder nicht, dann visualisiert das Ding, das ihr euch wünscht; schickt den Wunsch zusammen mit der Visualisierung und dem emotionalen *Wissen* von seinem Gotteslicht aus; dann wird die physische Gestalt des Bildes verschwinden, und es bleibt das Gotteslicht. Das zieht ihr zu euch heran. Dies nennt man ein Rezept, Geliebte.

F(F): Du hast gesagt, daß keiner eine andere Person heilen kann, aber was ist mit dem Wunsch einer Person, einem anderen Menschen in Mitgefühl helfen zu wollen, wenn sie ihn leiden sieht?

P'taah: Ja, und du schickst Liebe, hm? Das ist das Gotteslicht, das mit dem Gotteslicht spricht.

F: Das heißt, daß die ganze Sache mit dem Handauflegen gar keine Wirkung hat?

P'taah: Liebe, das mag sein. Das ist nur eine Methode. Es ist nicht notwendig. Es ist in Wahrheit nicht einmal nötig, daß man sich in der Nachbarschaft aufhält.

Sehr gut, ihr Lieben, das reicht für heute. Wir danken euch, die Unterhaltung war uns eine Freude. Geht in eurem Gotteslicht. Laßt es scheinen. Seid die Leuchtkraft, die ihr seid. Seid die Freude, die ihr seid. Seid das Lachen, das ihr seid, denn, in der Tat, alles das seid ihr. Guten Abend.

ELFTE ÜBERMITTLUNG
18. März 1992

P'taah: Guten Abend, ihr Lieben. Willkommen. In der letzten Woche sprachen wir über das Manifestieren und über das Herbeirufen des Gotteslichts, das mit dem Gotteslicht spricht. Und wir gaben euch ein Rezept. Die Sache ist wirklich außerordentlich einfach. Nun, an diesem Abend machen wir es einmal anders. Heute zeigt ihr mir euer eigenes großes Wissen, und ich stelle euch Fragen. Dabei werdet ihr ganz gelassen bleiben, denn es wird so sein, als sprächet ihr mit euch selbst. Es würde mir großes Vergnügen bereiten, wenn ihr euer Wissen in einigen Bereichen mit mir teilt. Da wir in der letzten Woche über das Manifestieren sprachen, möchten wir vielleicht dich, Lieber *(P'taah wendet sich an einen bestimmten Herrn im Publikum)*, bitten, mir zu sagen, wie es funktioniert.

F(M): Es funktioniert aus dem absoluten Wissen heraus, daß ich das GÖTTLICHE BIN, DAS ICH BIN, wobei ich die absolute Verantwortung für die jeweils gegebene Situation übernehme und meine Seele in ihrer Ganzheit zum Ausdruck bringen möchte. In meiner Bewußtheit vom ICH BIN wünsche ich mir das und das, und ich weiß, das ES IST.

P'taah: Sehr gut, und nun werden wir nach dem Rezept in bezug auf eine bestimmte Sache in eurem Leben fragen. Wenn ihr Geld haben wollt und es nicht habt, warum, glaubt ihr, habt ihr es nicht?

F(F): Vielleicht ist der Wunsch nicht stark genug, oder vielleicht arbeite ich nicht dafür.

P'taah: Ah. Nicht dafür arbeiten? Denkst du, du mußt dafür «arbeiten»?

F: Daran glaube ich immer noch bis zu einem gewissen Grad.

P'taah: In der Tat. Das ist in Ordnung. Wenn du also begreifst, daß dies eine Glaubensvorstellung von dir ist, wie veränderst du sie?

F: Ich sollte glauben, daß es in Fülle vorhanden ist.

P'taah: Es gibt kein «sollte», Geliebte. Wie würdest du sie verändern? Wie veränderst du eine Glaubensstruktur, die zwischen dir und deinem bewußten Wunsch steht?

F: Ich muß mich ändern.

P'taah: Aber wie?

F: Ich muß nur akzeptieren, daß sie da ist.

P'taah: In der Tat. Aber was beinhaltet es für dich, wenn du sagst, du «mußt» dich ändern, du «solltest» dich ändern? Was fühlst du angesichts der Tatsache, daß du glaubst, daß du arbeiten mußt, um an Geld zu kommen? Du hast gesagt, daß es dieser Glaube ist, der zwischen dir und dem Geld steht. Nun hast du dir das angeschaut und festgestellt, daß dieser Glaube besagt: «Ich muß arbeiten.» Was *fühlst* du jetzt in bezug auf diesen Glauben? Hast du das Gefühl, daß du ihn haben solltest?

F: Nein.

P'taah: Was heißt das, wenn du denkst, daß du diesen Glauben nicht haben solltest? Heißt das, daß du ihn verurteilst? Merkt ihr, wohin das führt? Schaut, wenn ihr einer Glaubensvorstellung anhängt, die der Manifestierung eines bewußt gehegten Wunsches nicht förderlich ist, dann sagt: «Dieser Glaube dient mir nicht länger.» *Wenn ihr ihn verurteilt, gleicht ihr ihn nicht aus.* Wenn ihr ihn verurteilt und sagt, daß es völlig in Ordnung ist, ihn zu verurteilen, und wenn ihr ihn umarmt, wie ihr ein Kind umarmen würdet, dann habt ihr den Ausgleich. Versteht ihr? Und so könnt ihr euch alle Glaubensvorstellungen anschauen, die euch in dieser Weise nicht dienlich sind.

(P'taah wendet sich an einen Mann, der in den Sitzungen immer sehr still ist:) Nun mußt du etwas sagen, mein Lieber, nicht wahr?

F *(kichernd)*: Guten Abend, P'taah. Reicht das?

P'taah: Diesmal haben wir dich. Kein Entkommen. Wie ist dein Leben?

F: Wundervoll im Moment.

P'taah: Warum findest du dein Leben wundervoll, Lieber?

F: Weil ich es so haben will, und ich bin bereit, es zu akzeptieren.

P'taah: Weil du bereit bist, zu akzeptieren, was immer da kommt?

F: Ich weiß, daß es so sein muß, und es ist großartig, wie auch immer es ist.

P'taah: Du bist wirklich ein Weiser. So kannst du das Gotteslicht in dir sich ausdehnen lassen. *(P'taah hält inne und fügt dann zärtlich hinzu:)* Du bist uns überaus lieb.

An eine Dame gewandt: Fühlst du dich wie in der Schule? Alle zittern bei dem Gedanken, die Antwort nicht zu wissen?

F *(lachend):* Ja.

P'taah: Das ist in Ordnung. Weißt du, es gibt im Grunde keine richtige Antwort. Was ist das Schwierigste für dich, Geliebte?

F: Zu wissen, was ich auf physischer Ebene mit meinem Leben tun soll. Mein spirituelles Leben ist bestens.

P'taah: Wir sehen da keinen Unterschied. Du bist dein spirituelles Leben. Was gibt es sonst noch?

F: Das Leben, dem ich jetzt folge. Ich habe es gewählt. Entscheidungen treffen ...

P'taah: Ah. Entscheidungen treffen, was für eine Plage. Sag mir, was wäre eine falsche Entscheidung?

F: Ich weiß, es gibt keine falschen Entscheidungen.

P'taah: Also?

F: Manchmal weiß ich nicht, wie ich herausfinden soll, wo das Gute bei meinen Entscheidungen liegt.

P'taah: Wie wäre es mit: Was macht mehr Spaß?

F: Dem Wunsch des Herzens folgen? Tun, was mein Herz singen läßt?

P'taah *(in gespielter Empörung):* NICHT DOCH. Also von heute an sagen wir bei jeder Entscheidung, die du treffen mußt: «Zur Hölle mit dem Geld. Welche Wahl macht mehr Spaß?» Kannst du so mutig sein, Geliebte?

F: Ich werde es bestimmt versuchen.

P'taah: Versuch es nicht.

F: Nicht versuchen. Nicht versuchen; es erlauben?

P'taah: Dir erlauben, Spaß zu haben? Sehr gut. Wir empfehlen es absolut. Ja doch.

Nun, wißt ihr, wenn wir mit euch sprechen, ist das, was wir sagen, im Grunde sehr einfach. Wenn wir diese Fragen stellen, ist es für euch sehr leicht, eine intellektuelle Antwort darauf zu geben. Ihr habt alle Bücher gelesen, alle Workshops mitgemacht, und doch hört ihr mich nicht. Das ist in Ordnung. Manchmal denken wir, daß wir uns euch gegenüber nicht klar genug ausdrücken. Doch wenn ihr euch in der Starrheit eurer Abwehrsysteme, eures kostbaren und so überaus geliebten Ego, befindet, spielt es an sich keine Rolle, wie klar wir uns ausdrücken. An eurem Ego ist nichts falsch. Es ist ein wunderbarer, gültiger, göttlicher Aspekt von euch. Er soll nicht ausgelöscht werden, aber ihr müßt euch darüber im klaren sein, daß dieser wunderbare Diener namens Ego die Herrschaft in eurem Leben übernehmen und sich zu eurem Herrn aufschwingen kann. Er ist äußerst trickreich.

Nun seid ihr euch häufig eurer Abwehrmechanismen nicht bewußt. *Diese Abwehrmechanismen halten euch von eurem Gotteslicht fern.* Ihr Lieben, ihr müßt nichts tun, um erleuchtete Meister zu werden. Ihr seid es bereits, und es geht nur darum, daß ihr den Schleier ein wenig beiseite schiebt und euch erlaubt, einen Blick auf das Licht zu werfen, das ihr seid. Und wenn ihr diesen kurzen Einblick habt, öffnet sich der Vorhang ein bißchen mehr; euer Einblick wird umfassender, das Wissen wird größer, und der Vorhang geht noch ein bißchen weiter auf. Es ist nicht schwierig. *Da ist nichts zu TUN.* Ihr könnt euch ruhig zurücklehnen und zuschauen, wie das Ego seine kleinen Tricks aufführt. Und ihr könnt sagen: «Das ist in Ordnung. Es hat nur Angst, beraubt zu werden. Das ist alles.»

(P'taah wendet sich an einen Mann im Publikum.) Was machst du also mit einem Kind, das Angst hat, Lieber?

F: Wenn es um meine eigenen Kinder geht, nehme ich sie in die Arme und tröste sie.

P'taah: Genau. Und genau das ist es auch, was ihr mit eurem Ego machen könnt. Nehmt es in die Arme, und tröstet es, und sagt: «Geliebtes, wir gehen nicht weg. Wir trennen uns nicht, du und ich. Aber wenn du erlaubst, werden wir zusammen ein wunderbares Abenteuer erleben, und niemand und nichts wird dir Schaden zufügen. Du und ich, wir werden gemeinsam ins Licht treten.» Ist doch ziemlich einfach, nicht wahr?

(P'taah geht zu einem Mann hinüber, der das Mikrophon hält.) Da du

den Apparat in der Hand hältst, Lieber: Wie erkennst du, wann dir das Ego in die Quere kommt? Nicht daß es sehr oft passiert.

F (lacht): Zu oft für mich.

P'taah: Verurteile dich nicht. Wir sprechen ziemlich im Ernst, weißt du.

F: Ich weiß, daß mir mein Ego in die Quere kommt, wenn ich nur noch den einen Wunsch habe, verdammt noch mal da rauszukommen, wo ich gerade drin bin.

P'taah: Ganz recht. (Er geht auf eine Dame zu.) Und du, geliebte Frau, wie erkennst du, wann du durch dein Ego von etwas «abgehalten» wirst? Hast du da eine Erkenntnismethode?

F: Ja, wenn ich nicht in der Lage bin, mich selbst zu lieben.

P'taah: Ah, aber das ist ziemlich oft. Nicht nur bei dir, sondern bei allen Menschen. Wir sprechen hier aber von den Alltagssituationen, wenn ihr am Re-Agieren seid. Wenn jemand etwas Unangenehmes zu dir sagt und das Ego ins Spiel kommt, wie erkennst du es?

F: Entweder werde ich wütend, oder ich will mich zurückziehen.

P'taah: Ganz recht. Hat noch jemand eine Antwort?

F(M): Ich schau in mich hinein und registriere ein Gefühl mangelnder Zufriedenheit, von Unglücklichsein.

P'taah: Das ist nicht unbedingt das Ego, Geliebter. Wenn es das wäre, wären die Qualen und Schmerzen der Menschheit ganz einfach zu heilen. Hat noch jemand einen Kommentar?

F(F): Ich fühle mich dann angespannt. Das würde ich mit Angst in Verbindung bringen.

F(F): Wenn eine Situation zur Disharmonie führt, würde sich das Ego melden.

P'taah: Was würde das Ego tun?

F: Es hätte Angst, es würde sich verteidigen.

P'taah: Verteidigen. Das ist das Stichwort. Verteidigung. All die anderen Dinge sind auch richtig, aber wenn ihr euch verteidigt, dann wißt ihr, daß ihr euch etwas anschauen müßt. Diese Worte: «Aber ich ...» Manchmal denken wir, daß dieses «Aber ich ...» ein anderes Wort für Ego ist. Wir hören es wirklich häufig genug.

F(M): Vor etwa fünfzehn Jahren machte ich eine Zeit durch, in der ich von Angst erfüllt war. Und wenn es nichts gab, wovor ich

217

hätte Angst haben müssen, erschuf ich mir etwas. Ich kam da erst raus, als ich schließlich für die Erfahrungen dankbar war und mich ihnen ergab. Das schien die Probleme zu lösen.

P'taah: Ah, und was ist hier deiner Meinung nach das Zauberwort?

F: Ergeben. Du mußt dich ergeben. Es gibt keine andere Möglichkeit.

P'taah: In der Tat. Ergeben. Man nennt es die Haltung Christi. Ergeben: die höchst weibliche, negative Energie. Einfach? Ergeben. *Da ist nichts zu tun.* Nichts zu TUN. Und da befindet ihr euch nun, meine geliebten Freunde, alle auf der Folterbank eures verzweifelten Strebens nach Erleuchtung. *Das Rezept für die Transmutation ist das einzige Rezept in eurem Universum, bei dem ihr nichts zu TUN braucht, um Resultate zu erzielen.* Das Rezept der Transmutation. Wißt ihr, ihr vergeßt die Transmutation jede Woche wieder. Ihr vergeßt sie. Wir haben versucht, sie in euer Herz einzuschreiben, aber wir stellen fest, daß wir mit unsichtbarer Tinte schreiben. *(Alle kichern bei dieser Feststellung.)* Transmutation: die elementare Alchimie der Seele. Ihr braucht nichts zu tun. Wißt ihr, eure Magier arbeiteten in alten Zeiten überaus hart an der Verwandlung von Blei in Gold, und ihr könnt das Blei in Gold verwandeln, ohne irgend etwas zu tun. Ein einfaches Rezept:

1. ÜBERNEHMT VERANTWORTUNG. Wie auch immer die Situation sein mag, IHR habt sie erschaffen. Niemand sonst.

2. GLEICHT DAS URTEIL AUS. Das heißt einfach, segnet alles; segnet die beteiligten Menschen. Segnet die Situation; segnet euch selbst dafür, daß ihr die Situation erschaffen habt, um die Perle der Weisheit im Innern zu finden.

3. FÜHLT DAS GEFÜHL. ERGEBT EUCH. Ergebt euch, und wenn ihr euch ergebt, offenbart sich das Gefühl, das sich hinter dem Widerstand des Schmerzes verbarg, plötzlich als neutrale Energie, die dann vom Solarplexus zum Herzen aufsteigen kann.

Übernehmt Verantwortung – gleicht das Urteil aus – ergebt euch. Fühlt das Gefühl. *(Und sehr ruhig:)* Was wäre einfacher?

F(F): Ich habe ein Problem mit diesem Sichergeben. Auf intellektueller Ebene ist es kein Problem, ist alles glasklar. Ich möchte diesen Herrn gerne fragen, wie er es gemacht hat. Du sagst, daß man nichts zu tun braucht. Doch was sagt man zu einem Menschen, der völlig verängstigt ist, überall Gespenster sieht, der paranoid ist, der in jeder Minute Angst vor dem Sterben hat? Wie kann ich ihm sagen, daß er sich ergeben und das Gefühl fühlen soll? Wird er das verstehen?

P'taah: Du mußt ihm erklären, daß er sich seine eigene Realität erschafft, Geliebte. Aber weißt du, du magst es zwar erklären, und die Leute hören es vielleicht auch, aber solange sie nicht die Verantwortung übernehmen, ist es «in den Wind gepißt». Ich liebe diese Seemannsausdrücke. Verstehst du? Schau, ihr seid alle eurem Schmerz und euren Ängsten so verfallen, daß es für euch ein leichtes ist, ein Opfer zu sein. Auf diese Weise braucht ihr die Verantwortung nicht zu übernehmen. In Selbstmitleid zu versinken ist sehr einfach. Auch das heißt, die Verantwortung nicht zu übernehmen: Wehe mir. Schau, was «sie» mir angetan haben. Es hat seine Gültigkeit. Es ist ein göttlicher Aspekt. Das einzige Problem ist, daß er euch keine Freude bringt. *Jedesmal, wenn ihr einem anderen die Schuld gebt, übernehmt ihr keine Verantwortung. Jedesmal, wenn ihr euch selbst leid tut, weil euch das Leben eine Gemeinheit zugefügt hat, übernehmt ihr keine Verantwortung.*

F *(eine junge australische Ureinwohnerin, die P'taah zum erstenmal besucht):* Guten Abend, P'taah. Ich möchte gerne mit dir über dieses Sichergeben und Übernehmen von Verantwortung im Zusammenhang mit den Aborigines sprechen. Letzte Woche nahm ich an einer Konferenz teil, bei der es um die Zukunft unseres Träumens ging. Als wir noch unser traditionelles Leben führten, haben die Männer das Land «besungen» und unsere Geschichten erschaffen, und darin lag die Stärke des Stammes. Nun singen die Stammesältesten und die Männer nicht mehr die gleichen Lieder wie früher. Ich habe Angst um die Menschen, die nur teilweise Aborigines sind und von der Gesellschaft deklassiert werden. Ich arbeite in einer Schule und kann sehen, daß diese Kinder genauso leiden, wie meine Mutter und meine Großmutter es taten. Den Aborigines widerfährt solche Ungerechtigkeit. *(Die Frau senkt den Kopf und weint.)* Bei dieser Konferenz gab es eine neue Bewegung, die sich Aboriginal Provisional Government («Provisorische Regierung der Aborigines») nennt. Ich möchte gerne wissen, P'taah, ob dies der Weg ist, auf dem die Aborigines zu einer neuen Identität finden und ihre eigene Kultur wiedererschaffen können, so daß sie nicht zu einer aussterbenden Rasse werden? Das ist es, was ich mich frage, denn da liegt meine Energie. Ich habe das Gefühl, daß ich in dieses Leben kam, um dieser Bewegung zu helfen, um Teil dieser Bewegung zu sein, um den jungen Menschen zu helfen, sich wieder mit ihrer Herkunft und Kultur identifizieren und sie am Leben erhalten zu können.

P'taah: Nun ja. Weißt du, wie du das am besten tun kannst?

F: Nun, ich glaube, daß diese provisorische Regierung der richtige Weg sein könnte, denn dies bedeutet, daß sich die Aborigines in ihrer Lebensweise nicht von der Bundesregierung und den Weißen abhängig zu machen brauchen.

P'taah: Ganz recht, und das ist wunderbar, Geliebte. Doch möchten wir dir folgendes sagen: Du wirst dann ein Leitstern für dein Volk sein, wenn du in deinem Träumen zu dem Verständnis gelangst, daß es die Göttin in dir ist, die das Land erschafft. Und du sollst wissen, daß, kommst du zum Licht der Göttin in dir, dies das großartigste Träumen allen Träumens ist. Wenn deine Leute verstehen, daß jeder und jede von ihnen souveränes Gotteslicht ist; und daß dieser Traum gar nicht davon handelt, wie es für euer Volk *gewesen ist*, denn sie werden einen Traum verwirklichen, der in diesem Moment noch nicht einmal geträumt ist. Sie werden hervortreten und sein, was sie in vergangenen Zeiten waren, bevor die Zivilisation entstand. Sie werden sein, was sie waren, als sie keine Trennung kannten. Jedes Atom ihres Seins und jedes Atom ihres Planeten – ihre wunderbare Göttin – waren all-eins. Weißt du, die Geschichten vom Träumen, die Lieder vom Träumen waren im Grunde nur das Feiern dieses ganzen Wissens. Sie waren keine kulturspezifische Angelegenheit. Sie wurden aus einem großartigen Wissen geboren. Begreifst du den Unterschied? Kultur beinhaltet Vorstellungen und Traditionen, die weitergegeben werden. Das Wissen ist das Erkennen und Erfahren des Gotteslichts im Innern, ist die Souveränität, die Einheit, das Einssein des Selbst mit allen Dingen. Es bedeutet, wirklich zu wissen, daß der Gott/die Göttin, ALLES, WAS IST, im Innern lebt und Teil aller Dinge ist, die im Äußeren existieren. Und euer Volk kannte die

Sternenwesen. Damit will ich also in gewisser Weise sagen: «Kümmere dich nicht» um die Kultur. Der neue Traum ist um so vieles großartiger.

F: Schlägst du vor, daß ich meine Energie in das neue Träumen stecke?

P'taah: Liebe, mach, was immer du willst, aber *wisse*, daß die Veränderungen erst dann eintreten werden, wenn DU dein eigenes Gotteslicht als Leitstern aufleuchten läßt, der deine Leute zu dir hinzieht. Und dies gilt nicht nur für dich, dies gilt für alle Menschen, die sich sehnlichst eine Veränderung wünschen. Die Veränderungen werden sich nur aus dem Innern heraus ereignen. Es ist gut und schön, wenn deine Leute sagen, daß sie eine andere Regierung brauchen, ihre eigene Regierung, aber, Liebe, was veranlaßt euch zu glauben, daß diese Regierung besser sein wird als die jetzige? Wir wären sehr glücklich, auch nur eine einzige Regierung auf diesem Planeten zu sehen, die irgend etwas Wesentliches tut, um eurem Planeten, um den Menschen zu helfen, um die Hungersnöte zu reduzieren, das Morden zu vermindern. Was tun sie denn wirklich? Sie tun nichts, weil sie nichts wissen. *Eure Regierung hat nichts mit der SEELE zu tun!*

F: Genau das erhoffte ich mir von der Regierung der Aborigines, daß es dabei um die Seele geht.

P'taah: Ja doch. Und das wird auch gewiß so sein, wenn die Menschen sich schließlich gestatten, zu wissen, wer sie wirklich sind. Und das, was sie wirklich sind, ist *nicht* ihr «Aboriginestum». Was sie wirklich sind, das ist der Gott/die Göttin, die sich in der dritten Dichte zum Ausdruck bringen. Das ist es, was die Menschen sind. Also, mach dich auf, und genieße den großen Kampf. Aber wisse, daß du die Veränderung dann erschaffst, wenn du die Veränderung im Innern erschaffst. Recht so, Liebe?

F: Recht so. Ich bin bereit. Es geschieht.

P'taah: Sehr gut.

F(M): Was die Abwehr und den Wunsch, anderen die Schuld zu geben, angeht: Ich habe gewisse Lehren studiert, wonach in der Vergebung der Schlüssel zur Freiheit liegt. In mir selbst stieß ich auf eine tiefe Quelle der Wut und des Zorns, die aus meiner Kindheit und dem Erleben von physischem Mißbrauch herrührt.

Ich habe ein Buch von einer Frau gelesen, die eine Menge Erfahrung damit hat, und sie meint, daß es okay ist, nicht zu vergeben, weil es helfen kann, diese Energie in sich freizusetzen.

P'taah: Sehr gut. Nun, dies nennt man eine Übergangsphase, um der Wut Ausdruck zu geben, und das hat seine Gültigkeit. Weißt du, das Ausdrücken der Wut ist nur das polare Gegenstück zur Unterdrückung der Wut.

F: Ich will an der Wut nicht festhalten. Ich will nicht unversöhnlich sein, und doch schütze ich mich damit selbst.

P'taah: Aber natürlich, Lieber. Jetzt kannst du dich frei fühlen, deine Wut zu äußern. Wenn du das für dich zu etwas Unrechtem machst, verleihst du ihm Macht.

F: Wenn ich meine eigene Wut zu etwas Unrechtem mache?

P'taah: Richtig. Verstehst du?

F: Ja. Es ist sehr wichtig, daß ich meine Wut zulasse. Deshalb treffe ich die Wahl, im Moment nicht zu vergeben.

P'taah: Nun, wenn du «nicht zu vergeben» sagst, ist das die Polarität von Vergeben.

F: Unter «Vergebung» wird in *Ein Kurs in Wundern* das Auflösen von Dingen verstanden, an denen ich festgehalten habe, und das scheint nicht so leicht zu sein.

P'taah: Aber ist das nicht so, weil du zu zerstören versuchst, was in dir ist?

F: Nun, ich erkenne, daß ich etwas sehr Spirituelles getan habe, indem ich demütig war und die Dinge, wie sie in meiner Kindheit waren, akzeptierte, aber ich habe einen sehr hohen Preis dafür bezahlt.

P'taah: Wer sagt, daß es spirituell war?

F: Nun, es war insofern spirituell, als es Demut und ein Sichergeben in das Geschehen jener Zeit beinhaltete.

P'taah: Ein einem anderen Sichergeben.

F: Ein der Irrationalität eines anderen Sichergeben.

P'taah: Nun, Geliebter, wir werden dir folgendes sagen: Es hat dich hierhergebracht.

F: Das weiß ich. Und ich bin sehr dankbar dafür.

P'taah: So ist es. Nun, du hast das alles erschaffen. Du erschaffst dir alles. In deiner Realität existiert nichts, wofür du nicht verantwortlich bist.

F: Ich kann nur frei werden, wenn ich diese Verantwortung total akzeptiere?

P'taah: Richtig, aber weißt du, du hast dir selbst einen unvergleichlichen Schatz beschert.

F: Hm. Eine Perle der Weisheit.

P'taah: Wir möchten dir vorschlagen, daß du sehr bald nachliest, was an diesen Abenden übermittelt wurde. Es könnte dich zu einem umfassenderen Verständnis bringen. Hm? So soll es sein. Es wird dir Spaß machen. Nun, es ist so, daß viele Menschen in ihrer Kindheit unglaubliche Horrorgeschichten erlebt haben. Aber ich will dir sagen, Lieber, daß die Geschichte an sich keine Rolle spielt. Der Schmerz ist für jeden der gleiche.

F: Das habe ich lange Zeit geglaubt. Jeder hat sein Kreuz zu tragen, und ich bin nichts Besonderes.

P'taah: Schmerz ist Schmerz. Du bist etwas ganz Besonderes. Du bist eine einzigartige Facette in der göttlichen Krone des Lebens. Niemand im Universum ist wie du, und ohne dich wäre das Universum nicht dasselbe. Du bist etwas ganz Besonderes. Eines der Dinge, die an euch so besonders sind, und ich könnte viele aufzählen, ist die Tatsache, daß *es keine andere Spezies gibt, die den Schmerz, den ihr alle so gut kennt, überleben könnte.* Aber noch wunderbarer ist eure unbegrenzte Fähigkeit, zu lieben und sich zu freuen. So ist es.

Wir werden nun eine Pause machen.

(Nach der Pause)

F(F): P'taah, in mir gehen ziemlich dramatische Veränderungen vor, aber da ist immer noch ein Rest von Festhalten an der Angst. Ich kann sehen, daß das überaus lächerlich ist. Du hast mir das letzte Mal gesagt, daß ich die Angst lieben und annehmen soll. Das ist immer noch ein Problem für mich. Ich denke, wir sind total konditioniert, uns für unliebenswert zu halten. Ich weiß, es ist ein Irrtum, aber es ist so schwierig, mit dem Grundgedanken zurechtzukommen, daß ich der Gott bin, der ich bin; daß wir Liebe sind und liebenswert. Kannst du mir nicht einen Schubser in Richtung Transmutation geben?

P'taah *(zärtlich)*: Ich liebe dich. Weißt du, du hörst all die Worte. Jedesmal, wenn du dich umdrehst, prasselt ein weiteres Bombardement von Worten über das, wie es «sein sollte», auf dich nieder. Das Köpfchen hört nicht auf zu arbeiten: «Ich weiß, ich sollte mich selbst lieben. Ich weiß, ich bin der Gott, der ich bin, und so weiter.» Nun, alles das ist wahr. Du bist die Göttin, aber außerdem bist du ein verängstigtes kleines Mädchen. Das ist in Ordnung. Dieser Raum hier ist voll von verängstigten kleinen Mädchen und Jungen. Und auch sie wissen eigentlich nicht, daß das in Ordnung ist. Wie gelangst du von deinem Kopf zu deinem Herzen? Wie umarmst du die Angst?

F: Da ist ein kleines Problem. Soll ich nun die Angst umarmen, die Bedrohungen, die die Angst verursachen, oder nur die physische Manifestation?

P'taah: Alles das. Du sagst, daß du dir bewußt bist, dies alles erschaffen zu haben.

F: Ja. Ich übernehme die volle Verantwortung dafür, daß ich dies alles erschaffen habe.

P'taah: Das bedeutet, sehr dankbar zu sein. Eine Krankheit besagt nur, daß dein Körper dir eine Geschichte erzählt. Wenn dir also dein Körper eine Geschichte erzählt, geschieht das zu deinem Nutzen. Das heißt, ihr sollt sie segnen; aber es ist in Ordnung, wenn kleine Jungen und Mädchen vor dem Unwohl-Sein Angst haben, wenn sie sich vor dem Tod fürchten. Das ist vollkommen in Ordnung. Wenn du versuchst, das zu ändern, weil du glaubst, daß du nicht auf das «Schicksal» wütend sein solltest, daß du kein «Opfer» sein solltest, daß du keine Angst haben solltest, daß du in der Lage sein solltest, dies und das zu *tun* ..., dann setzt du dich selbst ins Unrecht, erklärst du deine Ängste für falsch. Sie sind nicht falsch. Das bereitwillige Annehmen kann man auch als Zulassen bezeichnen. Laß die Angst zu. Wir haben schon gesagt, daß es da in bezug auf die Angst und das Ego einen kleinen Trick gibt: Wenn du dir vorstellst, daß die Angst eigentlich nur ein «Baby-Aspekt in dir» ist, und wenn du dich hinsetzt und dich an diesen stillen Ort in dir begibst und dort ein verängstigtes kleines Kind siehst, kannst du dieses kleine Mädchen aufheben, umarmen und es an dich drücken. Sag ihm, daß du es liebst, halt es fest, sag ihm, daß du nie zulassen wirst, daß ihm ein Leid geschieht, und laß es einfach nur SEIN; drück es an dich. Wenn die Angst ein kleines Kind wäre, würdest du sie nicht von dir stoßen, oder? Du würdest nicht versuchen, sie zu vernichten, du würdest sie einfach nur in die Arme nehmen. Du brauchst nichts zu TUN, nur in diesem Zulassen zu SEIN, geliebte Frau. Ist dir das eine Hilfe? Gut. Ich möchte gerne jeden von euch fragen, wovor ihr euch am meisten fürchtet.

F(M): Kann ich eine Minute darüber nachdenken?

P'taah: Nein.

F: Vor dem Erfolg.

P'taah: Wovor fürchtest du dich am meisten?

F(M): Ich weiß nicht. Ich weiß es wirklich nicht.

F(F): Vor dem Alleinsein, glaube ich.

F(M): Vor dem Versagen.

F(F): Davor, für dumm gehalten zu werden und es nicht mitzukriegen.

F(F): Nicht das zu erreichen, was ich mir vorgenommen habe.

F(M): Meine Seelengaben nicht zum Ausdruck gebracht zu haben, bevor es Zeit ist, die Erde zu verlassen.

P'taah: Sehr gut, Lieber.

F(M): Vor dem Alleinsein und dem Tod.

F(F): Von den Menschen abgelehnt zu werden.

F(M): Vor der Angst selbst und vor dem Tod.

F(F): Vor dem Alleinsein.

F(M): Ich weiß nicht.

F(F): Möglicherweise vor den Männern.

P'taah: Sehr gut.

F(M): Daß ich nicht genug für die Menschheit tue.

F(F): Daß mein Fahrrad gestohlen wird.

(Kreischendes Gelächter, da die Zuhörerschaft mit der ewigen Fahrradstory dieser Dame bestens vertraut ist.)

P'taah: Warum?

F: Weil es eine knifflige Sache ist, wie ich schon sagte.

P'taah: Warum hast du Angst, daß dein Fahrrad gestohlen wird?

F: Es würde mich verunsichern.

P'taah: In bezug worauf?

F: In bezug auf mich selbst.

P'taah: Und in welcher Hinsicht?

F: Daß ich allgemein kein Vertrauen habe. Ich habe keinen Witz gemacht. Ich habe das Fahrrad aus einem bestimmten Grund erwähnt. Es steht für etwas.

P'taah: Ich verstehe, Geliebte. Ich möchte gerne, daß du genau begreifst, wofür es steht. Worin besteht diese Unsicherheit?

F: Dieses Vertrauen ist etwas Neues für mich. Ich bin vertrauensvoll in einen neuen Bereich eingetreten und fühle mich immer noch ein bißchen unsicher. Ich schließe auch das Haus über Nacht nicht ab.

P'taah: Du möchtest nicht an der Gültigkeit deiner eigenen Macht zweifeln.

F: Deshalb habe ich es dir gegenüber erwähnt. Ich brauche immer noch diese Unterstützung.

P'taah: Ja, absolut.

F(F): Ich möchte den richtigen Ehemann finden.

F(M): Am meisten fürchte ich mich im Grunde vor der Angst selbst. Wenn wir wirklich wüßten, daß wir alles haben, was wir brauchen, gäbe es keine Angst.

F(M): Nicht genug Zeit zu haben, alles zu erreichen, was ich mir vorgenommen habe.

P'taah: Du hast Angst, nicht alles zu erreichen, was du dir vorgenommen hast, bevor du stirbst? Willst du das damit sagen?

F: Ich denke, ja.

F(F): Bis vor kurzem war es die Angst, nicht gut genug zu sein, doch damit habe ich mich jetzt auseinandergesetzt. Also ... ich habe im Moment eigentlich keine.

P'taah: Gut. Wie interessant das alles ist. Wovor ihr Angst habt und was ihr euch verzweifelt vom Leibe halten wollt, das zieht ihr an. Wenn ihr es in Ordnung sein lassen könnt, wenn ihr das, wovor ihr Angst habt, zulassen könnt, habt ihr eure Welt verändert. Fragen?

F: Wie können wir, wenn die von uns wahrgenommene Welt ein Spiegelbild von uns ist, das, was wir als äußeres Geschehen beobachten, wieder in unser Inneres bringen, damit wir uns selbst umfassender kennenlernen?

P'taah: Es ist alles ein Spiegel. Wie oft sagen wir euch das, und wie oft sagt ihr: «Oh, nein, das ist kein Spiegel. Da gibt es nichts für mich zu sehen.» Jedesmal, wenn auf eure Knöpfe gedrückt wird, seht ihr in den Spiegel. Nun, ihr könnt das ableugnen; ihr könnt euch verteidigen, ihr könnt euch selber eine wunderschöne Geschichte erzählen, und das ist bestens, nur, es funktioniert nicht. Jedesmal, wenn ihr jemanden anprangert, jedesmal, wenn ihr «oh, Scheiße» sagt, schaut ihr in einen Spiegel, Geliebte. Ihr seid am Verurteilen, ganz gleich, was für einen hübschen Namen ihr ihm gebt. Das ist in Ordnung. Das ist vollkommen in Ordnung. Es ist ein gültiger Aspekt, sonst gäbe es ihn nicht, aber er trennt euch von dem, was ihr seid. Also müßt ihr ein Spielchen der Ehrlichkeit mit dem Selbst spielen, hm? Das heißt, wenn ihr wirklich wissen wollt, wer ihr seid; wenn ihr bereit seid, den *bullshit* aufzugeben. Der Ausdruck gefällt mir. Wir sind oft ziemlich erstaunt darüber, wie viele «weise Gurus» auf eurem Planeten herumwandern und damit beschäftigt sind, jedermann Ratschläge zu erteilen, aber nicht gern allzu genau in ihr eigenes Inneres blicken wollen. Wir möchten euch sagen, Geliebte, daß auch der Guru ein Spiegel für euch ist, der Weisheiten von sich gibt und sich sehr viel wohler dabei fühlt, Worte auszuspucken, als dabei, Gedanken in sich aufzunehmen.

F: Der Spruch gefällt mir.

P'taah: Das dachten wir uns.

F: Ich verurteile mich so häufig, und vielleicht tun das alle anderen auch...

P'taah: Darauf kannst du dich verlassen.

F: ... und ich stelle fest, daß Ehrlichkeit sich selbst gegenüber das Allerschwierigste ist.

P'taah: Und weißt du, Liebe, warum das so ist? Ihr alle wart euer ganzes Leben lang Herabsetzungen und Entkräftungen ausgesetzt. Ihr habt alle schreckliche Angst, nicht zu genügen, unliebenswert zu sein. Euch allen ist gesagt worden, wie die Dinge sein sollten, und ihr versucht alle verzweifelt, eurem eigenen Ideal zu entsprechen und dem, wie die anderen euch eurer Meinung nach sehen, und dem, wie ihr wollt, daß sie euch sehen. Das macht es sehr schwer, dem Selbst gegenüber ehrlich zu sein. Doch schaut, ihr Lieben, was wollt ihr wirklich? Was ihr alle wirklich wollt, ist, daß ihr ein in seinem ganzen Potential *verwirklichtes menschliches Wesen* seid, das in seiner vollen Souveränität dasteht, das weiß, daß es der Gott/die Göttin ist, das ALLES, WAS IST, das sich in der dritten Dichte zum Ausdruck bringt. Und in diesem Wissen werdet ihr alle Dimensionen der Realität erfahren und kennenlernen. *Du wirst also alle Dinge wissen,* Lieber.

F(M): Es ist ein Privileg, heute abend bei dir zu sein. Ich hatte auch das Privileg, Zeit bei einer anderen gechannelten Wesenheit namens Ramtha zu verbringen, und ich stelle zwischen euch beiden große Ähnlichkeiten fest. Kannst du das erklären?

P'taah: Lieber, wir gehören demselben Aufsichtsrat an. *(Gekicher im Publikum)*

F: Du gleichst in deiner Wesensart und in deinem Auftreten so sehr Ramtha, daß ich, wenn du nicht einen anderen Namen hättest, sagen würde, daß hier Ramtha über einen anderen Körper durchkommt.

P'taah: Ach, tatsächlich! Aber schau, wir heißen nicht Ramtha, wir heißen P'taah.

F: Ist Ramtha einer von euch, da du das Wort «wir» gebrauchst? Bist du auch Ramtha?

P'taah: Wir sagen bloß, daß es einen Aufsichtsrat gibt, Geliebter. Unsere Frau sagt: «Da sitzt dieser Aufsichtsrat da oben, diese Bastarde, und organisiert mein Leben.» Und dann sagt sie: «Ich mach nur Spaß», damit ich nicht sauer auf sie werde. *(Das Publikum ist äußerst amüsiert.)* Wenn sie das morgen hört, wird sie sehr wütend sein. Ich werde «versohlt» werden.

F: Wie bringt uns das zu Ramtha zurück?

P'taah: Gar nicht. Das Wie und Was, Geliebter, geht dich nichts an. – *(Sanft:)* Ich necke dich nur.

F(M): P'taah, ich denke, die meisten von uns können die wunderschöne Perle entdecken, die in dem steckt, was du uns lehrst, und in dem, was wir im Lauf der Jahre aus Büchern, von Gurus und durch Meditationen gelernt haben. Wir wissen das alles auf intellektueller Ebene. Und doch sind wir noch nicht wirklich «da». Kannst du uns einen Vorschlag machen, worauf wir uns konzentrieren sollten, um die Perle deutlicher sehen zu können?

P'taah: Sag mir, was steht zwischen dir und der Erleuchtung?

F: Nichts. Ich bin Erleuchtung.

P'taah: Ja. Wir werden sehr glücklich sein, wenn du das wirklich weißt. Was steht zwischen dir und deinem Wissen, daß du ein großer erleuchteter Meister bist?

F: Ich suche nach einer Antwort und kann sie nicht finden. Ich weiß, da ist etwas.

P'taah: Wie wäre es mit Verurteilung?

F: Ja?

P'taah: Ja? Ist es nicht einfach? Das einzig Wichtige ist, daß die ganze Information, die durchkommt, immer dieselbe Botschaft beinhaltet, gleich, mit welchen phänomenalen Mitteln dies geschieht. Sie besagt: LIEBE, WER UND WAS DU BIST. ERKENNE DICH SELBST, UND ERKENNE DEN GOTT/DIE GÖTTIN, DAS ALLES, WAS IST.

F: Okay. Kommen wir auf meine Angst zurück, daß ich nicht genügend Zeit haben könnte. Wenn das weiterhin meine Angst bleibt, heißt das, daß ich tatsächlich nicht genug Zeit haben werde.

P'taah: Darauf kannst du wetten.

F: In letzter Zeit habe ich das Gefühl, etwas zu erreichen. Dinge, vor denen ich Angst hatte, fürchte ich nun nicht mehr.

P'taah: Worin bestünde, wenn wir dir sagen würden, daß du morgen stirbst, deine Angst?

F: In nichts.

P'taah: Ich sag dir was: Dein Wunsch, etwas zu erreichen, würde sich sofort verflüchtigen. Ja, wirklich. Ihr alle könnt jeden Tag so leben, als wäre es euer letzter. *Es gibt kein Morgen.* Wir haben es euch schon viele Male gesagt, es gibt kein Morgen. Es gibt nur das Heute, denn das, was ihr als eure Zukunft betrachtet, baut sich auf diesem Moment des Jetzt auf, und wenn sich euer Leben um das Geschehen von morgen dreht, wird das, was ihr euch diesbezüglich wünscht, stets morgen sein. *(P'taah wendet sich an einen Herrn, der auch Angst vor dem Tod hat.)* Nicht wahr, Lieber?

F(M): Du hast gerade meine Frage beantwortet.

P'taah: Wirklich? Wie außergewöhnlich.

F(M): P'taah, mir scheint, daß eine der größten Ängste nicht erwähnt wurde, nämlich die Angst vor dem Leben.

P'taah: Lieber, diese große Angst, vor der du für alle sprichst, ist *deine* Angst. Die Lebensangst ist das größte Leiden und der größte

Killer der Menschheit. Doch wir freuen uns, sagen zu können, daß sich das ändert, Geliebte. Wißt ihr, ihr seid wirklich ganz wunderbar. Ihr seid einfach erstaunlich, erstaunlich schön, erstaunlich mutig, und ich spreche euch meine Hochachtung aus.

F(M): P'taah, könntest du uns noch etwas mehr über den Aufsichtsrat sagen?

P'taah: Lieber, das ist eigentlich nicht nötig. Es gibt nur eines, was ihr wirklich wissen müßt, nämlich, daß die Menschheit in jeder Dimension geliebt und geschätzt wird. Die Anzahl und die Benennungen der Dimensionen spielen keine Rolle. Sie sagen euch nichts. Es hat nur eines für euch Bedeutung, und das ist euer eigenes Herz, eure eigene Seele, euer eigenes Bewußtsein, euer eigenes Potential, eure eigene Schönheit. Deshalb schickt euch der Aufsichtsrat Botschaften; er möchte euch an etwas erinnern, was ihr eigentlich schon wißt, nämlich, daß IHR GOTT SEID. Etwas anderes gibt es nicht. Viele Menschen möchten Informationen über Technologie und Methodik erhalten, aber was bedeutet das schon für euch? Es ist eine Form der Unterhaltung, denn für euch ist einzig wichtig, daß ihr wißt, wer ihr seid. Das ist alles. Wenn ihr wißt, wer ihr seid, werdet ihr auch alles andere wissen.

(Die junge australische Ureinwohnerin wendet sich nochmals an P'taah.)
F: Geliebter P'taah, ich habe vorhin von der Angst gesprochen, nicht den richtigen Mann zu finden. Ich habe dieses Wissen in mir, daß mein Mann und meine Kinder Aborigines sein sollten. Ich frage, ob dies die richtige Wahl ist.

P'taah: Nun, das ist eine sehr gute Frage. Die wichtigste Liebesaffäre deines Lebens wird die sein, die du mit dir selbst hast. Sie ist äußerst wichtig für dich. Den Menschen scheint ungeheuer daran gelegen zu sein, loszusausen und einen Gefährten zu finden, und das ist in Ordnung, aber das ist nicht die wirklich wesentliche Liebesaffäre, denn eigentlich sucht ihr die Einheit. Diese Einheit läßt sich nur an einem einzigen Ort finden, geliebte Frau. Und wir können dir versichern, daß du, wenn du sie dort findest, keine

Sorge mehr zu haben brauchst, einen Liebhaber zu finden. Und was deine Wahl angeht, so gibt es keine falsche. Es gibt nur den Wunsch des Herzens. Verwechsle den Herzenswunsch nicht mit Pflichtgefühl. Dein heutiger Herzenswunsch mag sich morgen schon ändern, und das ist vollkommen in Ordnung. Okay?

F: *(Sie kichert.)* Ja. Ich danke dir.

P'taah: Ihr Lieben, das reicht für heute. *(P'taah bedankt sich bei dem Gastgeberpaar.)* Selbe Zeit, selber Ort. Es wird derselbe Kanal sein, also schaltet euch ein. Geht in Freiheit und Souveränität, geliebte Leute, erhellt euren Weg mit eurem Gotteslicht, und wißt, daß euch nichts Schaden zufügen kann. Ich liebe euch alle. Guten Abend.

ZWÖLFTE ÜBERMITTLUNG
25. März 1992

P'taah *(sehr dynamisch)*: Guten Abend. Wie geht es euch? *Nach der entsprechenden Reaktion aus dem Publikum geht P'taah im Raum herum, schaut sich jede Person an und spricht gelegentlich jemanden in einer persönlichen Angelegenheit an.*

P'taah: «Warum?» ist eine der häufigsten Fragen, die die Menschen aus tiefstem Herzen stellen. Manchmal lautet die Frage: «Warum ich, Gott?» Aber selbst wenn es sich nicht um einen qualvollen Aufschrei des Herzens handelt, existiert doch gewiß eine Neugier im Menschen. Die Menschen wollen wissen, «warum» und «warum jetzt», und dieses «warum jetzt» bedeutet eine Wahl, hervorzutreten und die Erfahrung der Veränderung zu machen. Nun, *jedes eurer Leben bedeutet eine Wahl.* Bei jeder Inkarnation wählt ihr eure Situation und eure familiären Bindungen, je nachdem, was ihr in eurem Leben hervorzubringen wünscht. Laßt uns das ganz klar und unmißverständlich sagen, ihr Lieben: Es bedeutet eine Wahl und alles, was sie impliziert; hauptsächlich Verantwortung. Es gibt gegenwärtig Menschen auf eurem Planeten, die sich in der Tat dafür entschieden haben, in eine Gegend großer Unruhen hineingeboren zu werden. Gegenden, in denen Krieg herrscht, Hungersnot und Versklavung durch Regierungen und so weiter. Nun, in den letzten fünfzig Jahren eurer Zeit war die Menschheit Zeuge großer Veränderungen. Gewaltiger Veränderungen im Bereich der Technologie und einer großen Bewußtseinsverlagerung. Ihr Lieben, dies wird nicht aufhören, es wird sich zunehmend steigern. Und ihr werdet dies nicht nur auf globaler Ebene beobachten, sondern auch in eurem persönlichen Leben. Da gibt es kein Entkommen.

Wir haben in diesen Wochen, ja, in diesen Monaten, über euer persönliches Trauma gesprochen. Im weiten Sinne ist es das Trauma der ganzen Menschheit. Wir haben euch gesagt, daß die Menschen an gebrochenem Herzen sterben.

Nun, da gibt es überall auf diesem Planeten die unter euch, und das gilt gewiß auch für die hier Anwesenden, die aus Neugier auf der Suche sind, die sich der Veränderungen bewußt sind und daran teilhaben wollen. Und die Menschheit nimmt daran teil, ob sie will oder nicht; wir sprechen hier jedoch speziell von denen, die willens sind, ganz bewußt in die Angst vor dem Unbekannten einzutreten, um das Kommende bereitwillig anzunehmen, und dies zeigt sich bereits in eurem Leben. Allgemein gesprochen gibt es Grundängste, von denen niemand frei ist. In diesen Monaten haben wir einige von euch privat und andere im Rahmen dieser Zusammenkünfte auf ihr persönliches Trauma angesprochen. Wir haben euch ein ganz konkretes Rezept zur Herbeiführung einer Veränderung gegeben. Wir wollen euch folgendes sagen: In dem Maße, in dem ihr immer mehr Wissen erlangt, könnt ihr dem, was ihr Tag um Tag, Woche um Woche ans Licht bringt und bislang noch nicht gelöst habt, nicht mehr entkommen. Dies ist die Zeit, in der nichts mehr verborgen bleibt. Das betrifft nicht nur eure Regierungen, eure wissenschaftlichen Gremien und die Skandale im Zusammenhang mit euren gesellschaftlichen und ökonomischen Strukturen. Wir sprechen im Moment insbesondere von eurem eigenen Leben. Nichts wird verborgen bleiben. In dieser Zeit werdet ihr das ans Licht bringen, was außerhalb von euch selbst bemerkt und wahrgenommen werden soll, damit ihr zu der Erkenntnis gelangt, daß alles Äußere nur eine Widerspiegelung des Inneren darstellt. Es gibt nichts außerhalb von euch. Niemand hat euch etwas angetan. *Ihr seid keine Opfer – ihr seid souveräne Wesen.* Wir können das gar nicht genug betonen. Wenn ihr die Verantwortung für jede eurer Schöpfungen übernehmt – ganz gleich, wie schrecklich sie euch erscheint –, dann wißt, daß es nur eine von euch erschaffene Geschichte ist, damit ihr erkennen könnt, wer ihr seid; damit ihr annehmt, wer und was ihr seid, damit ihr erkennt, daß ihr der Gott/die Göttin, daß ihr in der Tat souveräne und machtvolle Wesen seid.

Wenn ihr euch nicht jeder Situation verantwortungs-bewußt stellt, wird sie sich euch nur immer und immer wieder präsentieren, bis ihr endlich begreift, daß es kein Entkommen gibt. Ihr werdet erkennen, daß es kein Versteecken gibt. *Dies ist die Zeit.* Ihr tretet in eine wundersame Zeit ein. Ihr könnt nichts tun, um sie aufzuhalten, und ihr könnt auch nichts tun, um sie zu beschleunigen. Es ist in Wahrheit alles ganz einfach. Wir wissen, daß euer Intellekt es liebt, die Dinge äußerst kompliziert zu machen. Und zu dieser Kompliziertheit gehört das, was man Verstecken nennt. Also macht ihr es. Und auf eines könnt ihr euch verlassen, ihr Lieben, nämlich, daß ihr alles immer und immer wieder erschafft, bis ihr es kapiert. Also könnt ihr eure Angst, nicht zu kapieren, als einziger «in der ganzen Stadt» die Prüfung nicht zu bestehen, ablegen. Fragen?

F(M): Kannst du mir bitte sagen, wie ich erkennen kann, aus welchem Grund ich mir eine bestimmte Situation erschaffen habe?

P'taah: Schau dir die durch sie hervorgerufene Emotion an.

F: Ich nehme also einfach bereitwillig die Emotion an?

P'taah: Ganz recht. Was ist das Rezept, Geliebter? Was ist das Rezept für Transmutation? Übernimm die Verantwortung dafür, daß es deine Schöpfung ist. Niemand hat es dir angetan. Du hast es, was immer es ist, in gemeinschaftlicher Schöpfung kreiert, um die innere Perle der Weisheit zu finden. Schritt eins. Worin besteht Schritt zwei?

F: Habe ich vergessen.

P'taah: Gleiche die Verurteilung aus. Ich würde mich sehr freuen, wenn sich alle von euch das aufschreiben würden. Gleicht die Verurteilung aus. Wie macht ihr das, wenn ihr euch eigentlich nur das Messer ins Herz stoßen wollt?

F: Es bedeutet, die Verurteilung okay sein zu lassen. Ist das Ausgleichen?

P'taah: Nun, das ist der Versuch, euch selbst dazu zu überreden. Sehr gut. Die Verurteilung auszugleichen heißt, wirklich zu verstehen, daß alle involvierten Menschen mit euch zusammen an dieser Co-Kreation beteiligt waren; diese hatten *ihre* Gründe dafür, taten es *ihrer* Lektionen wegen, ihr aber habt sie ganz speziell aus euren eigenen Gründen erschaffen. Es ist nur eine Geschichte. Ihr habt sie erschaffen, und ihr sollt wissen, daß das Selbst sie erschuf, damit ihr die Perle im Innern erkennen könnt. Das Ausgleichen beinhaltet, daß ihr die an eurem Drama beteiligten Menschen segnet; daß ihr euch selbst segnet und euch dafür dankt, daß ihr das erschaffen habt; daß ihr euch für die ganze

Situation bedankt. Dann sollt ihr euch diesesVerurteilen anschauen, diesen Fluch des neuen Zeitalters: Ihr wißt, ihr «solltet nicht» verurteilen, und dann verurteilt ihr das Verurteilen, und damit steckt ihr in einer Zwickmühle.

Ihr sollt wissen, Geliebte, daß jeder eurer Aspekte seine Gültigkeit hat, ein göttlicher Aspekt von ALLEM, WAS IST, ist, auch das Verurteilen. Es gilt also, die Verurteilung zu segnen. Zieht alles an euch; nehmt sie bereitwillig an, und bringt sie ans Gotteslicht derer, die ihr seid. Auf diese Weise wird die Verurteilung, die den Schmerz erzeugt – der Schmerz wird einzig durch die Verurteilung verursacht –, ausgeglichen, die Eisenkrallen des Widerstands, den ihr Schmerz nennt, lösen sich in eurem eigenen Licht auf. Was zurückbleibt, ist eine neutrale Energie im Solarplexus, die dann ungehindert vom Solarplexus zum Herzen und so zum Scheitelpunkt aufsteigen kann. Erinnert euch stets daran, daß das nicht etwas ist, das ihr TUN könnt.

F: Es einfach zulassen.

P'taah: Ganz recht, und das kommt die «menschlichen Tunlinge» überaus hart an, wie? Ihr sollt menschliche Wesen des SEINS in diesem Moment sein, richtig?

F(M): Könntest du mir bitte etwas zu den Walen sagen?

P'taah: Aber mit Freuden. Laß uns dich fragen, was du über dieses wunderbare Wesen, den Wal, weißt.

F: Ich weiß nicht, was ich weiß, ich sehe da nur etwas.

P'taah: Und was ist das, Lieber?

F: Sie sind schön.

P'taah *(sehr sanft)*: Das sind sie wirklich. Sie sind ein Spiegelbild deiner eigenen Schönheit, weißt du.

Nun, das, was man Wale nennt, sind großartige und wunderbare Meister – nicht nur Meister dieses Planeten. Wale sind auch sogenannte Überseelen der Delphine, und Wale und Delphine nennt man in eurer Sprache *Cetacea. Sie haben genau die gleiche Seelenenergie wie die Menschen.* Die Delphine spiegeln euch die Freude und Spontaneität wider, die Liebe und das Spielen der Kinder und so vieles mehr an den Kindern, was ihr eigentlich nicht den Kindern zuschreibt. Der Wal ist auch der Historiker eures Planeten. Die Wale kommunizieren mit den Sternenwesen und haben das immer getan. Es gab keine Zeit, in der sie nicht in bewußter Verbindung mit den Sternenwesen standen. Die *Cetacea* verbindet auch eine große Liebesaffäre mit der Menschheit, und ihr fangt gerade an, das zu erkennen. In ihrem Zulassen, ihrem Sichergeben in das, was sie sind, und in ihrer bedingungslosen Liebe spiegeln sie euch allen großartige und wunderbare Lektionen zurück. Das ist es, was sie sind, Lieber.

F(M): Könnte man mit ihnen kommunizieren, indem man nur an sie denkt und sie bittet, mit uns zu kommunizieren?

P'taah: Richtig. Es ist sehr einfach. Die *Cetacea* würden mit Vergnügen mit euch kommunizieren, wenn ihr es zuließet. Es ist eine Gelegenheit, die viel Freude macht.

F(M): Kann ich dir eine ähnliche Frage zu den Vögeln stellen? Ich trage die Verantwortung für ein paar dieser Geschöpfe. *(Der Mann meint damit den Papagei, der auf seiner Schulter hockt.)* Ich frage mich manchmal, wer sie sind und ob meine Beziehung zu ihnen angemessen ist.

P'taah: Wie lautet deine Definition einer angemessenen Beziehung, geliebter Mann?

F: Ich frage mich in diesem Zusammenhang, ob sie in dieser Beziehung so glücklich sind, wie sie es in der freien Natur wären, oder ob ich ihnen dadurch, daß ich sie als Haustiere halte, einen schlechten Dienst erweise.

P'taah: Wie fühlst du dich dabei?

F: Oh, ich liebe sie.

P'taah: Ja, das tust du. Was gibt dir das für ein Gefühl, daß du gegenwärtig eine Spezies bei dir hast, die sich normalerweise in den Wäldern aufhält?

F: Ich mache mir Sorgen. Eigentlich möchte ich sie fliegen lassen, aber da sie domestiziert sind, sind gewisse Gefahren damit verbunden, denen ich sie nicht aussetzen möchte, und deshalb halte ich sie ein wenig zurück.

P'taah: Richtig. Nun, auch Haustiere haben ihre Realität gewählt. Sie sind im Grunde gar nicht so hilflos. Zudem sind die Geschöpfe der zweiten Dichte auch als eine Lektion für euch da. Wißt ihr, wenn eure Haustiere euch lieben, ist es wirklich bedingungslose Liebe.

Eure Haustiere erteilen euch in der Zeit, die ihr miteinander verbringt, viele Lektionen. Und ihr könnt sie auch lieben, ohne Angst haben zu müssen, verletzt zu werden. Dann ist da das Trauma, wenn ihr sie verliert. Aber alles, *alles* in eurem Leben, gehört einer von zwei möglichen Ausdrucksformen an. Die eine nennt man Liebe, die andere Angst. Etwas anderes gibt es nicht. Wenn ihr also liebevoll seid und liebt, sind es diese Geschöpfe, die euch zeigen, wie es wahrhaft sein kann. Schau, Lieber, wenn du mit deinen geliebten Geschöpfen zusammen bist, mußt du nichts zurückhalten. Du kannst sie auf absolute Weise lieben. Du bist sicher, du gehst kein Risiko ein.

F: Kann ich dich fragen, P'taah, wer diese Papageien in bezug auf ihre Intelligenz und die «Höhe» des Geistes sind? Ich meine, in dem Sinn, wie du auf die Frage nach den Walen geantwortet hast.

P'taah: Nun, Lieber, sie haben nicht die gleiche Schwingungsfrequenz wie die Menschen. Wir möchten auch sagen, daß du, aus der Perspektive der Überseele betrachtet, die Wahl treffen kannst, als ein Fragment der Seelenenergie Erfahrungen in Gestalt einer Kreatur zu machen, aber was ihr allgemein als eure Vögel und sonstigen Tiere anseht, hat nicht die gleiche Schwingungsfrequenz wie die Menschen oder die *Cetacea*. Sie ist anders. Sie ist nichts Geringeres. Nichts ist geringer, nur anders.

F: Mir erscheinen sie als sehr hochstehend, so wie Licht.

P'taah: In der Tat. Vögel dienten der Menschheit als Symbol. Die Freiheit zu fliegen, der großartige Phönix, der in den Flammen umkommt und zu Asche zerfällt, aus der er dann neu aufsteigt. Was du da auf deiner Schulter sitzen hast, Geliebter, ist wirklich von großartiger Symbolik.

F: Ich mache mir insofern Sorgen wegen meiner Beziehung zu dem Vogel, als die Tatsache, daß ich ihn nicht fliegen lasse – und das zu seinem Wohl, wie ich meine –, besagt, daß ich mich in gewisser Weise auch selbst davon abhalte. Diese Beziehung spiegelt mir quasi wider, daß mir irgend etwas nicht erlaubt, frei zu sein, aber ich kann diese Vögel nicht freilassen, weil sie in Gefangenschaft geboren wurden.

P'taah: Eine etwas verzwickte Situation, wie? Doch wir wollen dir folgendes sagen, Geliebter: Du bist da zu einer sehr tiefen Einsicht gelangt, und das ist sehr gut. Dieses Wissen und dieses

Verstehen, und daß du auch weißt, daß es gütiger ist, diese domestizierten Geschöpfe bei dir zu behalten, da sie sonst sterben würden. Das hat auch seine Gültigkeit, aber es ist ausgezeichnet, daß du erkennst, was für eine Beschränkung du dir selbst auferlegst, und aus dieser Einsicht heraus kannst du das ändern.

F(M): Soweit ich weiß, haben die Indianer dem Geist der Tiere, die sie töteten, immer gedankt, und es bestand eine sehr enge Beziehung zwischen den Indianern und den Tieren, und sie haben nie nur so zum Spaß getötet.

P'taah: Genau. So war es auch in diesem Land. Tiere und Bäume – sie wissen, wer ihr seid. Da ist keine Trennung. Ihr habt genau dieselbe Struktur. Wir haben dir gesagt, Lieber, daß die wahre Verständigung zwischen Gotteslicht und Gotteslicht stattfindet. Das heißt, von den subatomaren Partikeln bis hin zu dem sehr großen Organ in eurem Innern, das ihr Herz nennt, und wir sprechen vom Herzenslicht, nicht wahr?

Ihr alle kommuniziert in dieser Weise mit allem. Tiere sind sehr sensitiv, aber auch eure Bäume und Pflanzen und Blumen wissen, wer ihr seid. Es ist ein anderes Wissen, aber doch ganz gewiß ein Erkennen. Wenn du dich in deinem Garten aufhältst, bist du für sie eine vertraute Erscheinung.

F: Noch eins: Vor etwa fünfzehn Jahren machte ich etwas durch, was man die dunkle Nacht der Seele nennt. Ich hatte immer einen guten Garten und die Dinge gediehen prächtig, aber als ich mich da unten im Abgrund der Hölle befand, wuchs nichts mehr. Kannst du mir erklären, wie es kam, daß die Dinge, die so gut wuchsen, einfach aufhörten zu wachsen?

P'taah: Lieber, muß ich dir das wirklich erklären? Du hast es dir bereits selbst erklärt. Wenn du in einem solchen Zustand der Nicht-Liebe zum Selbst bist, stößt das alles ab. Es ist ein absolutes Spiegelbild dessen, wie du mit dir selbst umgehst. Es gibt nichts außerhalb von dir, was nicht dein Spiegelbild wäre.

F(M): Guten Abend. Ich möchte dir zwei grundsätzliche Fragen stellen. Die erste hat mit unserem spirituellen Leben zu tun, und die zweite mit dem, was du den Skandal unseres sozioökonomischen und politischen Lebens nennst.

Worin siehst du das Ziel unseres spirituellen Lebens? Ich beziehe mich da auch auf eine bestimmte Äußerung von dir, als du über das Aufsteigen der neutralen Energie vom Solarplexus zum Scheitelpunkt sprachst. Könntest du diesen Vorgang erläutern? Die zweite Frage: Welche fundamentalen Prinzipien sollten wir uns deiner Ansicht nach künftig als Basis für eine neue sozio-ökonomische und politische Struktur zu eigen machen?

P'taah: Ah, ich werde mit Vergnügen darüber sprechen. Das ist das, was ihr einen Brocken nennt.

Nun, das spirituelle Ziel des Menschen besteht darin, der verwirklichte Gott/die verwirklichte Göttin zu sein, alles zu sein, was ihr nach Möglichkeit sein könnt. Es besteht im Ausschöpfen des Potentials, das schon immer da war. *Letztlich besteht das Ziel darin, die verwirklichte Gottheit zu sein.* Wie klingt das für dich?

F: Es klingt wunderbar.

P'taah: Es ist in der Tat wunderbar, und es ist das, was faktisch passiert. Es war ein langer Zyklus, und er ist fast am Ende angelangt.

Was wir über die Bewegung der Energie gesagt haben, nennt man Transmutation, und es ist ein Rezept ähnlich dem Rezept der alten Alchimisten zur Verwandlung von Blei in Gold, zur Verwandlung von Qual in Ekstase. Pein und Schmerz sind Widerstand gegen das Fühlen. *Ekstase ist das Einssein mit ALLEM, WAS IST,* und wir haben euch ein sehr einfaches Rezept gegeben, das ihr jedesmal anwenden könnt, wenn ihr euch in einer Situation befindet, die euch das Herz zu brechen droht.

Das, was das Gefühl ausmacht, wird als gut oder schlecht, als positiv oder negativ bewertet, aber eigentlich ist es nur Energie, eine, ohne diese Bewertung, neutrale Energie. Wird eine Situation als freudvoll beurteilt, fließt die Energie ungehindert. Wenn ihr aus dem Bauch heraus lacht, strömt sie vom Solarplexus zum Herzen, und das macht euch große Freude. Beurteilt ihr eine Situation so, daß ihr glaubt, durch sie verletzt zu werden, fast an ihr zu sterben, so entsteht sofort Widerstand gegen die Energie, und das nennt ihr Schmerz.

Was eure sozioökonomischen Strukturen angeht, haben wir dafür kein unmittelbares Rezept. Doch wir wollen euch sagen, daß sich das in künftiger Zeit alles ändern wird, denn wenn sich die Menschheit im Zustand des Nicht-Getrenntseins, in einem

Zustand der Einheit befindet, ist das eine Situation, in der es nur Gewinner gibt. Jedermann gewinnt. Es gibt keine Verlierer, was gegenwärtig ungewöhnlich ist. Die Strukturen, wie ihr sie kennt, wird es also nicht mehr geben. Ihr könnt bereits sehen, was sich global ereignet. *Man nennt es gewaltige Scherereien für die Macht-Makler und Politiker.*

Nun, das ist nur eine Polarität dessen, was ihr als positives Geschehen beurteilen mögt. Wie wir schon sagten, wird euer Planet tiefer und tiefer in die Krise geraten, nicht nur, was die Strukturen der Bürokratie, von Regierungen und militärischen Organisationen angeht, die große Mühe haben werden, bei all den Veränderungen, die mit der Erde selbst vorgehen, den Laden zusammenzuhalten. Das hat bereits begonnen und wird sich steigern. Es wird sich wie der Versuch ausnehmen, Löcher zu stopfen und immer breiter werdende Risse zuzukleistern. Doch wir haben schon viele Male gesagt, daß dies wahrlich nicht als das Ende der Erde anzusehen ist. Es ist in Wirklichkeit keine große Katastrophe. Es ist kein Holocaust. Es kann dazu werden, wenn ihr es wünscht, doch ihr sollt wissen, daß sich, wenn alle diese Veränderungen auftreten und es den *Anschein* hat, daß die «Bösewichter» gewinnen, nur die entgegengesetzte Polarität zeigt. So, wie das Bewußtsein eine Erweiterung erfährt und Christus aufersteht – die aufsteigende kristalline Energie im sich erweiternden Bewußtsein der Menschheit –, wird auch das Negative sich erheben. Das Positive und das Negative steigen als Gespann auf, bis ALLES im Licht aufgenommen ist, denn Dunkelheit ist nur die Abwesenheit von Licht. Auf diese Weise wird wahrlich eine Situation für die Menschheit entstehen, in der es nur Gewinner gibt. In Ordnung, Lieber?

Ihr Lieben, es ist Zeit für eine Pause. Ihr könnt eure Körper erfrischen und dem Computer in eurem Kopf etwas Ruhe gönnen. Sehr gut, ihr Lieben, wir bitten nun um Stille.

(Nach der Pause)

P'taah: So, ihr Lieben, laßt uns weitermachen.

F(F): Guten Abend, P'taah. Letzte Woche hast du unsere Ängste angesprochen. Würdest du bitte noch weiter darauf eingehen und erläutern, wie wir uns durch sie durcharbeiten können?

P'taah: Nun, Liebe, welche spezielle Angst hast du im Sinn?

F: Muß man nach einem speziellen Aspekt Ausschau halten? Du sagtest, daß wir unsere Ängste anziehen. Das tue ich ganz gewiß nicht...

P'taah: Wir sagten nicht, daß du die Angst anziehst, Geliebte. Wir sagten, daß du Situationen anziehst, die die Angst widerspiegeln. Da besteht ein Unterschied.

F: Ich sehe den Unterschied.

P'taah: Tatsächlich? Man kann sagen, daß die Angst dein Selbst-Gefühl widerspiegelt. Nun, ein Grundproblem der Menschen besteht darin, daß sie sich nicht würdig, daß sie sich unwert fühlen, und dieses Gefühl des Unwertseins manifestiert sich auf verschiedenste Weise. Es kann als Bestätigungsbedürfnis auftreten. Es kann als Besitzgier, als Eifersucht, als Selbstverherrlichung, als Rechthaberei in Erscheinung treten. Denn schau, Liebe, wenn du das Bedürfnis hast, recht zu haben, dann aus Angst, im Unrecht zu sein. Wenn du im Unrecht bist, bist du nicht würdig. Wenn du eifersüchtig bist, dann aus Angst, daß du nicht gut genug bist. Wenn du besitzergreifend oder besitzgierig bist, dann aus Angst vor Verlust. Wie immer es sich manifestieren mag, es läßt sich auf ein Kernthema zurückführen. Du kannst diesem Thema immer weiter nachgehen. Es ist wie das Schälen einer endlosen Zwiebel, wie unsere Frau sagen würde.

Nun haben die Menschen auch die Angst, daß jeder in der Stadt es «kapiert und weiterkommt» und daß die eigenen tiefen, dunklen Geheimnisse schlimmer, daß diese Aspekte der eigenen Persönlichkeit bei weitem schrecklicher sind als die aller anderen. Kein anderer kann so gemein sein, so ein Lügner, so ein Dieb, so ein Betrüger. Oder: «Ich bin ein Mörder, und niemand sonst ist einer.» Verstehst du? So kommt es zum Komplott des Ego, um dich vor dem Schmerz zu schützen. Am Ego ist nichts falsch, wie wir schon viele Male sagten. Es ist das, was du als einen Diener bezeichnen könntest, der dich ausnutzt, der sich zum Herrn aufschwingen möchte und es oft genug auch tut. Das ist in Ordnung. Das ist nur eine Fehlfunktion, die von der Angst vor Auslöschung herrührt. Das Ego soll nicht verstoßen, soll nicht unterjocht oder abgewertet, nicht unterdrückt oder verdrängt werden. Es soll bereitwillig angenommen werden. Du kannst mit ihm so umgehen wie mit der Angst, das heißt, du gibst dem Ego, oder der Angst, dein eigenes Kindergesicht und umarmst dann das Kind, damit es weiß, daß ihm kein Leid geschehen wird. Hilft dir das, Liebe?

F: Ja, ich danke dir, P'taah.

P'taah: Möchtest du, daß wir noch weiter darüber sprechen?

F: Ja.

P'taah: Nun, wir haben festgestellt, daß ihr zu Papier und Bleistift greifen und euren logischen Verstand einsetzen könnt, um Detektiv zu spielen. Wenn ihr auf eine Situation emotional mit Wut, mit Abwehr und so weiter reagiert, dann steckt Angst dahinter, wie ihr wohl wißt. Es mögen bloß der Ärger und die Frustration sein, daß ihr nicht tun könnt, was ihr wollt, daß euch jemand daran hindert, zu tun, was ihr eurem Wunsch nach tun wollt. Das schafft bestimmt ein Gefühl von Ärger und Frustration. Dann müßt ihr euch anschauen, was ihr da wie erschaffen habt. Schreibt auf, was euch in dieser Situation davon abhält, das zu tun, was ihr tun wollt. Schreibt auf, was ihr in dieser Situation zu tun gezwungen seid. Schreibt auf, wann ihr eurer Erinnerung nach zum erstenmal ein solches Gefühl hattet. Ihr werdet dann begreifen, daß es sich nur um eine Wiederholung handelt, um etwas, das ihr euch immer und immer wieder in eurem Leben erschaffen habt. Es ist nichts Neues. Leider gibt es sehr wenig Neues in eurem Leben, Geliebte. Es ist immer die gleiche alte Seifenoper, hm? Wenn ihr dann an dem Ort angelangt seid, an dem ihr dieses Gefühl zum erstenmal hattet, kommt ihr an die Gräten. Dann könnt ihr das Kernproblem ausmachen und es umwandeln.

F: Also sind alle Erfahrungen wie eine Zwiebel?

P'taah: Es gibt viele Kernprobleme. Theoretisch wäre es möglich, sie alle auf einen Schlag zu lösen.

F: Das würde ich gerne tun.

P'taah: Richtig, das würdet ihr alle gern. Bingo. Geschafft. Himmelfahrt im Nu. Wir nehmen diese praktischen Übungen, die durchaus übliche Praxis sind (wir erzählen euch nichts, was es nicht bereits gäbe), auf, wir «fangen sie auf» und übermitteln sie euch, damit ihr sie euch zunutze macht. Wir haben in den letzten Jahren herausgefunden, daß die Arbeit mit dem logischen Verstand und mit Papier und Bleistift euch sehr förderlich sein kann. Sie ist nicht immer notwendig, Liebe, aber wenn du ein Problem hast, kann dir dies helfen.

F(M): Um auf die Wale, Delphine und Vögel zurückzukommen: Wir haben Navigationsmethoden, bei denen wir uns nach den Sternen richten, und ich möchte dich fragen, ob die Wale, Delphine und Vögel auch eine sich am Himmel orientierende Navigationsmethode benutzen?

P'taah: Lieber, was du eine sich am Himmel orientierende Navigationsmethode nennst, unterscheidet sich sehr von der Technologie der Sternenwesen. Die Wale verfügen über ein bewußtes Verständnis des elektromagnetischen Systems des Planeten, wie ihr es nennen könntet, dieser sogenannten Gitterstruktur. Bei ihnen ist das anders als bei den anderen Arten, da sie sich eines anderen Orientierungssystems bedienen. Sie haben auch ein bewußtes Wissen, das das gegenwärtige bewußte Wissen der Menschheit bei weitem übersteigt. Bei den anderen Tierarten, zum Beispiel bei den Vögeln, vor allem bei den Zugvögeln, ist das anders.

Ihre Methode bildet sich im Kontext der morphogenetischen Resonanz heraus. Durch die Reiserouten, die zahllose Vogelgenerationen auf ihren langen Wanderungen über Tausende von Kilometern hinweg benutzen, wird ein Muster etabliert, und zwar nicht in ihrem physischen Gehirn, sondern innerhalb der morphogenetischen Resonanz der jeweiligen Vogelart. Verstehst du? Wir haben mit euch über die morphogenetische Resonanz, das kollektive Bewußtsein, gesprochen. Sie ist nicht im Körper angesiedelt, wie auch eure genetische Struktur nicht in der physischen DNS steckt. Die physische DNS aller Geschöpfe ist eine Darstellung des Lichtkörpers auf physischer Ebene.

F: Ich möchte noch ein bißchen über diese Vögel sprechen. Ich habe sie im Flugzeug über die Bass-Straße transportiert, und dann ließ man sie bei so lausigem Wetter fliegen, daß wir noch nicht einmal Tasmanien finden konnten.

P'taah: Und dann fanden sie auf magische Weise den Weg nach Hause.

F: Geradewegs zurück in ihren kleinen Verschlag. Bei den

Sturmtauchern ist es das gleiche. Sie finden jedes Jahr zum selben kleinen Erdloch zurück.

P'taah: Ganz recht. Sie finden aufgrund der elektromagnetischen Energie ihr Zuhause. Es hat nichts mit einer am Himmel orientierten Navigationsmethode zu tun. Und schon gar nicht, wenn das Wetter so schlecht ist, daß sie die Sterne nicht sehen können, wie du selbst erzählt hast. Wale legen zum Beispiel viele Kilometer zurück, ohne die Sterne sehen zu können, und finden doch auf magische Weise ihren Weg.

Nun, am leichtesten läßt sich das erklären, wenn wir sagen, daß der Vogel, wenn er sein Zuhause verläßt, bereits einen mit der elektromagnetischen Energie verbundenen Heimkehrmechanismus in Gang setzt und auf diese Weise seinen Weg findet. Wenn eine Verlagerung der elektromagnetischen Energie stattfindet, erzeugt das eine Störung, die dazu führt, daß sich die Tiere verirren. Wir sprechen hier nicht so sehr von Vögeln, sondern von den Anomalien des Strandens und so weiter. Ich möchte euch auch sagen, daß dies eine etwas vereinfachte Antwort ist, denn was dieses Stranden der *Cetacea* angeht, gehört dies einer anderen Dimension an, die mit der Beziehung zwischen den *Cetacea* und den Menschen zu tun hat.

F: Ich dachte mir, daß es so etwas sein muß, denn während eine Taube nur vierundzwanzig Stunden lang weg ist, kehrt der Sturmtaucher zwölf Monate später zu seinem Loch zurück. Er kann die Stelle nicht markieren wie ein Hund.

P'taah: Aber er hat sie schon markiert, nur auf andere, physisch nicht ersichtliche Weise.

F: James Michener erzählt in seinem Buch *Hawaii* von den Polynesiern, die in ihrem Kanu unterwegs waren und nur aufgrund ihres Gefühls und der Muster der Wellen und des Wassers wußten, in welcher Richtung das Land lag und wie weit es entfernt war. Könntest du ein bißchen darüber sprechen, denn ich glaube, wir besaßen da etwas, das wir verloren haben.

P'taah: Oh, Lieber, darauf kannst du wetten. *(Entzücktes Gelächter im Publikum)* Wie, glaubst du, haben die kleinwüchsigen Menschen in Afrika und die Menschen dieses Kontinents, diese großartigen und wunderbaren Meister, überlebt? Wie kommt es, daß sie ihr Land bis in all seine Feinheiten hinein kennen? Diese großartigen Seefahrer, die in vergangenen Zeiten den Pazifischen Ozean befuhren, hatten nicht das, was ihr einen äußerst regen Intellekt nennen würdet. Sie wußten, daß sie ein Ausdruck von Göttlichkeit waren. Sie wußten, daß es in Wahrheit kein Getrenntsein zwischen ihnen und der Erde gab, zwischen ihnen und ihrem Meer, zwischen ihnen und ihren Tieren, zwischen ihnen und ihren Bäumen und Blumen und Vögeln. Sie wußten, daß sie Teil von allem waren, und in diesem Wissen war offenes Zulassen, so daß eine Brise, die an ihre Wange rührte, eine Botschaft mitbrachte. Eine ihr Schiff schaukelnde Welle war eine Botschaft. Und wenn ein Jäger ein Grasbüschel betrachtete und den Geruch des Windes wahrnahm, wußte er Bescheid und rief die Nahrung für den Kochtopf herbei. *Er bat darum*, Geliebte, und in diesem Zulassen kam das für den Kochtopf bestimmte Geschöpf, und seine Verzehrung war Anlaß zu Dankbarkeit auf beiden Seiten und zu Tanz und Feiern und Freude und Danksagung. Und wenn die Navigatoren und Seeleute mit ihrem Schiff ein Land verließen und in einem anderem landeten, sprachen sie der großen Wesenheit namens Ozean und der großen Göttin namens Erde ihren Dank aus. *Alles lebte ineinander. Im Innern. In Ordnung?*

F(F): Ich würde gern auf den sozioökonomischen Aspekt zurückkommen. Ich möchte dich fragen, wie das auf eurem Planeten funktioniert, und ob wir auf eine ähnliche Struktur hinarbeiten?

P'taah: Alle lächeln hier, weil wir eigentlich nicht darüber sprechen, was sich irgendwo anders ereignet. Es reicht schon, wenn ihr versteht, was sich hier abspielt. Doch um kurz darauf zu antworten: Es ist ganz anders und funktioniert so, daß es nur Gewinner gibt. Niemand wird mißachtet. Es existieren keine sogenannten niederen Schichten. Tatsache ist, daß man nicht einmal den Begriff «sozioökonomisch» verwenden kann. Es ist sehr anders. Wir können keine genauen Aussagen darüber machen, wie es für euch im einzelnen sein wird, weil wir von wahrscheinlichen Realitäten sprechen. Wie es dann sein wird, hängt von euch ab. Wir sind keine Wahrsager. Wir möchten euch jedoch bitten, über folgendes nachzudenken: Das, was ihr das Gesetz eurer Regierung nennt, bezieht seinen Stellenwert aus der Angst vor der Gesetzlosigkeit. Ökonomische Sanktionen, und ihr könntet eure Einkommenssteuer als solche bezeichnen, entspringen der Angst, kein Geld zu haben. Und schaut, Geliebte, die Menschen verstehen nicht wirklich, daß *Geld nur Bewußtsein ist*. Es ist nur ein Symbol für Energie. Für sich selbst genommen sind diese Papierfetzen wertlos. Es ist also ein Symbol, und man könnte sagen, daß es eine Wesenheit ist, weil es ein Ideen-Konstrukt ist. *Wenn die Menschen eures Planeten dies wirklich verstehen, wird es nie mehr Armut geben*. Stellt euch also vor, wie es auf einem Planeten aussehen würde, auf dem es keine Armut gibt. Wo Fülle für alle Menschen vorhanden ist, und dann werden wir euch um eine Beschreibung eurer künftigen sozioökonomischen Strukturen bitten.

F(M): P'taah, welche Worte wären für den Grabstein meiner Tochter geeignet? Ich weiß und fühle, daß es so etwas wie den Tod nicht gibt. Ich würde gern etwas haben, das alle lesen und woraus sie eine Botschaft beziehen können.

P'taah: Sie ein bißchen zum Nachdenken anregen, wie? Geliebter, wir glauben, daß das eine wunderbare Übung für dich wäre, wollen dich jedoch bitten, dich kurz mit uns darüber zu unterhalten. Sprich mit unserer Frau. Sag ihr, daß ich dich eingeladen habe, mit mir zu reden, wenn du deine Botschaft formuliert hast. In Ordnung?

F: Absolut. Einladung angenommen.

P'taah: Gut.

F: P'taah, wäre es möglich, daß du im Zusammenhang mit der sozioökonomischen Thematik, die uns alle zu bewegen scheint, etwas über die von dir erwähnten «Bösewichter» sagst?

P'taah: Ah – weißt du, das, was wir «Bösewichter» nennen, eure Macht-Makler ...

F: Die sich im Verborgenen aufhalten.

P'taah: Ah, sie werden nicht mehr lange im Verborgenen sein, Lieber. Das können wir dir versichern. Die Machtgier ist – was?

F(F): Die Angst vor fehlender Macht?

P'taah: Ja, es ist die Angst, macht-los zu sein. Nun, es ist ein gewaltiger Ringkampf, hm? Da gibt es die, die verzweifelt die

Macht wollen, um die Herrschaft über die Menschen auf dem Planeten auszuüben, die alles Geld haben wollen, die alle versklavt sehen möchten. Nun, das ist in Ordnung. Sie können es sich wünschen, *aber es wird nicht geschehen*, weil es sich nicht im Einklang mit der Universellen Wahrheit befindet. Es ist nicht harmonisch. In der Zwischenzeit wird es mit Sicherheit den Zusammenbruch der ökonomischen Struktur und eine Menge sozialen Aufruhr geben. Ihr habt sich dies schon in den osteuropäischen Ländern und im Mittleren Osten ereignen sehen.

F: Sprichst du von Rußland oder von der arabischen Welt?

P'taah: Von beiden, Lieber. Selbst in Westeuropa wird es künftig viel sozialen Aufruhr geben, *aber wir möchten auch sagen, daß all das zur Bedeutungslosigkeit verblassen wird, wenn eure Göttin sich streckt und regt, um ihre Energie wieder auszurichten.* Dann werden sich eure Macht-Makler fragen, worüber sie eigentlich noch Macht haben. Es sind also eigentlich keine grauenhaften Umstände. Ihr braucht überhaupt nicht zu bangen und zu zittern. *Ihr lebt in Wahrheit in einem sicheren Universum.* Es erscheint euch als Widerspruch, wenn wir sagen, daß alles um euch herum zusammenbrechen wird und ihr dennoch in einem sicheren Universum lebt, wie? Nun, was kann euch denn Schaden zufügen? Was kann euch schlimmstenfalls zustoßen?

F: Tod? Unerfülltheit?

P'taah: Nehmen wir den Tod. Ihr müßt ohnehin sterben.

F: Mein Körper wird eines Tages sterben.

P'taah: Das ist für euch kein fröhlicher Gedanke, wie? *So denkt ihr.* In dem Augenblick, in dem ihr geboren werdet, beginnt ihr zu sterben. Aber ihr wißt, daß der Tod eine Illusion ist. Er ist eine große Illusion. Und warum, glaubt ihr, will sich jedermann gegenwärtig inkarnieren? Jedermann will dabeisein. Jedermann will die Spannung und das Aufregende an diesem Umschwung miterleben. Jemand fragte uns neulich: «Wo kommen all diese neuen Seelen her?» Wir sagten darauf: «Es gibt keine.» Der Überseele eines jeden einzelnen ist mehr als nur ein Versuch auf einmal möglich.

F(F): Darüber weiß ich nichts.

P'tah: Nun, das wird sich bald ändern. Was weißt du nicht, Liebe?

F: Ich weiß nicht, ob meine Seele ewig lebt. Ich weiß es einfach nicht.

P'taah: Deshalb haben die Menschen Angst vor dem Tod.

F: Ich glaube, wenn ich meine Tochter verlieren würde, würde mich das völlig niederschmettern.

(Mit dieser Bemerkung bezieht sich die Dame auf den Herrn im Publikum, der seine fünfjährige Tochter verloren und nach einem Spruch für ihren Grabstein gefragt hatte.)

P'taah: Du kannst dich mit diesem Mann unterhalten. Er hat seine Tochter verloren. Es *war* äußerst niederschmetternd, aber weißt du, es war eine wunderbare Co-Kreation, und dadurch ist er zu einem wunderbaren Wissen gelangt. Wir sprechen hier nicht von einer intellektuellen Übung, Geliebte, wir sprechen vom Herzenswissen.

F: Ich habe Angst, so etwas zu erleben.

P'taah: Aber natürlich, Liebe. Glaubst du, du bist die einzige? Das ist die Angst der Menschen: Auslöschung, daß da nichts weiter ist, daß es nichts mehr gibt, daß alles nur ein Hirngespinst, ein Märchen ist.

F: Ich weiß nicht, wie ich mir klarmachen soll, daß das alles eine Illusion ist. Ich weiß es einfach nicht.

P'taah: Nun, jeden Tag zeigst du dir selbst, wie du manifestierst. Tatsächlich hast du sehr oft darüber gesprochen. Jeden Tag schaust du dir Spiegelbilder an.

F: Diese Kleinigkeiten zählen nicht wirklich.

P'taah: Oh, sie zählen nicht, Geliebte? Wir haben euch gesagt, daß ihr ein Makro-Molekül der Multiversen seid. Ihr tragt in euch das Muster eures ganzen Universums. Und wenn du dir jeden Moment deines Alltagslebens wirklich anschaust, wirst du in den Widerspiegelungen *deiner* Universen *dich* erkennen. Nun, wir wollen auch folgendes sagen: Es gibt kein anderes Leben, keine anderen Wesen da draußen, wie? Keine Sternenwesen, keine Lichtwesen? Es ist einfach nicht logisch. Nicht wissenschaftlich. Es ist nicht in euren Wahrscheinlichkeitsüberlegungen enthalten; von euren Physikern mit euren magischen Zahlen nicht beweisbar. Als eure Wissenschaft euch sagte: «Da ist nichts» und «Spiritualität ist ein Mythos – es gibt nur die Wissenschaft», haben die «fortschrittlichen» Europäer ihr Haupt vor dem Gott namens Wissenschaft gebeugt und gesagt: «Ah, so ist es. Religion ist Unsinn, es existiert nur das, was wissenschaftlich beweisbar ist. Ein Hurra für die Wissenschaft!» Und nun beweisen euch eure Wissenschaftler, eure Quantenphysiker, mit ein bißchen Hilfe von ihren Freunden, daß ihr unmöglich die einzige Spezies im All sein könnt; daß ihr unmöglich nur ein Leben haben könnt; daß es unmöglich ist, daß keine Sternenwesen existieren. *Aber schaut, ihr Lieben, ihr seid so wirkungsvoll programmiert, einer Gehirnwäsche unterzogen worden, so voller Angst, daß ein Zulassen dieser Möglichkeiten euch nun mit Furcht und Schrecken erfüllt.* Deshalb sagen wir euch manchmal, daß es um einen phantastischen Glaubenssprung geht. Man nennt es «Quantensprung», und eure Bewußtseinserweiterung kann sich nur durch das Zulassen der Möglichkeiten und das totale Zulassen von Angst vollziehen. Wenn ihr die Angst zulaßt, könnt ihr sie auch annehmen. Könnt sie umwandeln. Ihr könnt die Molekularstruktur verändern. Sehr spannend, wie? Ja, wirklich.

Nun, ihr Lieben, das reicht für heute abend. Wir bedanken uns. Es ist uns eine Freude und Ehre, uns auf diese Weise mit euch auszutauschen. *(P'taah bedankt sich beim Gastgeberpaar.)*

Ihr Lieben, geht in eure Ängste hinein, und nehmt sie mit Freuden an. Wißt, daß es in Wirklichkeit keine Zukunft gibt. *Es gibt nur das Jetzt.* Lebt also in der Fülle eines jeden Moments des Jetzt, und laßt das Morgen für sich selber sorgen.

Ich liebe euch. Guten Abend.

DREIZEHNTE ÜBERMITTLUNG
1. April 1992

P'taah: Guten Abend, ihr Lieben. Was für eine schöne Versammlung. Wie schön ihr alle seid. Nun, laßt uns über euer Jetzt sprechen. *(Sich an eine Dame wendend.)* Wie ist dein Jetzt?

F: Wenn ich in ihm wäre, wüßte ich es, aber ich befinde mich sehr selten in meinem Jetzt.

P'taah: Wirklich sehr weise Worte. Wäre es nicht wunderbar, wenn ihr alle in eurem Jetzt sein könntet? Eure Vergangenheit wäre tatsächlich vergangen und eure Zukunft könnte sich aus der ganzen Fülle des Jetzt entfalten. Wenn ihr einen an einer langen Kette befestigten Anker nehmen, die Kette um euren Hals wikkeln und dann ins Meer springen würdet, würdet ihr ertrinken. Nun, genau das macht ihr alle. Ihr hängt am Anker eurer Vergangenheit, ertrinkt in der Emotion von etwas, das schon lange vorbei ist. So gefesselt, lebt ihr jeden Augenblick in Re-Aktion. Aus der Umkettung eurer Vergangenheit strebt ihr nach eurer Zukunft, und eure Zukunft besteht nur aus vergangenen Momenten des Jetzt, die ihr Tag um Tag, Monat um Monat, Jahr um Jahr wiedererschafft. So muß es nicht sein.

Wir sagen, daß ihr keine Zukunft habt. Es gibt keine Zukunft. Es gibt nur das Jetzt. Und was ihr als Zukunft anseht, sind grenzenlose Möglichkeiten. Ihr seid grenzenlose Wesen.

Das sagen wir euch ständig, aber ihr glaubt uns nicht wirklich. Ihr seid grenzenlos, und über die Wahrscheinlichkeiten und Möglichkeiten der Zukunft wird im Jetzt entschieden. Von daher macht es keinen Sinn, sich um die Zukunft zu sorgen. Ihr werdet die Vergangenheit, ungelösten Schmerz, ungelöste Probleme, Traumata, immer und immer wieder erschaffen, bis ihr die, die ihr jetzt seid, umarmen, akzeptieren und mit sich in Einklang bringen könnt. Und dieses Erlernen der Lektionen des Ausgleichens, des in Übereinstimmungbringens muß sich für euch nicht als großes Drama und Trauma vollziehen. Es kann sanft ablaufen. In dieser

Sache gibt es wirklich kein Entkommen. Ihr werdet alles, was nicht ausgeglichen ist, ans Licht bringen. Ihr werdet eure, wie auch immer gearteten Begriffe von der Realität wiedererschaffen. Ihr werdet eure, wie auch immer gearteten Glaubensvorstellungen von eurer Welt und euch selbst wiedererschaffen, um eben diese Glaubensstruktur zu bestärken. Und so habt ihr in jedem Moment des Jetzt die Gelegenheit zum Ausgleich. Wenn ihr das tut, wenn ihr euch selbst und die Tatsache akzeptiert, daß ihr in eurem Äußeren einen Spiegel erschaffen habt, der diese Glaubensstrukturen reflektiert, dann werdet ihr eure Zukunft verändern. Wenn ihr akzeptiert, wer ihr seid, gelangt ihr zu eurer höchsten Macht. Dann werdet ihr wissen, was es heißt, ein souveränes Wesen zu sein, machtvoll, schöpferisch. Ihr werdet verstehen, daß es keine Trennung gibt, daß jedes Atom und jedes Molekül, aus dem sich euer Wesen zusammensetzt, dasselbe ist, woraus sich auch alle anderen Wesen und Dinge zusammensetzen, die ihr in eurer Welt wahrnehmt. Es ist sehr einfach, meine Lieben. Ihr macht es mit Wonne äußerst kompliziert. Aber es ist nicht kompliziert, es ist einfach. Ihr seid fundamental der Gott/die Göttin. Ihr seid grenzenloses Potential, das man Menschheit nennt. Ihr seid unbändig kreativ, und wir hören euch sagen: «Aber wir wissen nicht, wie wir dieser Kreativität Ausdruck geben können.» Ihr Lieben, schaut euch eure Körper an. Ist das nicht allerwunderbarste Kreativität? Und sie ereignet sich JETZT. Ihr seid ein Kraftwerk, JETZT. Alles, was ihr in eurer Vergangenheit wart, ist, was ihr JETZT seid. Es ist in Ordnung. Ihr seid IN ORDNUNG. Ihr seid alles, was ihr nach Möglichkeit in diesem Moment sein könnt. Ihr seid glorios, und wenn ihr dies wirklich akzeptieren könnt, welche Morgen, glaubt ihr, werdet ihr dann erschaffen? Sehr gut. Fragen?

F(F): Du hast einmal über die in der eigenen Wunschvorstellung erschaffene Kindheit gesprochen, die man sich zusammenphantasiert und mit der man die Realität, die zu schmerzlich war, um sie sich anschauen zu können, zudeckt. Du hast gesagt, daß diese imaginierte Kindheit ihre eigene Gültigkeit hat, «ihre eigene Realität». Einige Leute fragten mich: «Was ist mit den Affirmationen?» Man geht zurück und erinnert sich daran, wie die Eltern sich anbrüllten, und das verursacht Schmerz. Dann malt man sich aus, wie die Eltern liebevoll miteinander umgehen, und das verändert die Realität. Mir scheint, daß die Leute dies für eine Methode zur Veränderung der Dinge halten, statt daß sie willens sind, sich auf den Schmerz über die sich anbrüllenden Eltern einzulassen und ihn umzuwandeln. Könntest du dazu etwas sagen?

P'taah: In der Tat, liebe Dame. Und wir haben gesagt, daß sich, wenn der Schmerz zu unerträglich wird, ein Schutzschild darüberstülpt, so daß sich das Bewußtsein nicht mehr daran erinnert. Und daß in der Phantasie eine wunderbare Schöpfung entsteht, die dem Herzenswunsch aller Kinder entspricht und die, ihr Lieben, auch jetzt noch im Herzen der Kinder zu finden ist, die ihr eigentlich seid. Sie hat ihre Gültigkeit. Sie besitzt ihre eigene Realität, weil ihr euch nichts denken oder vorstellen könnt, das nicht seine Gültigkeit und eigene Realität hat. Das ist in Ordnung. Doch wir haben auch gesagt, daß ihr in Wahrheit die Vergangenheit nur dadurch verändern könnt, daß ihr den Schmerz in Ekstase umwandelt. Auf diese Weise verändert sie sich *wirklich*. Warum verändert sie sich durch Transmutation wirklich, Geliebte?

F: Meiner Erfahrung nach wird dadurch eingeschlossene Energie freigesetzt, die dann für uns Lebensenergie werden kann.

P'taah: So ist es. Nun, wir haben so oft darüber gesprochen, warum Transmutation Veränderungen schafft und einen Wandel in der Molekularstruktur des Körpers bewirkt. Für viele von euch mag sich das nach einer «wilden Behauptung» anhören, doch möchten wir euch bitten, folgendes in Betracht zu ziehen: Wenn ihr nun einigermaßen versteht, daß alles physische Unwohl-Sein durch emotionales Unwohl-Sein entsteht, dann begreift ihr auch, daß ihr mit der Emotion zugleich die Physikalität verändert. Wenn ihr einen Tumor in gesunde Zellen verwandelt, bedeutet das eine Veränderung auf molekularer Ebene. Dieses Moment führt auch dazu, daß Hormone im Körper ausgeschüttet werden und Jugend und Vitalität erzeugen. Das ist Freude. Das ist es, was sich in euch ereignet, wenn ihr euch freut. Was ist diese Vitalität, Geliebte, wenn ihr vor Freude tanzen möchtet? Was läßt euer Herz singen? Freude verwandelt alles. Sie schafft physische Veränderung. Wir sagen, daß sie die Vergangenheit und die Zukunft verändert. Und sie verändert gleichermaßen das, was ihr vergangene und künftige

Leben nennt, weil nichts voneinander getrennt ist. Nichts. Die Trennung findet nur in eurem Bewußtsein statt. Doch viele von euch sind allmählich mit veränderten Bewußtseinszuständen vertraut, in denen ihr verstärkt in eure Traumzeit eintaucht und Einblicke in andere wahrscheinliche Realitäten, andere Leben habt. Alles ereignet sich simultan. Ohne diese Trennung wirkt sich das, was sich für euren Fokus und euer Bewußtsein *jetzt* ereignet, auf eure Seelenenergie aus und beeinflußt dann wiederum jeden eurer Aspekte. Liebe ist der Faden und auch der Klebstoff, der eure Universen und eure Leben zusammenhält. Liebe ist die Energie, die euren Körper im Fluß, ihn lebendig hält, wachsen läßt, sie ist der göttliche Faden. In Anbetracht dessen finden wir es ziemlich ungewöhnlich, daß ihr nicht wirklich versteht, daß ihr ein Ausdruck des Göttlichen seid. Ohne das Göttlichsein würdet ihr nicht existieren. Wenn ihr nicht existiertet, existierte das Universum nicht. Ihr seid ES. *Ihr* seid die zentrale Sonne eures Universums. Und wenn ihr die zentrale Sonne eures Universums seid, Geliebte, könnt ihr auch begreifen, daß ihr unmöglich nicht in Ordnung sein könnt. Ihr schaut nicht zur Sonne auf und sagt: «Mit der stimmt irgend etwas nicht. An der ist etwas faul, weil sie heute nicht scheint.» Ihr sagt auch nicht zum Mond: «Wir mögen dich nicht, weil du heute abend nicht rund und voll bist.» Ihr seht, ihr Lieben, ihr könnt das Göttliche in allen Dingen durchaus erkennen, außer in euch selbst. Ist das nicht töricht? Nun, das ist in Ordnung. Und ihr werdet bald begreifen, daß die Urteile, die ihr über euch selbst fällt und die ihr dann nach außen projiziert, weil der Blick ins Innere zu schmerzlich ist, einem Kindergartenwissen entstammen. Es ist jetzt an der Zeit, daß die Menschheit zu einem Erwachsenendasein heranreift. Es ist euer Leben, geliebte Leute. Ihr erschafft es von Augenblick zu Augenblick, jeden Teil davon. Es ist eine wunderbare Schöpfung, und es liegt wirklich völlig bei euch, wie ihr es in jedem Moment des Jetzt gestalten wollt. Ihr habt in jedem Augenblick die Möglichkeit, es in seiner ganzen Fülle, in seiner Freude zu leben, und ihr könnt euch selbst dann, wenn ihr euch und die Situation verurteilt, sagen: «Dies ist die Gelegenheit, die ich mir in meiner Weisheit erschaffen habe, das Juwel im Innern zu entdecken.» Wir möchten euch bitten, beim nächsten Mal daran zu denken, wenn ihr mit euren Bürokratien, euren Beamten, euren Nachbarn, mit euren Kindern und so weiter herumstreitet, weil sie euren Wünschen nicht entsprechen wollen. Ihr habt das alles erschaffen. Das war eine lange Antwort auf deine Frage, wie? Ist dir das jetzt klar, Geliebte?

F(M): Gelieber P'taah, könntest du bitte im Zusammenhang mit dem Jetzt, von dem du sprachst, etwas dazu sagen, daß «unseren Bedürfnissen entsprochen werden wird», denn dies würde den mit der Zukunft verbundenen Druck von uns nehmen.

P'taah: Ist das dasselbe wie «du lebst in einem sicheren Universum», Lieber?

F: Natürlich.

P'taah: Nun, du erschaffst dir absolut deine eigene Realität. Wenn dir nun deine Glaubensgrundsätze, die ja deine Realität erschaffen, sagen, daß es keine Fülle gibt, daß das Leben ein Kampf ist, daß alle Bürokraten Schweinehunde und nur darauf aus sind, dich dranzukriegen, und daß du für deinen Lebensunterhalt sehr hart arbeiten mußt, dann wird es für dich genau so sein.

Nun, *(frotzelnd)* wir sprechen so oft darüber, daß wir überrascht sind, daß es euch nicht schon grauenhaft langweilt. *Dein Universum ist deine Schöpfung.* Warum solltest du dir ein Universum erschaffen, das dich nicht unterstützt und ernährt? Wenn du das tun willst, ist das in Ordnung. Wenn du dir aber Fülle wünschst, ist das auch in Ordnung. Und so soll es sein. Weißt du, du brauchst eigentlich nichts, weil du alles hast. Was sagt dir das, Lieber?

F: Daß ich sicher bin.

P'taah: In der Tat. Und es sagt dir auch, was du nicht glaubst. Wenn du bedürftig bist, weißt du nicht, daß du alles hast. Das Wissen ist es, das es erschafft. Weißt du das, Lieber?

F: Ja.

P'taah: Sehr gut. Darum habt ihr solche Probleme mit dem Manifestieren, ihr Lieben. Ihr habt einen Wunsch und versteht bei diesem Wünschen nicht, daß ihr es bereits habt. Wie der Gedanke, so die Manifestation.

F(M): Ich habe in mir eine Angst in bezug auf das Schaffen von Gedankenformen. Wenn ich mit meinem Motorrad fahre, steigt in mir manchmal ein Bild auf, und ich sehe, wie ich herunterfalle und mich verletze. Das ist kein Wunsch von mir. Ich möchte das nicht manifestieren. Und je mehr ich darüber nachdenke, desto mehr glaube ich, daß diesem Gedanken die Tat folgen wird, also denke ich mir da einen Weg heraus, um mich zu schützen.

P'taah: Nun, es ist so, daß du das nicht unbedingt auf physischer Ebene zu erleben brauchst. Alle hier anwesenden Frauen, die nicht irgendwann einmal Angst vor Vergewaltigung hatten, mögen die Hand heben. Drei. *(Drei Frauen haben die Hand gehoben.)* Schau, wenn du vor etwas Angst hast, wirst du es mit Sicherheit anziehen. Angst ist kein müßiger Gedanke. Wenn du dir ausmalst, wie du vom Motorrad fällst oder verstümmelt im Graben liegst, wenn du das wie einen Tritt in den Magen fühlst, mußt du in der Tat etwas in Ordnung bringen, etwas ausgleichen. Wenn es nur ein müßiger und emotionsloser Gedanke ist, ist er nicht aufgeladen und angeschlossen. Verstehst du?

F: Ich denke schon. Könnte man sagen, daß es mir dienlich wäre, wenn ich den Gedanken einfach als eine Polarität akzeptieren und dann loslassen würde?

P'taah: Absolut. Das kannst du tun. Ihr habt alle manchmal ziemlich düstere Phantasien. Ja, wirklich. Ich weiß, daß es so ist. Das ist in Ordnung. Wenn ihr in Angst lebt, ist es gut, wenn ihr die Angst ausgleicht, dann braucht ihr sie nicht auf der Ebene der Physikalität auszuleben. Versteht jemand nicht, was wir sagen?

Und wie gleichst du Angst aus, Lieber?

F: Ich akzeptiere sie. Ihr ergebe mich ihr völlig.

P'taah: Richtig, und auf diese Weise löst sich die Energieblockade auf, und die Energie kann vom Bauch zum Herzen fließen und so eine Veränderung bewirken. Sehr einfach.

F: Wir könnten also sagen, daß uns unsere Glaubensvorstellungen unter Umständen davon abhalten, unsere Angst zu akzeptieren.

P'taah: Sehr oft ist es so. Jetzt kannst du fragen: «Bedeutet das, daß ich, wenn ich keine Angst vor einem Unfall habe, auch keinen Unfall haben werde?» Nun, es gibt keinen zufälligen Unfall. Wenn du einen Unfall erschaffst, mußt du dir das Warum anschauen.

F(M): Guten Abend, P'taah. Würde man, wenn man Vertrauen zu seinen Fähigkeiten hat, wenn man Selbstvertrauen besitzt und sich selbst liebt, keinen Unfall bauen?

P'taah: Wenn du mit deinem Auto fährst oder mit deinem Motorrad oder wenn du mit einem Flugzeug fliegst und Vertrauen in deine Fähigkeiten hast, kommt ein sogenannter Unfall in deinen Gedanken nicht vor. Aber du bist nicht allein auf der Straße. Es ist möglich, daß da ein anderer ist, der dir eine großartige Lektion erteilt, die nichts mit deiner Zuversicht oder deinen Fahrkünsten zu tun hat. Du würdest dann lediglich eine Situation anziehen, die du dir anschauen sollst. Es ist wunderbar, wenn ihr vertrauensvoll und zuversichtlich seid. Ohne dieses Vertrauen würdet ihr euch nicht ans Steuer setzen. Und wenn ihr noch weniger Vertrauen hättet, würdet ihr euch nachts nicht auf die Straßen eurer Städte wagen oder in euren Meeren schwimmen. Die Menschen haben von Natur aus Vertrauen. Wir sagen nur, daß es für einen «Unfall» verschiedene Gründe geben kann.

F(M): Ich grüße dich, P'taah. Worin besteht die Ursache von sexuellen Schuldgefühlen? Eine Menge Leute scheinen sie zu haben.

P'taah: Eure ganze Kultur hat dieses Problem, Lieber. Muß ich wirklich erklären, woher sie kommen?

F: Eigentlich ja.

P'taah: Sie sind Bestandteil eurer Kultur. «Sexualität ist unanständig, ist geradezu etwas Sündhaftes.» Nicht wahr?

F: Ist das die einzige Erklärung?

P'taah: Wir haben mit euch über die morphogenetische Resonanz eurer Kultur gesprochen, über das Kollektivbewußtsein. Wir haben mit euch über die Sexualität des Menschen gesprochen. Wir haben in diesem Bereich vieles übermittelt. Die christliche Kirche würde es vorziehen, wenn der Mensch keine Genitalien hätte. Ihr wäre es lieber, wenn ihr euch auf andere Weise fortpflanzen könntet. Also wird den Kindern schon sehr früh beigebracht, daß ihre Genitalien etwas Unanständiges sind und es gewisse Dinge gibt, die man mit ihnen nicht tun darf, auch nicht im Austausch mit anderen Personen. Nach eurer Geburt zapft ihr das kollektive Bewußtsein eurer Kultur an. Und wenn ihr dann erwachsen seid – na, jedenfalls das Erwachsenenalter erreicht habt – und auf intellektueller Ebene begreift, daß es absolut okay ist, wenn ihr mit euren Genitalien macht, was ihr wollt, existiert diese Glaubensstruktur bereits in euch. Dann habt ihr da die Struktur der Ehe, in der die Sexualität als Waffe der Machtausübung, der Rache eingesetzt wird. Und schaut euch die größte Epidemie eurer Zeit an. Einstmals gab es die Beulenpest, die nichts mit den Genitalien zu tun hatte. Die Pest dieser Zeit hingegen hat in der Vorstellung der Leute alles mit den Genitalien zu tun. Dabei hat es natürlich gar nichts mit den Genitalien zu tun – euer AIDS. Schuldgefühle sind eine Lektion, die noch nicht gelernt worden ist.

F: Ja, das wissen wir.

P'taah: Schuldgefühle in bezug worauf auch immer. Jegliche Lektion bedarf nur der Akzeptanz, des Ausgleichens, um gelernt zu werden. Wenn ihr letztlich die Verantwortung für etwas übernehmt, das ihr getan habt, und wenn ihr nun Schuldgefühle habt, dann sagt: «Ich habe es getan, weil ich die Erfahrung machen wollte.»

F: Manchmal weiß man nicht, warum man sich schuldig fühlt. Da ist nur einfach ein Schuldgefühl. Was macht man dann?

P'taah: Ich schlage vor, du versuchst, es herauszufinden.

F: Oh, oh.

P'taah: Komm, komm. Wenn eine Re-Aktion da ist, dann frag dich, warum.

F: Es hat wahrscheinlich etwas mit dem zu tun, was man gerade fühlt.

P'taah: Nicht doch. Das glaubst du doch nicht wirklich, oder? Da IST nur das Jetzt, Geliebter. Wenn du dich JETZT in Re-Aktion befindest, frag dich: «Warum? Warum bin ich wütend? Warum habe ich Schuldgefühle?» Wenn du wütend bist, dann, weil du Angst hast. Hinter der Wut verbirgt sich Schmerz. Wenn du Schuldgefühle hast, sagst du damit: «Ich hätte es nicht tun sollen.»

F: Ich verstehe. Es ist so einfach.

P'taah: In der Tat.

F(F): P'taah, seit dreizehn Jahren befinde ich mich in einem Zustand permanenter Übelkeit. Ich habe alles versucht. Mir ist klar, daß es nichts mit dem Essen zu tun hat, sondern mit Emotionen.

Ich habe herauszufinden versucht, ob das Grundgefühl Angst, Wut oder Verwirrung ist.

P'taah: Geliebte, es gibt nur eine Grundemotion, nämlich die Angst. Du könntest bis in die Zeit zurückgehen, in der du diese Übelkeit nicht verspürtest. Wir werden gerne ein andermal mit dir reden, wollen aber folgendes sagen: Zu welcher Zeit hast du sie nicht verspürt, und was war, als du sie zum erstenmal verspürtest? Wir möchten dich bitten, dich in diese Situationen zurückzuversetzen, soweit du dich bewußt daran erinnern kannst. Das heißt, sich nicht nur die physischen Begebenheiten, sondern auch die Gefühle ins Gedächtnis zu rufen, denn die Gefühle werden dir einen Hinweis für die Selbsterkenntnis liefern. Es ist die Angst vor deinem Universum, Geliebte, die Angst, nicht die Kontrolle zu haben. Die Angst vor dem Handeln, die Angst, etwas falsch zu machen, wenn du handelst. Aber du mußt wirklich zu dem Gefühl kommen, denn du hast dir bereits selbst einen Hinweis gegeben. In Ordnung, Liebe?

F: Soweit ich weiß, habe ich alles, was du erwähnt hast, mein ganzes Leben lang gefühlt.

P'taah: So ist es.

F: Wo ist also der Hinweis?

P'taah: Wir sagten, du sollst dich an die Zeiten erinnern, in denen du diese Übelkeit nicht verspürtest.

F: Ich weiß, es gab Zeiten, in denen ich glücklich war. Im Grunde ist es Unglücklichsein.

P'taah: Aber natürlich ist es das, Geliebte.

F: Ich habe mich in die Zeiten zurückversetzt, in denen ich glücklich war und die Übelkeit für eine Weile verschwand, aber dann setzt sie wieder ein. Ich weiß nicht, wie ich sie auf Dauer aus meinem Leben verbannen kann.

P'taah *(sanft)*: Nun, als erstes mußt du sie in Ordnung sein lassen, denn schau, ihr alle verurteilt massiv das Unwohl-Sein. Verstehst du? Wenn du es zu etwas Unrechtem und Falschem machst und dich angestrengt bemühst, es zu ändern, kannst du die Angst nicht ausgleichen, die es verursacht hat. Wir möchten dich bitten, dir deine Angst vor dem Handeln anzuschauen. Die Angst vor deinem Universum, deine Befürchtung, du könntest keinen Platz darin haben. Wenn du dich auf deinem Weg zur Erleuchtung auf einer Achterbahn befindest, dann, weil du Angst hast, nicht zu genügen. Sehr gut, ihr Lieben. Wir machen eine Pause. Wir bitten euch, zwei Minuten lang still zu sein.

(Nach der Pause)
F(F): P'taah, du hast beim letzten Mal über zwei Themen gesprochen, über die ich gern noch mehr gehört hätte. Das eine betraf den Phönix, der aus der Asche steigt, und das andere das Stranden der Wale.

P'taah: Und was haben wir über den Phönix, der aus der Asche steigt, gesagt, geliebte Frau?

F: Ich habe das Gefühl, daß ich auf eine Transformation zusteuere, die mit dieser Art von Energie zu tun hat, aber ich bin mir nicht sicher, was es ist. Die ganze Woche über kam mir immer wieder der Gedanke, daß ich dich danach fragen muß.

P'taah: Nun, der Übergang ist dein ganz persönlicher, es ist aber auch ein Übergang für die ganze Menschheit. Du kannst dir die Menschheit und das Menschheitsbewußtsein in gewisser Weise zyklisch vorstellen. Du kannst dir vorstellen, daß es bereits großartige und wunderbare Zivilisationen gab, ein großartiges und wunderbares Wissen und den kommunikativen Austausch mit den Sternenwesen; zwischen den Sternenwesen und dem, was ihr als die Menschheit anseht, gab es keine Trennung; und es gab auch keine Trennung zwischen den Erdenmenschen und jedwelchen Tieren und Pflanzen und Bäumen und Grashalmen auf eurem Planeten. Alle achteten und ehrten in absoluter Weise die Göttlichkeit des anderen. So war es nicht nur einmal auf eurem Planeten. Und so kann man sagen, daß die Menschheit eine lange, dunkle Nacht der Seele durchlebt und das Rad sich gedreht hat. Im Herzen aller Menschen brennt eine tiefe Sehnsucht nach dem, was ihr einst hattet, was ihr verloren habt. Die Dinge wandeln sich also nicht nur aufgrund der eintretenden zyklischen Veränderungen, nicht nur auf physischer Ebene, sondern auch, weil ihr sie erschafft. Man kann sagen, es handelt sich um eine multidimensionale Veränderung. Und so, wie sich der Umschwung im Herzen der Menschen ereignet, wird er sich auch in eurem Universum widerspiegeln. Du könntest auch sagen, daß eure Göttin namens Erde der aus der Asche aufsteigende Phönix ist. Aus augenscheinlich großen erdgeschichtlichen Katastrophen und Umwälzungen, großen Erdveränderungen, wird eine neue Erde geboren werden. In Ordnung, Liebe? Verstehst du?

F: Ja, ich denke. Ich hatte Ahnungen, aber der logische Verstand begreift sie nicht. Das hier *(das Herz)* versteht sie.

P'taah: So ist es.

F: Es ist so, als wäre ich im Innern ganz Teil der Menschheit, könnte aber nicht nach außen reichen, um Teil der Menschheit zu sein.

P'taah *(sehr zärtlich)*: Ah, das ist der wunde Punkt, wie? So geht es allen Menschen, geliebte Frau. Nicht nur du fühlst diese Trennung und Isolation. Das nennt man die Qual der Menschheit. Das, was das brennendste Verlangen in deinem Herzen ist, wird die Veränderung verursachen. *(Die Dame ist sehr bewegt und weint still.)*

(P'taah spricht nun sehr ruhig und langsam, die Zärtlichkeit in seiner Stimme berührt jedes Herz in der Zuhörerschaft.) Und dies gilt für euch alle: Vereinzelt und isoliert in eurem Kummer, in eurer Qual, in eurer Angst, in eurem Schrecken über das Geschehen in eurer Vergangenheit, in diesem und in euren anderen Leben, werdet ihr ins Licht treten, ins Gotteslicht eures wahren Selbst. Und wir haben euch gesagt, daß keine andere Spezies eure Angst und Qual überleben könnte. Wir möchten euch daran erinnern, daß, wenn ihr euch euer schreckenerregendes Universum anschaut, das mit jedem Tag immer noch fürchterlicher zu werden scheint, wo alles, worauf ihr euren Blick richtet, ein Spiegelbild der Qual und Seelenangst der Menschheit ist, dies, geliebte Leute, in der Tat nur die Polarität dessen ist, was sich sonst noch ereignet. Was ihr in eurem brennenden Verlangen erschafft, ist etwas so Wundervolles, so Außergewöhnliches, so Wundersames, daß ihr voller Erstaunen auf dieses Leben, auf diese Zeiten und auf eure eigene Geschichte zurückblicken werdet. Es wird euch sehr verblüffen, daß die Menschheit in all diesen Jahren nicht erkannte, wie einfach alles eigentlich ist, denn ihr werdet in Wahrheit wissen, ihr Lieben, daß ihr der Gott/die Göttin seid.

Der Wal, wie ihr ihn nennt, hält der Menschheit einen großartigen Spiegel vor. Der Delphin liebt die Menschheit bedingungslos. Ihr sollt kein Urteil über die augenscheinliche Qual der Wale fällen. Sie haben aus der Liebe heraus ihre Wahl getroffen, und sie verurteilen die Menschheit nicht.

(Das Publikum ist für einen langen Augenblick still – dann stellt eine junge Dame eine Frage.)
F: Guten Abend, P'taah. Ich frage mich, warum es soviel Böses und solchen Haß in der heutigen Welt gibt. Woher kommen sie? Warum zerstören sie alles?

P'taah: Weißt du, Liebe, was du als böse und was du als zerstörerisch verurteilst, war schon immer da, aber nun ist die Zeit gekommen, da sich nichts mehr verbergen läßt. Diese Situationen, die unharmonisch sind, nicht in Einklang mit dem universellen Gesetz stehen, werden auf eurem Planeten erschaffen, damit ihr begreifen könnt, daß es um einen «Kampf für das Leben» handelt. Du weißt, was in eurer Geschichte «Kampf bis zum Tod» war? Was sich nun ereignet, ist ein Kampf für das Leben. Siehst du, wie die ganze Sache nur durch den Gebrauch anderer Worte ein ganz anderes Gesicht bekommt? Alles in eurem Universum ist positiv/negativ. Ohne dieses Positiv/Negativ wäre euer Universum nicht euer Universum. Zum Beispiel wird euer elektrisches Licht dadurch erzeugt, daß die positive Ladung die negative Ladung aufnimmt, und dasselbe geschieht nun in eurem Universum. Es ist nicht wirklich so, daß das Negative und das, was du als das Böse verurteilst, gegenwärtig größer ist, aber es reflektiert mit Sicherheit seine Polarität, nämlich das Licht. Denk daran, daß so, wie sich das Bewußtsein der Menschen erweitert und zum Licht hin wächst, auch das Gegenteil mehr und mehr sein Gesicht zeigt. Die Menschen erkennen allmählich, daß sie sich vor ihrem wahren Selbst nicht verstecken können. Keiner von euch. Da gibt es kein Entkommen, Geliebte. Ihr werdet alle zu der Einsicht gelangen, daß ihr nur durch die Erkenntnis, wer ihr tatsächlich seid, die Veränderung bewirken werdet. *Erkenne dich selbst, und erkenne Gott.* Das spiegelt sich in allem außerhalb von euch selbst wider. All die ganzen Jahre haben eure Regierungen und Macht-Makler Wissen und Kenntnisse verborgen gehalten. Sie haben im geheimen gearbeitet, um die Menschen zu beherrschen. *(Jetzt sehr dynamisch und kraftvoll:)* Nun nicht mehr. Es wird nicht länger irgend etwas verborgen bleiben. Eure Macht-Makler werden nur Macht haben, wenn ihr es zulaßt. Und ihr laßt es nicht mehr zu, ihr eignet euch eure Souveränität wieder an. Ihr braucht ihnen nichts anzutun. Ihr werdet nichts ändern, indem ihr dagegen ankämpft. Durch Unterdrückung oder Verdrängung werdet ihr nichts ändern. Wohl aber dadurch, daß ihr euch in eurer Selbst-Achtung, in eurer Selbst-Schätzung ändert; in eurem Wissen von euch selbst. Euere Kraft-Quelle liegt in eurem wahren Selbst.

F: Wie weiß ich, wer ich bin? Wie finde ich das heraus?

P'taah: Schau es dir jedesmal an, wenn du jemanden oder etwas außerhalb deiner selbst verurteilst, und wisse, daß es ein Spiegelbild von dir ist. So wirst du erkennen, wer du bist. Geliebte, du sollst die, die du bist, nicht verurteilen. Du sollst nur *erkennen*. Akzeptiere, wer und was du bist, liebe, wer und was du bist, und wisse, daß du in Wahrheit ein leuchtendes Licht bist und dir nichts Schaden zufügen kann. Du wirst wirklich geliebt.

(Das Mädchen schluchzt leise.)

Wenn ihr die liebt, die ihr seid, werdet ihr den Wandel in eurem ganzen Universum bewirken. Euer Universum ist von euch abhängig, geliebte Leute. Ihr seid von nichts und niemandem getrennt. Es gibt keinen einzigen isolierten Gedanken. Wie ihr da draußen seid, so seid ihr im Innern. Nichts davon existiert separat. Die ihr als böse verurteilt, sind nur ein Spiegelbild. Wie könntet ihr sie wahrnehmen, wenn sie nicht ein Teil von euch wären? Aber ihr müßt auch wissen, daß ihr ebenso all das Schöne seid, das ihr seht.

F(F): Ich halte mich an sich für eine moderne Frau, aber ich verfiel wieder in den alten Mythos von der keuschen Jungfrau, die auf den Ritter in weißer Rüstung wartet. Sie wartet zehn oder zwanzig Jahre, oder auch ihr ganzes Leben lang. Ich traf also die Entscheidung, nichts zu manipulieren, selbst wenn das bedeuten sollte, daß ich den Rest meines Lebens ein Single bleibe.

P'taah: Geliebte Frau, DU bist der Ritter in weißer Rüstung. Verstehst du das? Ihr alle wartet auf den wundervollen Geliebten, der auf einem weißen Pferd angeritten kommt, aber dieser Ritter seid IHR. Deshalb sagen wir euch immer: Wie könnte denn, wenn ihr diese wunderbare Liebesaffäre mit euch selbst habt, sich irgend jemand *nicht* in euch verlieben? Versteht ihr? Dann entstehen die Liebesaffären nämlich nicht aus der Bedürftigkeit und Verzweiflung heraus. Sie entstehen aus der Souveränität und der Hochachtung, der Integrität, dem Respekt, und ihr wißt, daß nichts und niemand euch schaden kann, weil ihr euch nicht selbst schaden könnt. Dann gibt es keine Angst. Dann könnt ihr lieben, ohne besitzergreifend zu sein.

F: Diese Liebe, die ich für einen bestimmten Mann empfinde, ist eine Liebe ohne Eifersucht und Besitzanspruch. Kein Sehnen, kein Schmachten, sie ist einfach nur da. Was mich angeht, so war Liebe auch mit sinnlicher Begierde und Leidenschaft verbunden.

P'taah: Sie ist auch mit Schmerz verbunden. Ihr alle setzt Liebe mit Schmerz gleich. Das ist ein Muster, das ihr nicht nur in diesem, sondern auch in anderen Leben aufgebaut habt. Dann gibt es da eure Glaubensstruktur hinsichtlich der Beziehungen. Wenn ihr wirklich die liebt, die ihr seid, wird sich die «Liebesaffäre» in ihrer ganzen Bedeutung ändern. Ihr werdet wirklich wissen, daß ihr die zentrale Sonne eures Universums seid. So sei es.

F(F): P'taah, alles besitzt Energie. Wenn wir nun in einem Haus leben, dessen Mobiliar und Ausstattung anderen Leuten gehört, oder wenn wir umziehen und Möbel und Dinge mitnehmen, die sich mit unseligen Situationen verbinden, bringen dann diese Gegenstände diese unglückseligen Schwingungen mit? Ich habe Dinge in meinem Haus, die noch aus meiner Kindheit und aus meiner früheren Ehe stammen. Wirkt sich das auf mich aus?

P'taah: Das hängt von deinen mit der Kindheit und der Ehe verbundenen Gefühlen ab. Da diese Gefühle weitgehend nicht besonders freudvoll sind, möchten wir vorschlagen, daß du dein Mobiliar und deine Gegenstände mit deinen Wünschen in bezug auf das Jetzt in Einklang bringst.

F: Mir kam der Gedanke, daß sie mich emotional an der Vergangenheit festhalten lassen und am Leben im Jetzt hindern.

P'taah: Nur, wenn du es zuläßt. Du bist das Kraftwerk, geliebte Frau. Du erschaffst dir deine eigene Realität. Energie ist nicht etwas so Dingliches.

F: Es ist also ganz einfach.

P'taah: Oh, das ist es. Weißt du, auf welche Weise du beeinflußt werden kannst?

F: Würdest du es mir erklären?

P'taah: Wenn du mit Gegenständen lebst, die einem anderen Leben, deine Vergangenheit genannt, angehören, und wenn diese Zeit keine glückliche war, kann es tatsächlich sein, daß du durch diese Objekte ständig daran erinnert wirst, und Erinnerung ist auch Energie. Du kannst also die Veränderung in der Energie bewirken. Erkenne es an. Gleiche es aus.

F: Ja, das kann ich tun. P'taah, letzte Woche hast du auch gesagt, daß du mit unsichtbarer Tinte in unsere Herzen schreibst. Warum?

P'taah: Ich sagte, daß ich mir wünsche, euch die Weisheit so einzuprägen, daß ihr sie nicht vergeßt, daß ihr hört, was ich euch sage. Aber es scheint, so sagte ich, daß ich mit unsichtbarer Tinte schreibe, weil ihr mich nicht hört. Wir sagen nicht, daß ihr gar nichts hört, Geliebte.

F: Was hindert uns am Hören?

P'taah: Die Begrenzung, die ihr euch auferlegt. Eure Glaubens-strukturen. Euer eingeschränktes Verständnis von euch selbst. Euer Wunsch, recht zu haben. Eure Angst, unrecht zu haben. Eure Angst, es nicht zu «kapieren».

F: Danke, P'taah. Ich verstehe.

P'taah: Wißt ihr, all die Worte, die wir in der ganzen Zeit zu euch gesprochen haben, drücken in Wahrheit die allereinfachsten Grundgedanken und Ideen aus. Und schaut, ihr wollt es kompliziert haben. «Wie könntet ihr sie denn nicht schon früher be-griffen haben, wenn sie nicht kompliziert wären?» Bei all euren Belehrungen war es immer kompliziert, war der Sinn verborgen. Wenn wir dann mit euch sprechen, sagt ihr: «Nein. Es kann nicht so einfach sein.»

Wie einfach ist es denn, hm? Im ganzen Universum gibt es keine Verurteilung. Das, was ihr Gott nennt, verurteilt euch nicht. Die Gott/Göttin-Energie IST einfach, und ihr auch. Wenn ihr die liebt, die ihr seid, verändert ihr euer Universum. Ihr könnt Seelenqual in Ekstase umwandeln, um das EINSSEIN und Nicht-Getrenntsein zu erfahren. Wir haben euch dafür ein Rezept gegeben. Es gibt keine Trennung im Universum. Ihr seid von nichts und niemandem getrennt. Alles Wissen liegt in euch selbst. Eure Molekularstruktur ist nur ein Spiegelbild der Universen. Wir haben gesagt, daß ihr ein Makro-Molekül der Multiversen seid. Alles existiert in euch. *Erkennt, wer ihr seid, und erkennt Gott, weil ihr SEID.* Da gibt es kein Wenn, Aber oder Vielleicht, sondern nur einfach das IST, und das könnt ihr im ISTSEIN des JETZT erleben und erkennen.

Alles, was wir euch gesagt haben, ist einfach, und diese Einfachheit birgt das Wissen der Multiversen in sich, denn ihr seid die Multiversen, geliebte Leute. Es gibt keine Trennung. Es gibt KEINE Trennung. Was ihr seid, IST ALLES UND JEDES. Wie könnt ihr in der Nicht-Fülle sein? Ihr habt alles in euch. Wie könnt ihr euch im Unwohl-Sein befinden? IHR SEID GOTT.

Dies ist kein Märchen. Das, was verborgen war, wird sich nun offenbaren. Wenn das ein Märchen ist, sollten eure Quantenphysiker anfangen, Science-fiction zu lesen statt Märchen. Jetzt ist die Zeit gekommen, in der eure Wissenschaftler euch Menschen zu der Einsicht verhelfen werden, daß ihr im Nicht-Getrenntsein lebt, weil in eurer Kultur die Wissenschaft Gesetz geworden ist. Wenn euch eure Wissenschaftler erzählen, daß es keine Trennung gibt, wenn sie euch all die Dinge erzählen, die ich euch erzähle, dann «müssen wir recht haben».

Schaut, ihr Lieben, es wird kein Entkommen geben. Einst haben sich eure Wissenschaftler und Intellektuellen vom GEIST abgewandt und gesagt: «Man kann es nicht beweisen. Es ist alles Quatsch.»

Und was passiert jetzt? Jetzt sagen die Wissenschaftler: «Da ist mehr, als das nackte Auge zu erkennen vermag, und weit mehr, als das Spektrum erfassen kann.» Wir werden euch also auf die eine oder andere Weise schon dahin bringen. Oh, es ist wirklich gut.

Sehr gut, meine Lieben, das reicht für heute. *(An die Gastgeber gerichtet:)* Wir danken euch, Liebe.

Geliebte, ihr braucht nichts zu TUN. *Es gibt nichts zu tun.* Keine Vergangenheit, keine Zukunft, nur das Jetzt. Wenn es ein bißchen stürmisch für euch wird, dann denkt daran, wie es in diesem

Moment für euch ist, denkt an die Freude und an die gehobene Stimmung. Ich liebe euch alle sehr. Geht in Liebe, Geliebte. Guten Abend.

VIERZEHNTE ÜBERMITTLUNG
8. April 1992

P'taah: Guten Abend, ihr Lieben. Es ist eine Freude, euch alle wiederzusehen. Dieser Abend stellt sozusagen eine Zusammenfassung dar. Diejenigen von euch, für die das hier eine neue Erfahrung ist, können all die wunderbaren Worte der Weisheit nachlesen; und dabei könnt ihr sie in euren inneren Computer einspeichern, was aber noch wichtiger ist: Ihr könnt ihre Wahrheit in eurem Herzen erklingen lassen. In künftigen Zeiten werdet ihr euch alle wunderbare Dramen erschaffen, und das ist keine große Sache, wißt ihr. Wir möchten euch bitten, daran zu denken, daß dieses wundervolle und kostbare Leben ganz das eure ist. Ihr habt es erschaffen. Ihr habt es gewählt. So soll jeder von euch mit ganzem Herzen ins Leben eintauchen. Nun ist es so, daß ihr alle diesem flüchtigen Ding namens Glück, namens Freude, Friede und Heiterkeit nachjagt. Das könnt ihr sicherlich haben, wenn es euer Wunsch ist, aber ihr müßt auch wissen, daß ihr zugleich das Gegenteil erschafft: Mißklang, Schmerz, Angst und Qual. Aber, geliebte Leute, ihr erschafft das, um das Juwel im Innern zu finden.

Wir sprechen nicht von irgendeinem Hirngespinst. Ihr sollt euer Leben nicht allzu ernst nehmen. Das Leben ist zur Freude da, um des Spaßes willen. Und wenn ihr einen dieser Momente durchmacht, in denen ihr euch fragt: «Warum, zum Teufel, bin ich eigentlich hier?», dann wißt, daß ihr das alles erschaffen habt. Wir möchten darauf drängen, daß ihr auf Balance achtet. Das, was ihr als schlecht, was ihr als nicht wünschenswert in eurem Leben verurteilt, ist nur eine Polarität dessen, was ihr als äußerst wünschenswert beurteilt. Und wenn ihr einen Schritt zurücktreten und die Polarität erkennen könnt, dann könnt ihr beides annehmen, die Harmonie und die Disharmonie. Ihr sollt wissen, daß alle Dinge ihre Gültigkeit haben, daß alle Dinge göttlicher Wesensnatur sind, sonst würden sie nicht existieren. Es ist so einfach, es ist wirklich so einfach. Euer Leben ist absolut eure Schöpfung. Da gibt es nichts zu reparieren. Ihr könnt die von euch erwünschten Veränderungen herbeiführen, indem ihr einfach das, was jetzt ist, akzeptiert, gleich, wie es sich für euch ausnimmt. Wenn ihr vor dem Schmerz davonrennt, wenn ihr euch unverwundbar macht, wenn ihr den Kopf in den Sand steckt, wenn ihr euch vormacht, nicht in Schmerz zu leben – wenn ihr so tut, als gäbe es nichts in eurem Leben, das euch Qual bereitet, werdet ihr nur weiterhin das anziehen, was den Schmerz verursacht.

Ihr seid so schön, ihr seid so machtvoll, und wir haben den glühenden Wunsch, daß ihr erkennt, wer ihr seid. Ihr wunderschönen Leute, laßt euer Leben ein einfaches Leben sein. Seid auf das Lachen aus – seid auf die Freude aus; doch wenn es nicht so ist, wie es eurer Ansicht nach sein sollte, dann macht trotzdem das Beste daraus. Wenn ihr wütend werdet, SEID wütend, wenn ihr traurig werdet, SEID traurig, aber *seid es aus ganzem Herzen*, und wenn ihr es schließlich satt habt, dann wißt, daß es in Ordnung ist. Es ist einzig erforderlich, daß ihr das Gefühl fühlt, das ist alles. Sehr gut, ihr Lieben, nun ein paar Fragen.

F(M): P'taah, könntest du etwas zu den Kornkreisen und dem Schlüssel zu ihrem Verständnis sagen?

P'taah: Das werde ich nicht tun. *(Der überwiegende Teil des Publikums applaudiert heftig im Wissen um P'taahs unerschütterlichen Willen, jeden Versuch, vom Hauptthema Transmutation abzulenken, zu ignorieren.)* Du wirst das tun.

F: Das war zu erwarten. Da tritt jedoch eine neue Form in Erscheinung, eine Herzform, und ich frage mich, ob ihr Pleiadier in diese rätselhaften Zeichen eingeweiht seid. Müssen wir das alles ganz allein herausfinden?

P'taah: Oh, das wird nicht lange dauern. Ihr könntet diese Zeichen in euren Kornfeldern im Moment bloß als überaus hübsche Muster ansehen. Und ihr werdet, wenn ihr sie so betrachtet, feststellen, daß sie die Menschen zu Ideen anregen. Wir möchten euch nicht den Spaß verderben, geliebte Leute. Nein, das werden wir nicht tun, aber wir danken dir für die Frage, Lieber.

F: Ich möchte hinzufügen, daß diese Kornkreise nun auch in der Region von Tully* aufzutreten scheinen.

P'taah: Es hat schon begonnen, Lieber. Das ist nicht neu. Wir haben euch bereits gesagt, daß diese Gegend** eures Kontinents mit sogenannten Visitationen gesegnet ist.

F: Sprechen wir hier über Abdrücke von Raumschiffen oder von durch geistige Kräfte bewirkten Mustern?

(Das Publikum bricht wieder in wohlwollendes Gelächter aus, diesmal in vollem Verständnis für die Beharrlichkeit, mit der der Mann diese Fragen stellt.)

P'taah: Geliebter, wie würde deiner Ansicht nach eine multidimensionale Antwort darauf ausfallen?

F: Es könnte sich um Zeichen des Agierens multidimensionaler Wesen handeln, in die wir uns einklinken sollen.

P'taah: Ah, wie außergewöhnlich. Ich danke dir, Geliebter.

F(F): Könntest du mir bitte sagen, wie sich die Pleiadier ernähren?

P'taah: Du weißt, daß wir eigentlich nicht hier sind, um über die Pleiadier zu sprechen, meine Liebe. Wir sind hier, um über die Menschen zu reden. Das ist viel wichtiger. Wir möchten dir sagen, daß wir nicht zu eurer Unterhaltung hier sind. Wir sind hier, damit ihr erkennen könnt, wer ihr seid.

F: Sollte das nicht auf Gegenseitigkeit beruhen?

P'taah: Liebe, wenn der rechte Zeitpunkt gekommen ist, werdet ihr nicht nur Kenntnis von den Wesen auf den Pleiaden, sondern auch von den Wesen in anderen Sternsystemen haben. Schau, Geliebte, wir haben bereits sehr oft gesagt, daß wir euch in eurem begrenzten Bewußtseinszustand unmöglich den sogenannten Übergang von der dritten zur vierten Dichte beschreiben können. Und daher wurde im «Aufsichtsrat» der Beschluß gefaßt,

---

* Ein kleines Städtchen südlich von Cairns im Norden von Queensland, das hauptsächlich vom Zuckerrohranbau lebt.
** Damit ist der tropische Norden von Queensland gemeint, speziell die Gegend zwischen Tully und Cooktown, das Große Barriereriff eingeschlossen. Der gechannelten Wesenheit St. Germain zufolge wurde das als Bermudadreieck bekannte Gebiet in seiner Funktion als interdimensionale Pforte geschlossen. Diese Funktion hat nun das Gebiet des Großen Barriereriffs inne.

mit euch zu sprechen, damit ihr nachdenken und erkennen könnt, wer ihr seid. Denn, geliebte Frau, wenn du weißt, wer du bist, wirst du alle Fragen beantworten können. In Ordnung?

F(F): Guten Abend, P'taah. Wie komme ich dahin, alles zu wissen, was du weißt?

P'taah: Wie du die universelle Weisheit anzapfen kannst? Erkenne, wer du bist! Denn ALLES Wissen ist in dir enthalten. Wirklich alles Wissen.

F: Das letzte Mal hast du gesagt, daß jedesmal, wenn wir einen anderen verurteilen, dieser andere unser Spiegelbild ist. Reicht das aus, um mich völlig in meinem Selbst zu erkennen?

P'taah: Ist es nicht erstaunlich einfach?

F: Ja. Nur will ich jetzt zu allem Wissen gelangen.

P'taah: Da bist du nicht die einzige, Geliebte. Das ist eine Sehnsucht im Herzen aller Menschen, und deshalb ist es möglich, daß es sich jetzt ereignet. Es ist möglich, daß du binnen eines Wimpernschlags dazu gelangst, aber es ist nicht sehr wahrscheinlich. Aber seht, ihr Geliebten, ihr seid in euer Leben, so wie es momentan ist, total verliebt, weil ihr es spannend findet. Das ganze Drama, all dieses Sehnen, all dieser Schmerz – es ist ein wundervolles Theaterstück. Und wenn ihr anerkennt, daß ihr in Wahrheit all das erschaffen habt, wenn ihr echte Verantwortung übernehmt, dann werdet ihr wirklich Verantwortung für euer Leben übernehmen; und dann werdet ihr eine kleine Veränderung in eurem Drama erfahren. Und so geschieht es Stück um Stück. Wenn ihr euch vom «Beziehungsscheiß» in eine Beziehung hineinentwickelt, werdet ihr erkennen, daß sie letztlich ein Spiegelbild eures Umgangs mit euch selbst darstellt. Und wir möchten euch daran erinnern, daß es nichts außerhalb von euch selbst gibt, was nicht ein Spiegelbild ist. Nichts. Gar nichts. Ihr seid die zentrale Sonne eures Universums. Das ist der Anfang und das Ende der Geschichte. Wenn ihr begreift, daß ihr die zentrale Sonne eures Universums seid, und wenn ihr wißt, daß alle Dinge in euch enthalten sind, daß es alles eure Verantwortung und eure Schöpfung ist, wenn ihr anerkennt, daß euer Urteil über eure Mitmenschen das Spiegelbild von dem ist, was ihr seid, werdet ihr in der Tat wunderbare Veränderungen bewirken. So einfach ist das.

F(F): Geliebter P'taah, ich habe ein Juwel entdeckt. Dein Rat, zu tun, was mein Herz singen läßt, veranlaßt mich oft zur Überprüfung dessen, was ich im Moment tue. Ich habe also herauszufinden versucht, was mein Herz zum Singen bringt. Auch ein vorübergehendes Vergnügen oder etwas Aufregendes bringt es nicht wirklich zum Singen. Ich habe entdeckt, daß nichts mein Herz zum Singen «bringt». Mein Herz singt, oder es singt nicht. Wenn es singt, dann singt es, ganz gleich, was, und der Hindernisse ungeachtet. Das Lied mag eine andere Klangfarbe haben, aber das Herz singt trotzdem.

P'taah: Ihr seht, geliebte Leute, ihr werdet Herz-Süchtige. Was hier geschieht, ist folgendes: Wenn ihr die Umschwünge und Veränderungen in eurem Innern erschafft, wenn ihr euch auf diese Abenteuerreise zur Entdeckung, wer und was ihr seid, einlaßt – wenn ihr euch allmählich öffnet, um diese wunderbare Liebesaffäre mit euch selbst zu haben, stellt euch nichts anderes mehr wirklich zufrieden. Warum, glaubt ihr, haben viele Menschen heute keine sogenannte Beziehung, keine «Zweierbeziehung»? Es ist so, daß sich viele von euch die Suche nach dem SELBST erkämpfen, um zu einem umfassenderen Bewußtsein zu gelangen. Diese neuen Entdeckungen in eurer Welt zu machen ist das Aufregendste, was euch je passiert ist, und ich will euch folgendes sagen: Diese Entdeckungsreise wird nicht weniger spannend werden. Während wir in diese Zeit wirklich großer Veränderungen eintreten, bereitet ihr euch in eurem, von Augenblick zu Augenblick gelebten Leben auf einen harmonischen Umschwung vor. Ihr seid wirklich wunderbare Wesen, daß ihr euch selbst zu dieser Zeit und an diesem Ort erschaffen habt – ihr seid wirklich wundervoll. Wir sind keine Wahrsager, keine Zigeunerin mit Tuch und Kristallkugel, und wir sprechen mit euch im Grunde nicht über das, was ihr als eure Zukunft erachtet; aber so, wie ihr euch jetzt versammelt habt, steht euch ein sehr hübscher Ritt in eurem Karneval namens Leben bevor, ein sehr spannender Ritt. Und so kann ich euch in aller Unparteilichkeit sagen, daß ich euch allen wirklich meine Hochachtung ausspreche. Ihr begreift nicht eigentlich, wie wichtig ihr seid – jede und jeder einzelne von euch, denn ihr seid es im Rahmen eures Lebens, eurer Kultur gewohnt, euch in einem Zustand der Herabsetzung, der Minderwertigkeit zu sehen. Niemand hat euch je gesagt, wie wunderbar ihr eigentlich seid, wie machtvoll und wie wichtig jede und jeder einzelne von euch für euer Universum ist. Wir verstehen, wie es kommt, daß ihr sagt: «Wie kann denn eine einzelne Person irgendeinen Unterschied ausmachen?» Besonders schwierig wird es, wenn ihr euch in der «Opferhaltung» befindet, die Einstellung habt, daß «sie es euch angetan haben». Wenn ihr nicht die Verantwortung für euer Leben übernehmt, könnt ihr nur sehr schwer verstehen, wie wichtig jeder von euch ist. Wenn es euch nicht gäbe – und wir sprechen hier auf vielen Bedeutungsebenen –, würde euer Universum nicht so existieren, wie es jetzt für euch zu existieren scheint. Es wäre einfach nicht dasselbe Universum. Ihr versteht nicht, was für eine wundervolle Tapisserie ihr erschafft, wenn jede und jeder von euch, in den sogenannten Zeitspannen eurer Leben, einen physischen Körper annimmt und das Leben nach bestem Vermögen lebt, was immer dies sei; eine wundervolle Tapisserie, Leben genannt. Ihr wißt, was passiert, wenn ihr einen großartigen Wandteppich habt, aus dem die Fäden herausgezogen werden. Es ist nicht mehr dasselbe Bild, und so verhält es sich auch mit euch. Jede und jeder von euch ist ein kostbares, einzigartiges Juwel.

F(M): Ich habe ein Problem damit, daß alles ein Spiegelbild ist. Wie erkenne ich, was ich mir da anschaue? Oft sehe ich etwas und frage mich: «Habe ich das erschaffen?» Wie begreife ich, was ich daraus lernen soll? Durch das Gefühl?

P'taah: Es gibt nur das Gefühl, Geliebter. Wie *fühlt* es sich für dich an? Wie wir schon sagten: Ihr seid Vorstellungskraft und Gefühle. Etwas anderes gibt es nicht. Wenn du dir also ein Bild außerhalb deiner selbst anschaust, das du erschaffen hast, dann frag dich: «Wie fühlt es sich an, und wann hatte ich dieses Gefühl schon einmal?» Es gilt, den Auslöser zu finden und zu erkennen. Ihr seht, wir lernen all diese wunderbaren therapeutischen Begriffe von unserer Frau und ihren geliebten Freunden.

F: Es kommen so viele Gefühle hoch. Ist das eine ganz spezielle Zeit, wenn alles auf einmal hochzukommen scheint?

P'taah: Absolut. Es ist die Zeit, in der ihr euch befindet, und es wird mehr und mehr so sein. Ihr werdet im Öffnen eures Herzens, im Verletzlichwerden und Zulassen eurer Gefühle sehr versiert werden, und dann wird der umfassendere Teil eures wahren Selbst sagen: «Sehr gut, Liebes – und jetzt versuch's damit.» Wir möchten also sagen, daß es wirklich kein Entkommen gibt. Wenn ihr erst einmal einen Fuß in den Zug gesetzt habt, hält er bis zu eurer Himmelfahrt nicht mehr an. Nun, wir ziehen euch jetzt ein bißchen auf – ein durchgehender Vorortzug zur Himmelfahrt.

F(F): P'taah, du hast mir kürzlich gesagt, daß ich mich gegenwärtig in der Blüte meines Frauseins befände und daß ich alles haben könne, und das so lange, wie ich wolle. Ich würde gerne mehr darüber wissen.

P'taah: Was möchtest du wissen? Es ist dein Leben – deine Wahl. Hol's dir.

F: Ich habe nur nicht alle Implikationen verstanden.

P'taah: Nun, Liebe, du bist diejenige, die das Skript deines Lebens schreibt. Und du weißt, daß du zu deiner eigenen Blüte gelangst. Du gelangst zur Verwirklichung deines Potentials, dem GOTT, DER ICH BIN, in dir; zum Erkennen des Gottes/der Göttin. Es ist also eine Sache des Zulassens, und wir haben mit dir über das Annehmen, das Umarmen der Leere, der Göttin, gesprochen. Man nennt es Zulassen, Einwilligen, Hingabe, Sichergeben, Verletzlichkeit. Es bedeutet, daß du sagst: «Das ist, wer ich bin.» Es bedeutet ein Zulassen deiner Vorstellungskraft, deines Gefühls. Man nennt es die Leere der Schöpfungskraft. Es gibt nichts zu fürchten.

F: Das klingt zu gut, um wahr zu sein.

P'taah: Nun, Geliebte, wir halten dich nicht zum Narren. Wir erzählen keine Märchen.

F: Nein, das weiß ich natürlich.

P'taah: Und wenn wir dir dies und jenes sagen, sind wir unparteilich und gelassen. Wenn du dich dafür entscheidest, es nicht zu glauben, ist das dein gutes Recht. Wenn du je das Gefühl hast, daß wir nicht die Wahrheit sagen – dann möge es so sein. Dann ist es nicht deine Wahrheit, und das ist in Ordnung.

F: Das habe ich nicht gemeint.

P'taah: Das weiß ich. Was gibt es also sonst noch zu wissen, geliebte Frau? Geh in Freude – es ist dein Leben.

F: Die einzigen Beschränkungen sind also die, die ich mir selbst auferlege?

P'taah: Liebe, die einzige Beschränkung der ganzen Menschheit liegt in der Begrenztheit eurer Glaubensstrukturen. Das ist das einzige, was zwischen euch und eurem machtvollen Gott, eurer machtvollen Göttin steht. Dies gilt für alle Menschen. Wir reden nicht nur so daher, wenn wir sagen, daß ihr überaus machtvoll seid. *Es gibt nichts, überhaupt nichts, was ihr nicht sein könnt.* Euer Potential, euer Potential als Spezies, ist ehrfurchtgebietend. Eure Größe ist euch gegenwärtig unvorstellbar. Ihr seid wirklich mächtige Wesen. Warum sollten wir kommen, wenn es nicht so wäre?

F(M): Geht diese Macht zu Lasten anderer?

P'taah: Geliebter, haben wir nicht viel Zeit darauf verwandt, über eine Situation zu sprechen, in der es nur Gewinner gibt? Ich habe das ausführlich noch nicht einmal ganz allgemein, sondern mit dir diskutiert. *(Nun mit starker und dynamischer Stimme:) Macht hat nichts mit der Ausübung von Macht über andere Wesen zu tun.* Sie hat mit der Kenntnis von deiner eigenen Macht, GOTT zu sein, zu tun, denn das ist es, was ihr seid; also laßt uns nicht darüber sprechen. Eine Situation, in der es einen Gewinner und einen Verlierer gibt, ist keine Situation des Gottestums, es ist eine Situation der Angst.

F: Vor einer Woche habe ich Macht ausgeübt, wie ich es in diesem Maße nie zuvor erlebt habe, und ich glaube, daß das auf Kosten einer anderen Person ging. Aber ich habe mich dabei gut gefühlt. Ist das in Ordnung?

P'taah: Warum fragst du mich, ob das in Ordnung ist? Wenn es dir ein gutes Gefühl gibt, ist es in Ordnung. Alle Dinge haben ihre Gültigkeit. Es gibt keine Verurteilung. Das haben wir euch ebenfalls schon viele Male gesagt. Ich bin nicht der Gott im Himmel mit langem Bart, der über euch richtet und sagt: Das war richtig oder falsch, gut oder schlecht. Warum fragst du also mich – ich bin nicht dein Richter!

F: Ich bat nur um eine Bestätigung.

P'taah: Du willst nicht der «Schweinehund» sein?

F: Richtig.

P'taah: Nun, ich will dir etwas sagen, Geliebter. Solange du nicht die Tatsache akzeptieren kannst, daß du ein Schweinehund

bist, wirst du nicht erkennen, daß du auch Gott bist. Dies, weil du
alle Dinge bist. Ihr alle seid ALLE Dinge. Wenn es nicht so wäre,
würdet ihr nicht in einem anderen den Schweinehund erkennen.
Es käme euch gar nicht zu Bewußtsein. Ihr seid alle Dinge. Wenn
du ein Schweinehund zu sein wünschst und wenn es dir in diesem
Augenblick Freude macht, dann hat das absolut seine Gültigkeit.
Aber schau, wenn du Freude empfindest und wenn in dieser
Freude Angst steckt, versickert die Freude. Erschafft ihr nicht
genauso Tag um Tag euer Leben? Warum sonst lebt ihr nicht allzeit
in Freude?
(Sanft:) Wir werden nun eine Pause machen. Geliebte, wir
bitten euch, einen Moment Stille zu schaffen. Wir werden bald
zurückkehren.

(Nach der Pause:)
P'taah: Und nun stellt eure Fragen, ihr Lieben.
F(M): P'taah, du sagst, daß du kein Wahrsager bist. Ist das so,
weil du nicht kannst oder weil du nicht willst?

P'taah: In Wahrheit ist es so, daß wir wahrscheinliche Realitäten
– das, was ihr als eure Zukunft betrachtet – nicht zementiert
haben möchten. Die Menschen schaffen sich durch ihre Glaubensstrukturen und das, was sie für unvermeidlich halten, schon
genug Begrenzungen. Schaut euch die Dinge in eurem Leben an,
die ihr in bezug auf eure Gesundheit, in bezug auf den sogenannten Tod, in bezug auf die, eurer Ansicht nach, unabänderlichen
wissenschaftlichen Gesetze für unvermeidlich haltet, was es in
Wahrheit gar nicht ist. Versteht ihr? Wenn wir also von dem
sprechen, was man Erdveränderungen nennt, reden wir in gewisser Weise ganz sicher von dem, was als eure Zukunft und die
Zukunft eures Planeten betrachtet wird. Doch handelt es sich bei
dieser Zukunft um eine zyklische Veränderung. Wie ihr sie erlebt,
ist in gewisser Weise eure Sache. Versteht ihr, Geliebte? Von daher
wünschen wir uns, daß ihr euch auf die Nicht-Begrenztheit konzentriert, daß ihr versteht, daß sie wahrlich grenzenlos ist, daß ihr
versteht, daß ihr eure Zukunft ändern könnt. Sie steht nicht ehern
fest. Und wir sprechen mit euch nicht über eure persönliche
Zukunft, da es wünschenswert ist, daß ihr eure eigene Macht
beim Erschaffen eurer eigenen Realität begreift und daß ihr zu

einem Verständnis wahrscheinlicher Realitäten gelangt. Daß aber alles, wie immer es auch sei, seine Gültigkeit hat, real ist, die sogenannten Träume, die Imagination eingeschlossen, damit ihr eure Zukunft so erschaffen könnt, wie ihr sie euch wünscht. In Ordnung, Liebe? Ja? Ihr seid grenzenlos.

F(M): Wie kann man sich, wenn man ein Problem am Horizont auftauchen sieht, am besten darauf vorbereiten? Oder wie kann man zu innerem Frieden gelangen, um diese Situation zu handhaben, noch bevor sie entsteht? Ich versuche nicht, das Problem wegzuschieben oder zu unterdrücken, weil ich weiß, daß es sein Haupt immer und immer wieder erheben wird, aber was ist die beste Herangehensweise ...?

P'taah: Nun, was glaubst du? Wie, glaubst du, wird es sein, wenn du eine Situation sich manifestieren siehst und zu dir selbst sagst: «Mmmm, das wird etwas Schönes werden»?

F: Sollte ich mich einfach entspannen und die ganze Sache so cool wie möglich angehen?

P'taah: Sei kaltblütig.

F: Es einfach nehmen, wie es kommt?

P'taah: Wie wär's damit, daß du weißt, daß du sie erschaffen hast, und daß es ums Zulassen geht. Laß es zu, sei offen, sei verletzlich.

F: Und ich soll mir einfach nur eingestehen, daß es schmerzlich ist, falls es schmerzlich ist?

P'taah: Und wenn du bangst und dich fürchtest, Geliebter, wenn du siehst, daß da etwas auf dich zukommt, dann frag dich: «Warum habe ich es erschaffen, und wovor habe ich Angst?»

F: Und wenn ich mir erklären kann, wovor ich Angst habe?

P'taah: Dann sollst du dir sagen, daß es in Ordnung ist, sollst du es zulassen, verletzlich sein, und wenn du dich in deiner Verletzlichkeit befindest, gibst du der Göttin Ausdruck.

F: Und ich soll akzeptieren, wie andere Leute die Situation interpretieren?

P'taah: Lieber, das ist ihre Geschichte. Das liegt nicht in deiner Verantwortung.

F: Und wenn ich das Gefühl habe, daß da nichts zu tun ist, dann soll ich auch nichts tun.

P'taah: Absolut. Wie ein anderer die Situation betrachtet, ist dessen Angelegenheit.

F: Ich glaube, ich habe mich selbst in eine Lage gebracht, in der ich gerne als Herr der Situation gesehen werden würde und daher ein Nicht-Handeln unangemessen erscheint, aber das ist mein Problem, oder?

P'taah: Ganz recht, und wir haben schon darüber gesprochen, daß ihr in bestimmter Weise gesehen werden wollt. Und das kommt von der Angst, nicht zu genügen, nicht wahr? Sich nach der öffentlichen Meinung zu richten und so weiter.

F: Ich weiß, das spielt eine sehr große Rolle.

P'taah: Ja, für alle von euch. Es geht darum, daß ihr zulaßt, daß ihr sagen könnt: «Im Grunde ist es Angst. Und ich habe Angst, daß man mich für unwürdig, für nicht gut genug hält – daß ich den Anschein erwecke, daß ich die Dinge nicht unter Kontrolle habe.» Nun, das ist in Ordnung. Es ist zulässig, daß ihr Angst habt, aber dann heißt es, in die Angst einzutauchen, sie existieren zu lassen, und dann – puff – ist sie verschwunden. Und plötzlich seid ihr zu einem Verständnis von eurer eigenen Macht gelangt.

F: Das heißt mit anderen Worten, daß wir uns alle Probleme nur erschaffen, um dieses spezielle Gefühl zu fühlen, aus diesem einzigen Grund, und wenn wir es dann gefühlt haben, besteht dafür keine Notwendigkeit mehr.

P'taah: Wenn du deine Lektion gelernt hast, Geliebter, ist es nicht nötig, daß du die Situation noch einmal erschaffst. Und du mußt auch wissen, daß, solltest du genau dieselbe Geschichte wieder erschaffen, sie plötzlich nichts mehr für dich bedeutet. Dann entsteht keine Reaktion. Sie ist ein Nichts.

F: Somit ist alles, was ich erschaffe, nur da, um die Erfahrung von Angst oder die Erfahrung von Liebe zu machen.

P'taah: Ganz recht.

F: Es geht also nur darum, etwas anderes ist nicht zu gewinnen?

P'taah: Was gibt es sonst noch, Geliebter? Es gibt nur das Gefühl, und du kannst es fühlen, oder du kannst es unterdrücken. Du kannst dich davor verstecken, und wenn du die Angst unterdrückst, erlebst du Schmerz, und wenn du die Situation verurteilst, erschaffst du den Widerstand, den man Schmerz nennt. *Schmerz wird nur durch eines verursacht: durch Verurteilung.*

F(M): Öffentliche Meinung, das Bewußtsein der Allgemeinheit – diese Betonmauer beschränkten Denkens, die wir um uns errichtet haben –, siehst du da, auf globaler Ebene, aus deiner Perspektive, ein paar Risse im Gemäuer?

P'taah: In der Tat. Sie sind sehr wohl sichtbar. Überall. Ihr habt eure Zeitungen. Ihr seht, was sich in eurer Welt ereignet, Lieber, Tag für Tag, und wir haben euch bereits gesagt, daß dies die Zeit ist, in der sich nichts mehr verbergen läßt. Und was, glaubst du, passiert, wenn nichts mehr versteckt werden kann? Man nennt es Risse in den Betonmauern des Bewußtseins der Allgemeinheit, denn wenn du bloßgestellt wirst, fühlst du das ganz bestimmt, da kannst du deine Stiefel drauf wetten. Das passiert nun sowohl im persönlichen menschlichen Bereich wie auch auf globaler Ebene mit den Regierungen eurer Welt, mit euren Institutionen, mit euren Religionen und euren großen Wirtschaftsorganisationen.

F(F): P'taah, deine Worte machen großen Eindruck auf mich, ganz besonders heute abend. Sie machen mir klar, daß ich immer noch um den Brei herumschleiche, und das deshalb, weil da immer noch Überreste von Angst sind, und diese Angst ist die Angst vor meiner eigenen Macht.

P'taah: Ganz recht.

F: Und nun die Frage, die ich mir nicht selbst beantworten kann: Warum sollte ich Angst vor meiner eigenen Macht haben?

P'taah: Geliebte, in eurer historischen Zeit wurde die Frau versklavt und in Ketten gelegt wegen der Macht. Frauen haben große Angst, weil im Verlauf eurer Geschichte Frauen, die über Wissen und Macht verfügten, dafür sterben mußten. Weißt du, wenn du geboren wirst, klinkst du dich automatisch in die morphogenetische Resonanz deines Geschlechts ein, in die morphogenetische Resonanz jeder Frau oder jedes Mannes, die jemals auf eurem Planeten gelebt haben – und in noch mehr. Du existierst also nicht in einem isolierten Raum. Nie ist einer Person auf diesem Planeten irgend etwas passiert, was sich nicht auf alle anderen Personen auswirkte. *Was ihr euch selbst und was ihr einander antut, erzeugt kleine, die Zeitbarrieren durchbrechende Wellen. Nichts und niemand bleibt unbeeinflußt.* Es gibt keine Trennung, geliebte

278

Leute. Selbst eure physische Struktur, die ihr als solide Masse, getrennt vom Rest eures Universums, empfindet, ist nichts Vereinzeltes; eure Molekularstruktur verändert und tauscht sich in jedem Moment eurer Zeit aus. Wie könntest du getrennt sein, vom Gott/der Göttin abgeschnitten? Wie könntet ihr denn in Wahrheit völlig isoliert voneinander existieren?

In diesen Monaten haben wir mit euch über den Schmerz gesprochen, über den Schmerz der Menschheit und wie er sich wiederspiegelt. Wir haben auch gesagt, daß ihr, wenn ihr Schönheit und Freude seht, euer wahres Selbst betrachtet. Wenn ihr jemanden anschaut und denkt, daß diese Person sehr schön ist, und wenn ihr voller Bewunderung seid – wen, glaubt ihr, seht ihr an? Ihr seht euch an! Es gibt keine Trennung. Jeder eurer Atemzüge ist eine Kommunion. Mit jedem Einatmen atmet ihr das Göttliche in euren Körper ein. Mit jedem Ausatmen schickt ihr eure eigene Göttlichkeit in euer Universum. Ihr seid nicht getrennt.

F(M): P'taah, du sagst, daß wir alle eins sind. Wir haben alle vom «Hundersten-Affen-Syndrom» gehört. Würde das heißen, daß wir, wenn eine Person zur Erleuchtung gelangt, alle erleuchtet werden?

P'taah: Absolut. Die Menschen klinken sich in das ein, was man morphogenetische Resonanz, kollektives Bewußtsein, nennt; wenn also die Menschheit zu einem bestimmten Verständnis gelangt, werden mehr und mehr Menschen diese Kenntnis haben. Dies erzeugt eine Energie, und die Energie wird zu einer Masse, die sich auf jedermann auswirkt. Das funktioniert mit Sicherheit auf individueller Ebene. Wenn du nun das Phänomen des hundertsten Affen erwähnst, so ist das wunderbar, denn auf diese Weise könnt ihr euch erklären, daß vor hundert Jahren eurer Zeit die Menschen noch nichts vom Computer und der Kristalltechnologie verstanden. Doch wenn eure Kinder heute in die Schule kommen, wissen sie bereits Bescheid. Sie mögen noch das Mechanische erlernen, aber das Wissen ist bereits Teil ihres Wesens geworden. Richtig? Die Menschen in eurer Kultur fahren Auto, und die Kinder wissen im Grunde bereits, wie man ein Auto fährt, nicht wahr? Und so ist es auch mit diesem künftigen Wissen. Ihr alle baut die Resonanz auf, um den Zustand der Menschheit zu verändern.

F: Wunderbar!

P'taah: Das ist es wirklich.

F(F): P'taah, ich und auch andere haben technische Fragen gestellt, die du nicht beantworten wolltest, und das hat mich manchmal frustriert, und andere vielleicht auch. Ich habe festgestellt, daß ich dadurch, daß du sie immer wieder an uns zurückgibst, gezwungen wurde, mit mir selbst in Kontakt zu kommen.

P'taah: Richtig. So ist es. Und wenn ihr Entertainment wünscht und wenn ihr eine Frage zur Technologie der Sternenwesen beantwortet haben wollt, dann gibt es andere Energien, die diese Informationen übermitteln.

Das könnt ihr sicher als Einschränkung und in gewisser Weise als kalte Dusche für eure Neugier ansehen, aber eigentlich sagen wir euch damit, Geliebte, daß *ihr* die Antwort seid. Wenn ich euch die Antwort gebe, geliebte Leute, versteht ihr auf intellektueller Ebene, was es mit dem sogenannten Übergang, mit den Sternenwesen, mit den multidimensionalen Realitäten auf sich hat, aber ihr lebt euer Leben nun mal nicht im Kopf. *Das einzige von Bedeutung ist euer Herz.*

Was seid ihr? Ihr seid Schwingungsfrequenz. Ihr seid mit Göttlichkeit versehene und betriebene Energie. *Eure Realität wird durch eure Vorstellungskraft im Verein mit Emotion erschaffen.* Etwas anderes ist da nicht. Also seid IHR natürlich die Antwort. Da ist nichts anderes. IHR, IHR. Wie erkennt ihr eure eigene Macht? Wie erkennt ihr eure eigene Souveränität? Wie erfahrt ihr, was es heißt, in Ehrerbietung und Hochachtung vor dem SELBST, in der Integrität, in der Ganzheit eurer Seelenwesenheit zu leben? Das erfahrt ihr nicht über euer Gehirn. Das erfahrt ihr nicht über euren Intellekt. Das erfahrt ihr nur mit eurem Herzen. Das erfahrt ihr nur, wenn ihr verletzlich seid. Das erfahrt ihr nur, wenn ihr sagt: «Ich habe das getan.» Das ist mein Leben. Ich habe es erschaffen. Ich bin der Gott/die Göttin, ALLES, WAS IST, die sich in dieser Dimension der Realität zum Ausdruck bringen. Ich bin von nichts und niemandem getrennt. Ihr seid die Antwort, geliebte Leute. Sonst ist da nichts.

F(F): Warum sind wir hier?

P'taah: Ihr seid hier, weil das euer Wunsch war, aber ihr seid auch ein Traum von ALLEM, WAS IST, ein Traum Gottes, wenn ihr so wollt. Schau, Geliebte, darauf gibt es eigentlich nicht nur eine Antwort. Darauf gibt es so viele Antworten, wie es Wesen auf eurem Planeten gibt, und dann noch mehr und mehr. So unermeßlich seid ihr, denn schaut, ihr seid eigentlich großartige und multidimensionale Wesen, die in jeder Dimension der Realität Erfahrungen machen. Es ist nur so, daß ihr gegenwärtig euren Fokus auf diese eine Realitätsdimension gerichtet habt, und das ist wunderbar. Euer Bewußtsein kann sich jedoch erweitern und mehr als nur diese kleine Realität erfassen. Das ist euer Potential. So ist es, Geliebte.

F(M): P'taah, was das Treffen von Entscheidungen für die Zukunft angeht, so weiß ich, daß du immer sagst, wir sollen im Augenblick leben. Mir scheint es aber doch so zu sein, daß wir immer wieder meinen, Pläne für die Zukunft schmieden zu müssen.

P'taah: Das ist in Ordnung. Solange du verstehst, daß du eine im Moment des Jetzt getroffene Entscheidung jederzeit wieder ändern kannst. Ein Plan ist nichts Festzementiertes.

F: Ja, das ist mir klar. Doch zwischen dem Tun dessen, was das Herz in diesem Moment zum Singen bringt, und dem Tun dessen, was das Herz vielleicht später zum Singen bringt, scheint es einen Konflikt zu geben; so mag zum Beispiel ein kleines Opfer jetzt mein Herz später mehr zum Singen bringen, also bin ich bereit, dieses Opfer jetzt zu bringen.

P'taah: Sehr gut, Geliebter, ich will dir folgendes sagen: Wenn du darauf wartest, daß du morgen glücklich sein wirst, wird es immer morgen sein. Es ist gut und schön, wenn ihr Pläne macht. Wir verstehen, daß das so funktioniert, und so habt ihr eine Finanzplanung, eine Ausbildungsplanung, eine Eheplanung, eine Kinderplanung, und so weiter und so fort. Nun, das ist in Ordnung.

Ihr müßt nur wissen, daß ihr, wenn ihr in der Erwartung lebt, wie etwas sein wird, unter Umständen sehr enttäuscht werdet. Wenn ihr in dieser bestimmten Erwartung lebt, beschränkt ihr damit all die unzähligen Möglichkeiten. Wir sagen nicht, daß ihr keine Pläne machen sollt. Wir sagen, daß ihr im Moment leben sollt, und wenn ihr in diesem Moment sagt: «Jetzt werde ich einen Plan machen», ist das in Ordnung. Und wenn ihr dann morgen sagt: «Jetzt habe ich alles geändert», ist das auch in Ordnung. Das nennt man im Moment leben. Pläne sind nichts Festzementiertes. Sie werden nicht aus Eisenstäben geschmiedet, richtig? Aber wenn du darauf wartest, daß du glücklich wirst, wirst du immer darauf warten. Ich werde glücklich sein, wenn ich verheiratet bin, ich werde glücklich sein, wenn ich einen wunderbaren Liebhaber gefunden habe, ich werde glücklich sein, wenn ich eine Million auf der Bank habe. Nun, auf diese Weise wirst du das immer noch sagen, wenn du bereit bist, dich aus diesem physischen Leben zu verabschieden. Verstehst du?

F: Ja, im Prinzip schon. Für den Alltag übersetzt heißt das: Heute ist mir danach zumute, daß ich den ganzen Tag lang tanze. Morgen ist mir danach zumute, daß ich den ganzen Tag lang tanze, und ebenso den nächsten und den nächsten.

P'taah: Tanzen ist sehr gut.

F: Habe ich Angst davor, daß ich mich als faul verurteile, wenn ich jeden Tag tanze?

P'taah: Hast du?

F: Ich würde mich wahrscheinlich als faul verurteilen.

P'taah: Und? Hat das etwas mit deiner Glaubensstruktur zu tun, die besagt: Ich muß sehr hart arbeiten, um Geld zu verdienen? Und die Leute werden mich für einen Gammler halten, wenn ich nicht arbeite, hm? Das ist alles in Ordnung, nur sei dir darüber im klaren, daß man das das Bewußtsein der Allgemeinheit und öffentliche Meinung nennt, und darüber haben wir ausführlich gesprochen, nicht wahr? Es hat alles seine Gültigkeit. Wenn dir deine Glaubensstrukturen nicht dienlich sind, wenn sie dir keine Freude bringen, kannst du sie ändern.

F: Was ist, wenn man dem entgegenarbeitet, was einem das Herz schwer macht?

P'taah: Dann schaust du dir besser an, worum es dabei geht. Gehst du in deinem Leben auf Nummer Sicher? Bist du heute ein guter Junge, damit du morgen nicht leiden mußt? Wie nennt man das? Göttliche Vergeltung? Wenn du aufgrund einer heute getroffenen Wahl morgen nicht glücklich bist, handelt es sich nur um eine weitere kleine Schöpfung, damit du die Angst akzeptieren lernen kannst.

F: Wenn man also etwas tut, um sich nicht schuldig fühlen zu müssen, ist das die falsche Einstellung?

P'taah: Lieber, es ist nicht falsch. Es gibt kein Falsch. Es ist dir nur nicht so sehr dienlich. Wenn du dich mit dir nicht wohl fühlst, schau dir das Warum an. Das ist alles. Wenn du dich nicht gut fühlst und etwas ändern willst, dann verlege dich auf dein Gefühl. Es ist so einfach. Sei, wer du jetzt bist. Es gibt keine Verurteilung, nirgendwo, außer in dir selbst. In Ordnung? Recht so. Es ist alles sehr einfach, ihr Lieben. Einfach.

(P'taah geht zum Gastgeber und küßt ihn zärtlich auf die Stirn.) Geliebter Mann, wir danken dir für das, was du in dieser Zeit erschaffen hast. Wir sind noch nicht am Ende, richtig? Es kommt noch mehr. Nicht in diesem Augenblick, aber doch bestimmt irgendwann. *(An die Gastgeberin gewandt:)* Geliebte Frau, wir danken dir. Es war uns eine Ehre, bei dir zu sein.

F *(der Gastgeber)*: P'taah, nur ein einfaches herzliches Dankeschön an dich und den Aufsichtsrat.

P'taah: Lieber, die größere Freude ist auf seiten des Aufsichtsrats. Du bist der, der mein Herz zum Singen bringt, und das, was man einen auf diese Weise stattfindenden Energieaustausch nennt, ist unvergleichlich wunderbar. Es war ein höchst erfreuliches Privileg, und dies ist kein Lebewohl. Ich liebe dich.

(Wieder an das Publikum gewandt:) Ihr seid der Liebe wert. Ihr seid alles Wunderbare wert. Ihr seid sensationell. Ich spreche euch allen meinen Dank aus. Geliebte, geht im Licht derer, die ihr seid. Lebt in Freude. Gute Nacht.

DANK

Ich möchte euch, Carol und Peter Erbe, meine immerwährende Liebe und Dankbarkeit für eure Unterstützung, eure Vision und eure Freundschaft aussprechen. Und auch herzlichen Dank, Peter, für die scheinbar endlosen Stunden, die du P'taahs Material gewidmet hast.

Mein Dank gilt auch Cheryl Laizans, die von Anfang an für mich da war und noch immer für mich da ist; und Gitanjali, deren Ehrlichkeit und Fürsorge mich die mageren Zeiten hat durchstehen lassen – ich liebe euch beide.

Und ich danke meiner «Familie» im fernen Queensland. Wo wäre ich ohne euch alle?

Und nicht zuletzt danke ich meinem geliebten P'taah und allen eurer Art – mögt ihr, auf irgendeine Weise, für den Rest der Reise bei mir sein.

Jani King,
Hawaii, Juli 1992

Über das Medium

Jani King ist in Neuseeland geboren und aufgewachsen. 1947 hatte sie als Kind ihren ersten Kontakt mit P'taah in den Wäldern ihrer Heimat. Der zweite bewußte Kontakt fand 1961 statt, als P'taah ihr Informationen zukommen ließ, die für Jani King keinen Sinn ergaben, bis sie 1988 mit der gechannelten Wesenheit St. Germain in Verbindung kam. Seit 1961 arbeitete Jani in verschiedenen Ländern als Sängerin, Tänzerin, beim Rundfunk, in Restaurants. Sie ist Ehefrau, leidenschaftliche Seglerin und weitgereist. *«Ich tat alles, was nicht langweilig war.»* Als einzig Ungewöhnliches sah sie ziemlich regelmäßig Raumschiffe *(«von denen man besser nichts erzählt, sonst würde man noch in einer Zwangsjacke abgeführt»)* und hatte telepathische Kommunikation mit Walen und Delphinen *(«über die man ebenfalls nichts erzählt, aus denselben Gründen»)*. Jani kam 1980 nach Australien und lebte lange im tropischen Norden von Queensland, wo man, so sagt sie, *wegen den Riffs und des Regenwaldes trotz des «Spuks» und der Raumschiffe bei Verstand bleibe.* Sie wohnt heute in Kalifornien.